KB047269

영어 회화의
결 정 적
패 턴 들

영어 회화의 결정적 패턴들

지은이 룩룩잉글리쉬
초판 1쇄 발행 2019년 6월 26일
초판 6쇄 발행 2024년 5월 10일

발행인 박효상   **편집장** 김현   **기획 · 편집** 장경희, 이한경
디자인 임정현   **본문 · 표지디자인** 고희선
마케팅 이태호, 이전희   **관리** 김태옥

종이 월드페이퍼   **인쇄 · 제본** 예림인쇄 · 바인딩

출판등록 제10-1835호   **발행처** 사람in   **주소** 04034 서울시 마포구 양화로 11길 14-10 (서교동) 3F
전화 02) 338-3555(代)   **팩스** 02) 338-3545   **E-mail** saramin@netsgo.com
Website www.saramin.com

ISBN
978-89-6049-784-9 14740
978-89-6049-783-2 세트

우아한 지적만보, 기민한 실사구시 사람in

회화의
결정적
시리즈

영어 회화의 결정적 패턴들

MORE THAN **PATTERNS**

사람in

주변을 돌아보면 영어에 대한 관심이 정말 어느 때보다도 높은 것 같습니다. 하지만 현장에서 직접 많은 사람들을 지도하는 저로서는 참 안타까운 점이 있어요. 그렇게 공부하기 좋은 툴도 많고 책들도 좋은데 왜 영어 스피킹 실력이 생각만큼 발전하지 않을까요? 저는 그 원인이 '조급증'이라고 생각합니다. 절대 8주 만에 자막 없이 영화 못 보고요, 6개월 만에 원어민 뺨치듯 영어 못합니다. 스피킹과 청취가 2주나 한 달 완성이 될 것 같으면 세상에 좌절할 사람이 어디 있겠어요. 제가 말씀드리고 싶은 건 바로 이 조급증을 버리라는 겁니다. 그리고 영어를 그냥 단순한 언어 공부가 아니라 세상을 더 넓고 깊게 보는 유용한 도구로 생각하라는 거예요.

자, 이렇게 얘기하는 제가 수십 수백 권의 영어책이 출판되는 상황에서 왜 영어책, 그것도 패턴책을 쓰게 됐을까요? 사실, 많은 사람들이 회화할 때 꼭 필요한 패턴을 제대로 공부해 본 적은 없습니다. 왜 그럴까요? 지루하고, 맥락도 없고, 정말 저렇게 얘기하나 싶을 정도로 어색하기 때문이에요. 그런 책들은 원어민의 영어 구조를 먼저 분석하고, 많이 사용하는 패턴과 구문을 뽑아 그걸 한국어로 바꾸고, 같은 패턴을 사용해 여러 문장을 만들어 보는 방식에 초점을 둔 겁니다.

하지만 우리가 영어를 말할 때 고수가 아닌 이상 일단 한국어로 생각하고 그것을 영어로 바꾸잖아요. 그래서 전 영어를 먼저 분석하지 않고, 한국인들이 어떤 말투로, 그리고 어떤 주제로 대화를 많이 하는지 분석했습니다. 그 과정에서, 한국 TV 쇼 프로그램에서 사람들이 어떻게 말을 하는지 듣고, 카페에서 작업하면서 들은 주변 사람들의 말투를 정리했고, 제 블로그에서 서포터 열 명을 모집해 그들이 평소 친구, 가족, 직장동료와 많이 대화하는 주제와 말투로 직접 대화를 작성하게 해서 그것을 모았습니다. 최대한 한국인들이 하는 자연스러운 대화를 선정해서, 그것들을 원어민들은 어떤 식으로 말할까에 포커스를 두었습니다. 그러기 위해서 초등학교 3-4학년 정도에 미국, 캐나다로 이민 간, 그리고 현재도 한국어를 계속 접하고 있는 완벽한 이중언어 구사자들을 고용해서 영어 대화를 작성하고, 여러 가지 질문도 해보고, 나아가서 그렇게 작성된 영어 대화를 한국어를 전혀 모르고 한국에 대해서 잘 모르는 사람들도 이해하는지 테스트를 해봤습니다. 그래서 정말 자연스러운 20개 대화가 탄생했습니다. 시중에 "이럴 때는 영어로 어떻게?" 라는 식의 교재가 베스트셀러가 되는 걸 종종 보는데, 사실 이 책의 모든 대화에 그런 부분들이 녹아 있고, 따로따로 맥락 없이 하는 게 아니라 자연스러운 대화 흐름을 통해 그 부분을 접할 수 있기에 오히려 더 기억에 오래 남을 거예요.

대화만 좋다고 끝이 아닙니다. 그리고 이 대화들을 스스로 공부하는데 문제가 없도록 옆에서 자세하게 과외해 준다는 느낌을 살려서 깨알 같은 설명을 하려고 했습니다. 대화 문장 설명을 하나하나 자세히 읽어 보면 아마 느낄 수 있을 거예요. 그리고 중급자로 도약하고자 하지만 아직 좀 부족한 독자들을 위해 대화에서 원어민들이 많이 사용하는 패턴을 뽑아서 그것들을 유용하게 사용할 수 있는 문장을 만들고, 그것을 활용한 짧은 대화를 제작했습니다.

사실 영어에서 중요한 것은 활자로 공부하는 것보다 직접 그것을 듣고 이해하고, 스스로 말을 하는 것이에요. 그렇게 하도록 책의 대화를 실제 원어민이 하는 대화의 속도로 녹음했고, 이 부분이 힘든 분들을 위해서 느리고 정확하게 남녀 성우 소리로도 녹음했습니다. 성우들도 원어민이라서 그냥 뽑은 것이 아니라 수많은 지원자 가운데 콘테스트를 통해서 최고의 성우들을 뽑았기에 다른 책들의 mp3 파일과는 다른 점을 확실히 느끼실 거라고 생각합니다.

마지막으로, 책에 지면으로 설명하기 힘든 부분들 특히, 발음과 발성, 리듬, 소리 관련 내용들은 유튜브 영상을 통해서 정리할 수 있도록 했습니다. QR코드를 찍으면 영상들과 바로 연결되는데, 이 영상들이 여러분의 기초 실력을 늘리는 데 큰 도움이 될 것입니다.

이 책을 본다고 영어가 술술 나오거나 하지는 않을 겁니다. 하지만 여러분이 영어를 말하는 생각의 흐름을 따라가는 식으로 썼고, 여러분이 평소에 말하는 주제를 다루었기 때문에 한국어를 영어로 쉽게 바꾸고, 좀 더 자신 있게 말하게 될 것입니다. 부디 한 번 보는 책이 아니라 여러 번 보고 또 보면서, 제공하는 mp3 파일도 통학, 통근길에 적극적으로 활용하시기 바랍니다.

그리고 전 언제나 여러분들 말에 귀를 기울이고 있습니다. 제가 영어를 통해 세상을 좀 더 넓고 밝게 볼 수 있게 된 것처럼, 여러분 역시 영어라는 언어를 통해 더 긍정적인 삶, 발전된 삶을 살게 도움을 주고 싶습니다. 책을 세상에 내면서 최선을 다했고, 그리고 독자의 입장에서 생각하려고 노력했습니다. 그 과정에 많은 분들이 참여했고, 조언의 말씀을 아끼지 않았습니다. 앞으로도 여러분의 영어 인생에 도움이 될 수 있는 역할을 꾸준히 해나갈 것을 다시 한 번 다짐합니다.

Luke

5

이 책의 특징

기존의 패턴책 vs. 영어 회화의 결정적 패턴들

기존의 패턴책	영어 회화의 결정적 패턴들
원어민의 영어 구조를 분석	한국인이 어떤 주제를 어떤 말투로 대화하는지 분석
거기서 패턴과 구문을 추출하여 한국어로 바꾸고 같은 패턴을 사용해 여러 문장을 만들어 보는 방식	한국인의 대화를 이중언어 구사자들이 영어로 작성
이런 패턴이 쓰인 실제 회화를 보여주지 않아서 패턴 활용이 용이하지 않음.	이를 원어민에게 테스트하여 탄탄한 회화 지문을 만들고 거기서 자주 쓰이는 패턴을 추출
	실제 대화에서의 패턴 활용을 보여주어 패턴 학습의 정당성을 부여

맥락이 없고 지루하다	사용해야 할 맥락이 분명하고, 피부에 와 닿는다
표현이 어색해 어떻게 적용해야 할지 모르겠다	자연스러운 대화 흐름을 통해 익히기에 더 기억에 오래 남는다

『회화의 결정적 패턴들』을 해야 할 결정적 이유

이유 하나 한국인의 감성에 착 달라붙는 패턴+활용도 120% 회화 & 표현

이질감 없고 자연스러운 패턴과 회화 표현으로 영어 스피킹할 때 거침이 없습니다.

이유 둘 '아' 다르고 '어' 다른 뉘앙스를 가린다

같은 뜻이어도 전하는 뉘앙스가 다른 것들을 정확히 밝혀 원래 의도대로 쓸 수 있습니다.

이유 셋 학습자를 배려한 mp3 파일과 QR코드 연동 동영상 강의

본문 오디오 mp3 파일은 발음이 명확하고 감정도 풍부한 원어민이 느리게 읽은 버전,

그네들 평소 속도로 읽은 버전 두 가지를 두었고, 필요할 경우 저자 동영상 강의를 QR코드로 연결해

과외 선생님께 하나하나 챙김 받는 느낌이 들게 합니다.

서포터즈들의 이구동성 이야기

한국에서 영어를 배우며 겪는 어려움 중 하나가 한국식 사고 및 뉘앙스를 그대로 영어에 적용해 표현한다는 점입니다. 이 책은 영어로 사고하는 법과 말하는 방식에 대한 갈증이 있던 분과 평소 문법책에서 볼 수 없었던 진짜 영어를 경험하고 싶은 분들께 추천합니다.
배영빈, 영어 강사, 29세

10년 넘게 영어 공부를 하고도 늘 그 수준, 그 자리. 참 고민이 많았습니다. 어학연수를 안 다녀와서? 노력이 부족해서? 그런데 방법을 몰랐던 것 같아요. 룩쌤의 방법대로, 룩쌤이 제공해 주시는 Content만으로도 저는 이제 한 발자국 더 나가는 느낌이 듭니다. 영어 공부의 방황을 이 책과 룩쌤을 통하여 끝내시길 바랍니다.
예은실, 외국계 기업 근무, 36세

해외 영업 직무로 옮기면서 영어 공부를 어떻게 해야 할지 몰라 서울에 있는 모든 영어 수업을 들으면서 방황하던 와중에 직장동료 추천으로 룩룩잉글리쉬를 접하게 되면서 서포터즈에 참여하게 되었습니다. 제가 직접 한국어로 쓴 대화가 교포들과 원어민들, 그리고 룩쌤을 통해서 이렇게 직접 책으로 접하는 게 꿈만 같습니다. 제가 룩룩잉글리쉬를 통해 영어에 관심과 발전을 느낀 것처럼 많은 분들에게 큰 도움이 되길 바랍니다.
김상준, 대기업 L사 근무, 30세

지금까지 영어를 못했던 이유를 해결해 주는 책, 한국인의 현실적인 대화를 영어 그대로 녹여낸 책입니다. 평소 대화하는 주제로 단어·문장 하나하나 독자가 편안하게 이해할 수 있도록 좀 더 자연스러운 영어를 구사할 수 있도록 도와주는 책입니다.
박교현, 대기업 S사 근무, 40대 초반

룩쌤 수업을 처음 들었을 때 신선하고 대단히 충격적이었다. 첫 수업에서 느꼈던 좌절감은 아직도 잊을 수 없지만, 룩쌤 덕분에 내 영어 실력이 매우 성장했다. 룩쌤의 방식을 나만 알고 싶지만, 이젠 더 이상 나만 알 순 없을 것 같다ㅎㅎ. 룩쌤의 이 책과 함께 영어로 힘들어 하는 많은 사람들의 영어 실력도 한층 더 성장하길 바란다.
김정화, 회사원, 38세

영어 실력 향상을 갈망하는 수많은 학생들에게 진심과 열정을 다해 교육하시는 Luke 쌤! 이 책을 블로그, 유튜브와 함께 이용한다면, 스피킹뿐만 아니라 전체적인 영어 내실을 어떤 사교육보다도 탄탄하게 다질 수 있을 겁니다. 영어는 Luke에게 믿고 맡기세요 :-)
이주연, 공무원, 30세

이 책의 사용법

Case 1 난 회화가 급합니다

이렇게 하세요.

STEP 1
Pattern in Conversation 현실감 200% 한글 해석을 먼저 읽고, 이게 영어로 뭘까? 하는 부분에 표시해 주세요. 그리고 영어 지문을 읽으세요. 빨간색으로 표시된 부분이 꼭 알아야 할 결정적 회화 패턴입니다.

STEP 2
영어 mp3 파일 듣기 영어 회화 지문 위의 QR코드를 스캔하세요. 남녀 성우가 한 번씩 느린 발음으로 읽은 파일을 먼저 듣고, 원어민이 평소 말하는 대로 읽은 대화를 차례로 들으세요. 이 대화를 제대로 알아듣게 되면 청취는 끝납니다.

STEP 3
회화 해설 표현, 문법, 발음, 패턴 설명까지 회화 문장 하나하나를 과외 선생님이 콕콕 짚어주듯이 설명했습니다. 발음이나 유명 상표 읽기처럼 말로 설명하기 힘든 부분은 QR코드를 넣었습니다. '영상으로 확인하세요, QR코드를 스캔해 알아보세요 ~' 같은 말이 나오면 지체 없이 휴대폰을 QR코드에 가져다 대세요. 선생님의 열정 어린 강의가 콸콸 나옵니다.

STEP 4
지문 암송 이 과정이 끝났다면 회화 지문을 암송해 보세요. 우리말 뉘앙스가 고스란히 살아 있는 실감 만점 대화라서 완전히 외워 두면 제대로 써 먹을 일이 있을 겁니다.

STEP 5
패턴 드릴 각 유닛 앞에 있는 패턴 드릴 부분으로 돌아가 패턴을 확인해 보세요. 패턴 뒤에 제시한 표현을 넣어서 직접 말해 보고 QR코드를 스캔해 원어민들의 발음을 들어보세요. 여기까지 해 봤다면 여러분의 영어는 이 책을 보기 전과 본 후로 나뉩니다.

STEP 1

각 유닛의 패턴 드릴부터 차근차근 패턴 드릴에는 이 패턴이 언제 어떤 뉘앙스로 쓰이는지, 주의해야 할 점은 무엇인지, 비슷한 표현으로 무엇이 있는지 깨알같이 알려줍니다. 기존 책에서 보기 힘든 설명으로, 패턴을 정확하게 쓰는 데 큰 도움이 됩니다. 패턴 뒤에 표현을 넣어 말해 보고 QR코드를 찍어 원어민 발음을 듣고 따라 하고 회화 부분으로 가세요.

STEP 2

회화 학습도 차근차근 한글 지문 읽기 → 영어 표현이 궁금한 것 체크하기 → 영어 회화 지문 읽고 체크한 것 확인하기 → QR코드로 느리게 읽은 버전, 원어민 평소 속도로 읽은 버전 대화 듣기 → 해설 부분 학습하기 → 회화 암송하기 순으로 진행하시면 됩니다.

◄

아까 봤던
그 표현과 패턴이
몇 페이지에 있었지?
이게 궁금하면
책 뒤의 인덱스를
참고하세요.

이 책을 먼저 접해 본 사람들의 이야기

I was thinking of talking about how long I've known you, how much passion you have in communicating, your enthusiasm for others to try new things and try their best and finally how the book can help learners develop a broader and useful understanding of English.
Trevor, 영어 강사, 39세

Luke Kim은 영어 교육에 열정과 긍정적 에너지가 가득한 진정한 교육자로 인정받고 있습니다. 그런 사명감을 갖고 만든 룩룩잉글리쉬의 패턴 책이나 온라인 영어 자료는 정말 유익한 내용으로 가득하답니다. 우리가 지적인 활동을 멈추지 않을 때 삶이 더욱 풍요로워지고 가치 있어지잖아요? 룩룩 영어 공부를 통해 그 기쁨을 같이 이루어 보아요.
정재화, 주부, 50대 초반

이제까지 접했던 영어책과 다르게 한국인의 현실적인 대화를 영어 그대로 녹여낸 책입니다. 평소 대화하는 주제로 단어, 문장 하나하나 영어권 화자가 편안하게 이해할 수 있도록 생생한 언어를 표현했습니다. 그 무엇보다도 저 같은 20, 30대 분들에게 시험 영어가 아닌 원어민들이 실제로 사용하는 언어를 한국 사람들이 많이 사용하는 주제로 접근한 이 책을 적극 추천합니다.
김민혜, 2019 재외공관 공공외교 현장 실습원, 28세

영어의 답답한 부분을 해결할 수 있는 책! 자연스런 영어 구사 비법을 전하기 위해 한국인과 이중언어 구사자, 순수 네이티브가 모였다. 한국인에게 익숙한 상황 회화에서 영어도 같이 익숙해지는 기적 같은 영어책! 룩룩잉글리쉬를 적극 추천합니다.
송민정, 대기업 L사 근무, 28세

실제 쓰이는 한국어를 기반으로 하면서도 영어권 화자가 편안하게 이해할 수 있는 영어를 구사할 수 있도록 한국어 화자, 이중언어 화자, 영어권 화자가 참여한 생생한 언어가 담긴 책입니다.
김예슬, 회계사, 30세

차례

UNIT 1 입에 착 감기는 패턴
REAL ESTATE DEAL 부동산 거래

UNIT 2 말 맛 쓸 맛 나는 패턴
JOB SEARCH 구직

UNIT 3 두고두고 오래오래 쓰는 패턴
STUDYING ENGLISH 영어 공부

UNIT 4 밋밋한 회화를 살리는 감칠 패턴
BTS 방탄소년단

UNIT 5 비어 있던 회화가 꽉 차오르는 패턴
SOCIAL MEDIA ACTIVITIES SNS 활동

UNIT 9　회화를 주도하는 패턴
AI 인공지능

UNIT 10　유난히 회화를 타는 패턴
BOTOX 보톡스

UNIT 11　쓸수록 정이 드는 패턴
WORKOUT 운동

I'm here to 동사원형   ~하려고 여기 왔어요

We are not allowed to 동사원형   우리는 ~할 수 없어요

I am looking forward to (동)명사   ~을 고대하고 있어요

I was wondering if   ~인지 궁금해요

I can't afford to 동사원형   ~할 여유가 없어요

I can't wait to 동사원형   어서 ~하고 싶어요

I have no choice but to 동사원형   ~하는 것 말고는 선택의 여지가 없어요

There is a saying that   ~라는 속담이 있어요

It makes sense to 동사원형   ~하는 게 타당합니다

Is it possible to 동사원형?   ~하는 게 가능할까요?

It's likely that   ~일지도 몰라요

Feel free to 동사원형   편하게 ~하세요

Be careful not to 동사원형   ~하지 않게 조심하세요

How often do you 동사원형 ~?   얼마나 자주 ~해요?

Can you 동사원형**?**	~할 수 있어요? ~해주겠어요?
Do you mind if ~?	~해도 괜찮아요?
Will you please 동사원형 ~?	~해 주시겠어요?
You don't have to 동사원형	~할 필요가 없습니다
You'd better 동사원형	~하는 게 좋을 겁니다
You could have p.p.	(상황만 그랬다면) ~할 수 있었잖아요
I took it for granted that	~가 당연하다고 생각했어요
I doubt if	~인지 의심스러워요
I make a point of	난 꼭 ~합니다
When it comes to ~	~에 관해서는
I am used to (동)명사	난 ~에 익숙해요
I am sorry for ~	~라서 유감이에요, ~라서 죄송해요
You are bound to 동사원형	반드시 ~하게 돼 있습니다

UNIT **1** 입에 착 감기는 패턴

REAL ESTATE DEAL

뭔가를 찾고 있을 때

저 ~을 찾고 있어요   I'm looking for

look for는 '~을 찾다'의 뜻으로 사물이나 사람을 찾을 때 씁니다. look for와 비슷한 표현으로 search for가 있어요. 하지만 보통 look for가 많이 쓰이고, search for는 좀 formal한 느낌으로 진지한 상황에 쓰여요. 또 search는 샅샅이 뒤진다는 느낌이 강해요. 참고로, search 뒤에는 샅샅이 찾는 장소(place)가 나오고, search for 뒤에는 찾는 대상이 나옵니다. 참고로 Searching이란 영화 보셨나요? Looking이라고 안 하고 Searching이라고 한 이유는 실종된 자기 딸을 찾는 상황이니 샅샅이 뒤지는 느낌을 살리기 위해서가 아닌가 생각해 봅니다.

저 오피스텔을 찾고 있어요.

I'm looking for an officetel to rent.

PATTERN DRILL

I'm looking for

+ **my mom.**
  저희 엄마를 찾고 있어요.

+ **a class to take.**
  들을 수업을 찾고 있어요.

+ **a subway station nearby.**
  근처의 지하철역을 찾고 있어요.

+ **a present for my girlfriend's birthday.**
  여자친구 생일 선물을 찾고 있어요.

+ **the guy who sold me this watch the other day.**
  전에 나한테 이 시계를 팔았던 그 사람을 찾고 있어요.

A I'm looking for a smartphone.
  Can you recommend one for me?

B Sure. This one is the most popular one.

  A 스마트폰을 찾고 있는데요. 괜찮은 것 좀 추천해 주실래요?
  B 그러죠. 이게 가장 잘 나가는 거예요.

MP3-001

저 ~할 준비됐어요　I'm ready to 동사원형

'준비하다' 하면 prepare를 많이 생각하는데, 기본적으로 가장 캐주얼하게 많이 쓰는 건 be ready예요. prepare는 좀 진지하게 준비하는 느낌을 줍니다. 쉽게 말하면 prepare는 적극적인 노력을 통해 be ready 인 것을 뜻하지요.

이사 들어갈 준비됐어요.

I'm ready to move in.

PATTERN DRILL

I'm ready to + **travel.**
여행 갈 준비됐어요.

+ **start dating again.**
다시 데이트할 준비됐어요.

+ **throw a party.**
파티 열 준비됐어요.

+ **do whatever it takes.**
전 뭐든 할 준비가 되었어요.

A I'm so lonely. I'm ready to start dating again.

B Yeah. You have been single for too long.

A Definitely. It's been 3 years since I broke up with my ex. I can't stand being single.

A 나 너무 외롭다. 다시 데이트할 준비도 됐는데.

B 그래. 너 솔로로 너무 오래 있었어.

A 그러게. 전 여친이랑 끝낸 지 3년이나 됐는데. 더 이상은 솔로인 것 못 참겠어.

MP3-002

자신의 바람을 정중히 말할 때

저 ~하고 싶어요   **I'd like to** 동사원형

I want to와 비슷하지만, I would like to가 좀 더 정중한(polite) 느낌이 듭니다. 그래서 윗사람에게 말할 때는 would like to를 쓰는 게 좋죠. 친구들에게도 캐주얼하게 쓸 수 있어요. I would like to는 짧게 I'd like to라고 하며, [아ㄷ라잌ㅌ] 정도로 발음됩니다. '~해 주시겠어요?'라고 누군가에게 정중히 부탁할 때는 Do you want to ~? 보다 Would you like to ~?를 사용하세요.

여기 나온 김에 몇 개 보고 싶어요.

I'd like to see some that are available while I'm here.

PATTERN DRILL

I'd like to	+ **get some rest.** 좀 쉬고 싶어요.
	+ **take a trip to the Maldives.** 몰디브로 여행 가고 싶어요.
	+ **eat Korean food.** 한국 음식 먹고 싶어요.
	+ **sit over there.** 거기 좀 앉고 싶어요.
	+ **park my car near the airport for a week.** 일주일 동안 공항 근처에 주차하고 싶어요.
	+ **see you try harder.** 당신이 더 노력하는 걸 보고 싶어요.

A   I'd like to get some rest.

B   Yeah. You look so tired. You really need to get some sleep.

A   Anyway, I'm happy that I'm finally done with this project.

A   나 좀 쉬고 싶다.
B   그래. 너 진짜 피곤해 보여. 너 정말 잠 좀 자야겠다.
A   그래도 드디어 이 프로젝트를 끝내서 행복해.

MP3-003

상대방에게 조심스럽게 충고하거나 제안할 때

~하시죠, ~하는 게 좋겠어요　You should 동사원형

should는 자기 의견을 말하거나, 상대방에게 조심스럽게 충고하는 느낌이 강해요. I think it would be better for you to ~ 정도의 느낌이죠. '~하지 않는 게 좋겠다'라고 할 때는 You shouldn't [동사원형]으로 가면 되고요. 참고로 '~해야 한다'고 할 때 우리가 알고 있는 must는 대화에서 거의 사용 안 해요. 주로 have to, gotta로 씁니다.

직접 보고 결정하시죠.

You should decide after you see it for yourself.

PATTERN DRILL

You
should

+ **stop smoking.**
  담배 끊는 게 좋겠어요.

+ **be more consistent.**
  더 일관성 있게 하는 게 좋겠어요.

+ **watch out for pickpockets while travelling.**
  여행 중에는 소매치기 조심하는 게 좋겠어요.

+ **be more honest with me.**
  저한테 더 솔직해지는 게 좋겠어요.

+ **spend more time studying English.**
  영어 공부에 시간을 더 쓰는 게 좋겠어요.

+ **stop doing this.** 이거 그만하시는 게 좋겠어요.

A My boss has been constantly complaining about my work.

B You should quit.

A 우리 부장님 만날 내가 한 일 가지고 뭐라고 하셔.
B 그만두는 게 좋겠네.

MP3-004

25

현실은 비록 이렇지만의 의도로 말할 때

(비록) ~이기는 해도   **Even though** 주어+동사 ~

참 많이 나오는 패턴으로, Even if와의 차이를 알아두세요. 의미는 같지만, Even though 다음에는 현실(reality)이 나오고, Even if 다음에는 가능성(possibility)이 나온다는 것, 알고 계셨나요? 그래서 Even if는 '설령 ~이더라도'로 해석하면 헷갈리지 않아요.

그게 역에서 좀 더 멀지만 더 깨끗해요.

Even though it is a bit far from the station, it's cleaner.

PATTERN DRILL

Even though

+ **I'm not making a lot of money, I'm happy.**
  돈은 많이 못 벌어도 저 행복합니다.

+ **he lives in the States, his English is not that good.**
  그는 미국에 살지만 영어는 별로예요.

+ **Jack Ma's accent is pretty strong, he communicates very well in English.**
  Jack Ma의 악센트가 꽤 강하긴 하지만 영어로 의사소통 아주 잘해요.

+ **I enjoy the single life, sometimes I get lonely.**
  싱글 라이프를 즐기긴 하지만 때때로 외로워요.

A   I'm ready for the interview. Are you ready?

B   Even though I put lots of time into this, I don't know if I'm ready.

    A 난 인터뷰 준비됐어. 넌?

    B 여기에 시간을 많이 썼는데도 내가 준비가 됐는지 아닌지도 모르겠어.

MP3-005

~을 추천합니다

I recommend 명사/동명사
I recommend (that) 주어+동사원형

recommend는 뒤에 명사, 동사에 -ing를 붙인 동명사, 혹은 주어+동사원형으로 이뤄진 문장이 나옵니다. 그리고 이 recommend를 강조해서 아주 많이 추천한다고 하고 싶으면 I highly recommend it. 또는 I strongly recommend it.라고 하세요. 부드럽게 제안하는 느낌입니다.

전 그래도 첫 번째 걸 추천해요.

I still recommend the first one.

PATTERN DRILL

I recommend	+ **this.** 전 이것을 추천합니다.
	+ **using your smartphone to take a picture.** 스마트폰을 이용해 사진을 찍는 걸 추천합니다.
	+ **writing down your ideas as much as you can.** 가능한 한 생각을 많이 적어 보는 걸 추천합니다.
	+ **watching that video.** 그 비디오 보시는 걸 추천합니다.
	+ **(that) you take the day off tomorrow.** 내일 하루 연차 쓰시는 걸 추천합니다.
	+ **(that) you get some professional advice.** 전문가의 조언을 받으시기를 추천합니다.

A I'm not quite myself today. I'm a bit lightheaded.

B I highly recommend seeing a doctor.

A 오늘 나 정말 내 정신이 아니네. 좀 어지러워.
B 꼭 병원 가 봐.

MP3-006

27

~라서, ~이기 때문에 since 주어+동사

Since는 '~ 이래로' 외에 이렇게 이유를 나타낼 때도 많이 쓰여요. Since는 주로 대화의 상대방도 이미 알고 있는 이유를 말할 때 사용하고, 결론에 focus가 맞추어져 있는 경우가 많아요. because, as도 물론 '이유'로 쓰입니다. 단, because는 보통 '문장 because ~' 식으로 가는 게 일반적이에요. 하지만 Since나 As는 아래 예문처럼 문장을 시작할 때 많이 쓰입니다.

그래도 첫 번째 걸 추천드려요. 왜냐하면 그게 새 거고 깨끗한 빌딩이라서요.

I still recommend the first one since it's a new and clean building.

PATTERN DRILL

Since + **I was late for the performance, I wasn't allowed to go in.**
공연에 늦어서 안에 들어갈 수가 없었어요.

+ **Joe studied in the States, he speaks English well.** Joe는 미국에서 공부를 해서 영어를 잘해요.

+ **I have a problem with my knee, it's hard to walk without knee pads.**
전 무릎에 문제가 있어서 무릎 보호대 없이 걷기 힘들어요.

+ **I didn't sleep well last night, I fell asleep during the class.** 어젯밤에 잘 못 자서 수업 중에 졸았어요.

+ **I got the highest score, I got a big trophy.**
내가 최고 점수를 따서 큰 트로피를 받았어요.

A **Since I stayed up all night, I'm super tired.**

B **You should get some sleep.**

　A 밤을 새서 나 완전 피곤해.
　B 너 잠 좀 자야겠다.

MP3-007

생각보다 더 ~하네요   비교급 **than I thought**

이것과 함께 '기대했던 것보다 더 ~하네요'인 〈비교급 than I expected〉도 많이 쓰이는 표현이니 꼭 같이 기억해 주세요. This is better than I expected. (내가 기대했던 것보다 더 좋은데.)

생각했던 것보다 세가 더 높네요.

The rent is higher than I thought.

PATTERN DRILL

She is prettier + 그녀가 생각했던 것보다 더 예뻐요.	**than I thought.**
It took longer + 생각했던 것보다 더 오래 걸렸어요.	
He's smarter + 생각했던 것보다 그가 더 똑똑해요.	
This test is easier + 생각했던 것보다 이 시험이 더 쉽네요.	
This class is much better + 생각했던 것보다 이 수업 훨씬 더 좋네요.	
I learned a lot more + 생각했던 것보다 저 훨씬 더 많이 배웠어요.	

A   My English has improved much faster than I thought it would.

B   What's your secret?

MP3-008

A 내 영어 실력이 생각했던 것보다 훨씬 더 빨리 좋아졌어.

B 비결이 뭐야?

(제 생각엔) ~일 것 같아요　I think 주어 would 동사원형

많은 분들이 would를 will의 과거형이나 공손하게 부탁할 때 쓰는 것으로 알고 있어요. 사실 would는 추측의 '~일 거야'나 의지의 '~하겠어'로 많이 쓰입니다. 예를 들면, It would be great.라고 하면 "정말 좋을 거야." 정도의 추측의 느낌이에요. I would buy it.이라고 하면 '(나라면) 그것을 사겠어.' 정도로 해석되겠네요. 그 앞에 I think가 나왔으니 '(내 생각엔) ~할 것 같아', '아마 ~일 거야' 정도로 해석하면 됩니다.

신축 오피스텔이 내 취향에 더 맞을 것 같아요.

I think the newly built officetel would be more to my taste.

PATTERN DRILL

I think	+ **I would win if I rehearsed.** 내가 리허설을 하면 이길 것 같아요.
	+ **I would try if I were you.** 내가 너라면 도전해 볼 것 같아.
	+ **he would be able to get this done by tomorrow.** 그가 이거 내일까지 끝낼 수 있을 것 같아요.
	+ **it would be really painful if you left me.** 당신이 날 떠나면 내가 정말 힘들 것 같아요.
	+ **it would be really great for your son.** 그거 댁 아드님께 아주 좋을 것 같아요.
	+ **it would be better for the both of us.** 우리 둘 다에게 더 좋을 것 같아요.

A I think I would be really upset if my professor gave us a lot of homework.

B Honestly, I don't think he will, so just relax.

MP3-009

　　A 우리 교수님이 과제 많이 내 주시면 나 진짜 화날 것 같아.
　　B 솔직히 그 분이 그렇게 하실 것 같지는 않아. 그러니까 그냥 마음 편하게 먹어.

까짓것 ~하죠 뭐   I'm willing to 동사원형

will은 명사로 '의지'의 뜻이라 I'm willing to do it.이라고 하면 기꺼이 하겠다는 의지를 말해요. 친구가 돈 빌려달라고 하는데, 빌려 주고 싶지 않아요. 그래도 친구니까 까짓것 빌려 주지 뭐! 이 정도 느낌이라고 생각하면 됩니다. 좀 더 적극적으로 열정을 가지고 한다고 말하고 싶을 때는 I'm more than happy to를 사용하세요.

제가 세 가격을 내려 드리죠 뭐.

I'm willing to lower the rent.

PATTERN DRILL

I'm willing to	+	**lend you the money.** 제가 당신께 돈 빌려드리죠 뭐.
	+	**watch a movie with you.** 제가 당신이랑 영화 보죠 뭐.
	+	**get you coffee.** 제가 커피 한 잔 갖다드리죠 뭐.
	+	**sell it at that price.** 그거 그 가격으로 드리죠 뭐.
	+	**wait for it.** 제가 그거 기다리죠 뭐.
	+	**study hard to become a doctor.** 의사 되게 열심히 공부하죠 뭐.

A This question is harder than I thought. I'm so stressed out.

B No worries. I'm willing to help you out this time.

A 이 문제가 생각했던 것보다 더 어렵네. 완전 스트레스 받아.

B 걱정하지 마. 이번에는 내가 도와주지 뭐.

MP3-010

31

오피스텔을 구하고 있어요.

영어로 어떻게 말하지?

 HOW CAN I SAY IN ENGLISH?

나   안녕하세요. 오피스텔 찾고 있는데요, 매물 있나요?

부동산 중개인   네네, 앉으세요. 두 가지가 있는데, 월세? 전세? 어떤 걸 찾으세요?

나   강남역 근처에 월세 저렴하고 바로 들어갈 수 있는 오피스텔을 찾아요.

부동산 중개인   보증금은 얼마 정도 가능하세요?

나   한 3000만 원이요. 강남에서 일 새로 시작해서 집을 급하게 구하는데, 바로 이사할 집이 있나요? 나온 김에 집 좀 보고 싶은데요.

부동산 중개인   네네. 바로 찾아봐 드리겠습니다. 잠시만 기다려 주세요.

나   네.

부동산 중개인   오늘 보실 수 있는 집이 두 개가 있는데, 하나는 세입자가 해외로 나가면서 빈집이고, 다른 하나는 강남역에서 15분 정도 떨어져 있습니다.

나   월세는 얼마예요?

부동산 중개인   역에서 15분 정도 떨어져 있는 건 월 80만원이고 역 근처에 있는 건 110만 원입니다. 직접 보고 결정하시죠. 역에서 조금 멀지만 처음 게 신축이고 깨끗해서 추천드려요.

나   강남이라 그런지 생각했던 것보다 세가 더 높네요. 신축 오피스텔이 더 깨끗하고 마음에 들 것 같은데 세를 60만원까지 내릴 수 있을까요?

부동산 중개인   먼저 한번 보시는 게 어떠세요? 마음에 들면 가격은 주인한테 조정 가능한지 통화해 보겠습니다. 바로 보러 가시죠.

 SAY IT ENGLISH!

MP3-011

Me Hi, **I'm looking for** an officetel to rent. Do you have anything available?

Real Estate Agent Sure, have a seat. We have two options. Monthly rent or Big deposit? Which one are you looking for?

Me I'm looking for an officetel to rent monthly around Gangnam Station which is cheap and **ready to** move in.

Real Estate Agent How much can you put down for a deposit?

Me About 30,000,000 won. I'm starting a new job in Gangnam so I'm in a hurry. Do you have anything that's ready to move in? **I would like to** see some that are available while I'm here.

Real Estate Agent Of course, I'll search what's available right now. Please give me a minute.

Me Sure.

Real Estate Agent I can show you two rooms today. One became available when the former renter moved overseas, and the other one is about 15 minutes away from Gangnam Station.

Me How much is the rent?

Real Estate Agent The one that's 15 minutes away is 800,000 won per month and the one close to the station is 1,100,000 won. **You should** decide after you see it for yourself. **Even though** it's a bit far from the station, **I** still **recommend** the first one **since** it's a new and clean building.

Me The rent is higher **than I thought** because it's Gangnam. **I think** the newly built officetel **would** be cleaner and more to my taste, but do you think you can lower the rent to 600,000?

Real Estate Agent Why don't you look at the room first? If you like it, I'll call the landlord to see if **they are willing to** lower the rent. Let's go look at it now.

안녕하세요. 오피스텔 찾고 있는데요.

Hi, I'm looking for an officetel to rent.

동영상 001

▶ 패턴
I'm looking for: ~을 찾고 있어요

▶ 표현

1. look

look은 '룩'이 아니라 '릑' 정도로 짧게 발음하세요. 많은 분들이 발음기호를 무시하는 경향이 있는데, 발음기호를 제대로 알아야 정확한 발음을 낼 수 있어요. 특히 성인들은 듣고서만 정확하게 따라 하는 게 쉽지 않아요. QR코드를 찍어 동영상을 보며 모음 관련 발음을 확인하세요.

이 look은 혼자보다 다른 단어와 짝을 이뤄 구동사 (phrasal verb)로 쓰이는 경우가 많습니다. 대표적인 구동사, 꼭 알아두세요. 그리고 예문과 함께 공부하는 것도요.

> ▶ **look at** : ~을 보다
> ▶ **look around** : 둘러보다
> ▶ **look back** : 회상하다
> ▶ **look into** : ~을 살펴보다
> ▶ **look down on** : ~을 무시하다
> ▶ **look up** : (정보를) 찾다
> ▶ **look up to** : ~을 우러러보다

2. 오피스텔(officetel)

오피스텔, 원룸은 전형적인 콩글리시죠. 보통 미국은 studio apartment, 영국은 studio flat이라고 표현합니다. 우리나라의 아파트는 apartment, flat, condo라고 하지요.

3. rent

명사로는 '집세', 동사로는 rent a car, rent an apartment처럼 '(집이나 차를) 빌리다'의 뜻입니다. lease와 헷갈릴 수 있는데, lease는 오랜 기간 동안 (최소 6개월) 빌려 주는 걸 말하며, 그 자체가 '임대차 계약'의 뜻으로 많이 쓰여요. 보통 건물을 임대할 때 lease를 씁니다.

I didn't sign the new lease contract because the rent was too high.
나 리스 계약 새로 안 했어. 렌트(비)가 너무 높아서 말이야.

매물 있나요?

Do you have anything available?

▶ 표현

available: 이용 가능한, 살 수 있는, 시간이 있는
주로 비즈니스 관련해 많이 나오는 표현이죠.

Is this product available?
(상점에서 물건 찾을 때) 이 제품 있어요?

네네, 앉으세요. 두 가지가 있는데요, 월세? 전세?

Sure, have a seat. We have two options. Monthly rent or Big deposit?

동영상 002

▶ 표현

1. Have a seat vs. Sit down

편안한 관계나 아랫사람에게 말할 때는 Sit down, 예의를 지켜야 하는 관계라면 (Please) Have a seat! 또는 (Please) Take a seat!을 사용하세요. 교회나 법정, 큰 행사나 기내에서는 (Please) Be seated.라는 표현도 들을 수 있습니다. sit과 seat 발음 차이, 영상을 보고 확인하세요.

2. monthly rent: 월세 big deposit: 전세

전세는 세계에서 유일하게 우리나라에만 있는 제도로, 보증금(deposit)을 많이 걸기 때문에 Big deposit으로 표현해 봤습니다. 사실 원어민들에게는 이런 제도를 설명해 주는 게 필요해요. 위의 표현은 Do you prefer paying monthly or a large sum all at once? 이렇게 해도 좋아요. large sum은 '큰 돈'의 의미랍니다.

어떤 걸 찾으세요?

Which one are you looking for?

▶ 표 현

Which one ~ ?: 어느 것을/어느 누구가 ~?

선택 범위를 주고 어느 것을 고를 건지 물을 때는 which one을 씁니다. 반면, 선택 범위가 정해지지 않은 상태에서 고를 때는 what을 쓰지요.

Which one is your boyfriend?
(사진을 보면서) 누가 네 남친이야? (사진이라는 선택 범위가 있으니)

What's your opinion on this?
이것에 대한 네 의견은 어때? (선택 범위가 정해지지 않았으니)

강남역 근처에 월세 저렴하고 바로 들어갈 수 있는 오피스텔을 찾아요.

I'm looking for an officetel to rent monthly around Gangnam Station which is cheap and ready to move in.

동영상 003

▶ 패 턴
be ready to+동사원형

be ready for 명사: ~할 준비가 되다

ready와 prepare는 늘 헷갈립니다. 영상을 보면서 확실히 알아두세요.

A: Are you ready for the test?
너 시험 볼 준비되었니?

B: Yes, I'm ready for it.
네, 저 준비되었어요.

▶ 문 법   which

흔히 말하는 관계대명사인데요. 사실 원어민들은 that으로 많이 대체해서 사용한답니다. 문법적으로는 which로 하는 게 더 좋습니다.

I want to buy a car which [that] is not that expensive.
그렇게 비싸지 않은 차를 사고 싶어요.

I am looking for a job which [that] is not far away from my house.
전 집에서 멀지 않은 일자리를 찾고 있어요.

보증금은 얼마 정도 가능하세요?

How much can you put down for a deposit?

▶ 표 현

put down for a deposit: 보증금으로 내다
(= pay a deposit)

보통 집을 빌릴 때, 집의 일정 부분(10-20%)을 보증금으로 내잖아요. 그때 put down a deposit을 사용하면 됩니다. 참고로, 집을 살 때는 deposit(착수금)을 지불하고서 나머지 down payment(계약금)를 냅니다.

한 3000만 원 정도요.

About 30,000,000 won.

동영상 004

▶ 표 현   한국 돈이 달러와 비교해 어느 정도인지 직관적으로 판단할 수 있게 1 dollar에 1000원 기준으로 알려 드립니다.

만 원 ten thousand won
= **$10** (ten dollars)

10만 원 a hundred thousand won
= **$100** (one hundred dollars)

100만 원 one million won
= **$1,000** (one thousand dollars)

1000만 원 ten million won
= **$10,000** (ten thousand dollars)

1억 one hundred million won
= **$100,000** (one hundred thousand dollars)

10억 one billion won
= **$1,000,000** (one million dollars)
1조 one trillion won
= **$1,000,000,000** (one billion dollars)

원어민들은 dollar를 buck이라고도 많이 씁니다. 그래서 20달러는 20 dollars 또는 20 bucks라고 하죠. 또 천 달러는 grand라고도 말하는데, 그래서 2만 달러는 20 grand입니다.

A: How much is your bag? 네 가방 얼마야?
B: 25 bucks. 25달러야.
영상을 보시면서 영어로 숫자 읽기에 대한 감을 꽉 잡아 보세요.

강남에서 일 새로 시작해서 집을 급하게 구하는데요,
I'm starting a new job in Gangnam so I'm in a hurry.

▶ 표 현

1. I'm starting vs. I'll start vs. I'm going to start

셋 다 미래를 나타내는 표현입니다. 여기서는 서로 바꿔 쓸 수 있어요. 단, 현재진행형을 쓰면 확정된 일이란 느낌을 주어 중개업자는 이 사람이 정말 여기서 일할 거구나를 알 수 있습니다.

2. in a hurry: 서두르는, 급한

바로 이사 들어갈 집이 있나요?
Do you have anything that's ready to move in?

▶ 표 현

available을 이용해 다음과 같이 표현할 수 있어요.
Do you have anything available that I can move in soon?

나온 김에 집 좀 보고 싶은데요.
I would like to see some that are available while I'm here.

동영상 005

▶ 패 턴

I would like to 동사원형: ~하고 싶다

I would like는 I'd like로 주로 발음됩니다. 영상을 보면서 발음을 확인하세요.

▶ 표 현

while I'm at it / while I'm here : ~한 김에

여기서는 while I'm here라고 했는데 내가 집 보러 온 김에의 느낌을 살리려면 while I'm at it이라고 해도 좋습니다.

While you're at it, can you throw this out? 하는 김에 이것도 버려 줄래?

잠시만 기다려 주세요.
Please give me a minute.

동영상 006

▶ 표 현

Give me a minute. 잠깐만 기다려 주세요.

이 외에도 Give me a second. Give me a sec.으로 표현해요. give me는 [깃미] 정도로 발음이 되고, 발음할 때는 호흡을 팍 주세요. 이렇게 양 입술을 다 물지 않는 소리에서 (v처럼) 입술을 다무는 소리로 빠르게 전환될 때 발음하기가 쉽지 않아요. 이 연습을 영상을 보면서 해보세요.

오늘 보실 수 있는 집이 두 개가 있는데, 하나는 세입자가 해외로 나가면서 빈집이고, 다른 하나는 강남역에서 15분 정도 떨어져 있습니다.
I can show you two rooms today. One became available when the former renter moved overseas, and the other one is about 15 minutes away from Gangnam Station.

▶ 문 법   one, another, the other

> 두 개를 차례로 말할 때: **one**, **the other**
> 세 개를 차례로 말할 때: **one**, **another**, **the other**

I have two brothers. One is a doctor and the other is a lawyer.
전 형이 둘 있는데, 하나는 의사고 다른 하나는 변호사예요.

I have three brothers. One is a doctor, another is a lawyer and the other is a teacher.
전 형이 셋 있는데, 하나는 의사, 또 하나는 변호사, 다른 하나는 선생님이에요.

▶ 표 현

1. former renter : 전 세입자(= former tenant)
former 대신 '전'의 의미가 있는 ex, previous, last를 써도 돼요.
former president 전 대통령
ex-girlfriend 전 여친

2. move overseas (※move to overseas X)
'해외에 나가다'로 move abroad라고도 합니다. 의미상 to를 써야 할 것 같지만 to를 쓰면 틀립니다. 다음 표현들도 to를 쓰면 틀리니 꼭 알아두세요.

> **go home** : 집에 가다
> **go abroad** : 외국에 가다
> **go upstairs** : 위층에 가다
> **go downstairs** : 아래층에 가다
> **go outside** : 밖에 나가다
> **go there** : 거기에 가다
> **go somewhere** : 어딘가로 가다
> **go anywhere** : 아무데나 가다
> **come here** : 여기로 오다

역에서 15분 정도 떨어져 있는 건 월 80만원이고 역 근처에 있는 건 110만원입니다.

The one that's 15 minutes away is 800,000 won per month and the one close to the station is 1,100,000 won.

▶ 표 현

1. per : ~ 당(= each)
이때 per는 a로 대체할 수 있습니다.
Admission is $10 per adult.
입장료는 성인 1인당 10불이에요.

2. close to vs. near vs. next to
이 세 가지 모두 '가까운'의 뜻이지만, next to는 바로 옆에 있는 것이고, near와 close는 바로 옆은 아니지만 가까이 있는 것을 의미하죠. near는 near the station처럼 to가 나오지 않고, close는 close to the station처럼 to가 따라와요.

The man is next to the woman.

The man is near the woman.

한번 보고 결정하시죠.

You should decide after you see it for yourself.

▶ 패 턴
You should 동사원형: ~해 보시죠,
　　　　　　　　　　　 ~하는 게 좋겠어요

▶ 표 현
see it for yourself: (눈으로) 직접 보다, 확인하다
상대방이 잘 믿지 못하는 반응을 보일 때, You have to see it for yourself!라고 할 수 있어요.

Luke: You got a perfect score on that test? No way! 네가 그 시험에서 만점 받았다고? 말도 안 돼!

Erin: Just come and see it for yourself.
와서 직접 확인해 봐!

역에서 조금 멀지만 처음 게 신축이고 깨끗해서 추천
드려요.

Even though it's a bit far from the station, I still recommend the first one since it's a new and clean building.

▶ 패 턴
Even though 주어+동사 ~: (비록) ~이지만

▶ 패 턴
I recommend N [V-ing]
I recommend (that) 주어+동사원형: ~을 추천하다

▶ 패 턴
Since 주어+동사 ~: ~이기 때문에

강남이라 그런지 생각했던 것보다 세가 더 높네요.

The rent is higher than I thought because it's Gangnam.

▶ 패 턴
비교급 than I thought: 생각했던 것보다 더 ~한

신축 오피스텔이 더 깨끗하고 마음에 들 것 같은데요,

I think the newly built officetel would be cleaner and more to my taste,

▶ 패 턴
I think 주어+would+동사원형 ~:
(내 생각엔) ~일 것 같아요

▶ 표 현　　to my taste: 내 입맛에 맞는

이걸 확장하면 You have a good taste in(~에 감각이 있다)이 돼요.

You have a good taste in clothes.
(여친이 옷을 너무 잘 입었을 때) 너 옷 입는 데 감각 있다.

마음에 들면 주인한테 가격 조정 가능한지 통화해 보
겠습니다.

If you like it, I'll call the landlord to see if they are willing to lower the rent.

▶ 패 턴
be willing to 동사원형 ~: 기꺼이 ~하다

▶ 표 현
to see if 주어+동사: ~인지 아닌지 확인하려고
이때의 if는 '~라면'의 뜻이 아니라, '~인지 아닌지'의 뜻이에요.

Would you check to see if this is broken?
이거 고장 난 건지 아닌지 확인해 주실래요?

I'm just checking to see if how many are here. 여기 몇 명이 있는지 확인 좀 하려고요.

바로 보러 가시죠.

Let's go look at it now.

▶ 표 현
이 문장은 Let's go and look at it now.에서 and를 생략하고 말한 건데요. [go and 동사]에서 and는 생략할 수 있어요.

I'll go get some water. 가서 물이나 먹어야겠다.
Go ask Luke. 가서 Luke한테 물어봐.

UNIT 2 말 맛 쓸 맛 나는 패턴

JOB SEARCH

나 ~가 걱정이야   I'm worried

걱정된다 할 때 I'm worried를 쓸 것이냐 I worry를 쓸 것이냐 고민되죠? 원어민에게 차이점을 물어보면 그냥 차이가 없다고 말합니다. 물론 자세히 따지면 I'm worried about you.는 지금 이 순간 걱정하고 있다는 의미가 강하고, I worry about you.는 평소에 널 걱정한다는 느낌이 강하죠. 하지만, 일반적으로 I worry나 I'm worried나 바꿔 써도 큰 문제는 없으니 편안하게 사용하세요. 뒤에는 about ~, (that) 주어+동사 형태가 올 수 있습니다.

아무 일도 일어나지 않아서 걱정이야.

I'm worried because nothing is happening.

PATTERN DRILL

I'm worried

+ **about you.** 난 네가 걱정이다.

+ **about missing work.** 난 일 놓칠까 봐 걱정이야.

+ **about my future.** 내 미래가 걱정이다.

+ **that you might not be able to get a job.**
네가 직장을 구하지 못할까 봐 걱정이다.

+ **that my kids might get hurt by our divorce.**
우리 아이들이 이혼으로 상처 받을까 봐 걱정이다.

+ **that he's gonna quit his job.**
그 사람이 일 그만둘까 봐 걱정이야.

A Since I got rejected from Harvard, I'm worried about what I say to my parents.

B I think you should be honest and tell them the truth.

A 나 하버드에서 퇴짜 맞아서 부모님께 뭐라고 말씀드릴지 걱정이다.

B 솔직하게 부모님께 사실대로 말씀드려야 할 것 같은데.

MP3-012

나 ~해야 해   I need to 동사원형

아주 중요한 패턴이에요. have to/must 정도의 강한 의무 느낌까지는 없다 해도 많이 비슷합니다. 사실, 영어를 말할 때 굳이 need to, have to, must를 구별할 필요는 없어요. 정도 차이는 있지만 다 비슷한 느낌이고, 오히려 말하는 상황과 말투가 훨씬 중요합니다. 그리고 '~할 필요 없어' 라고 할 때는 don't have to로 가면 됩니다. 물론 don't need to도 괜찮아요.

졸업 전에는 나 취직해야 하는데.

I need to find a job before graduation.

PATTERN DRILL

I need to		
	+	**get this done by tomorrow.** 이거 내일까지 끝내야 해.
	+	**stay focused on what I'm doing.** 내가 하는 일에 집중해야 해.
	+	**take care of my kids.** 나 우리 아이들 잘 돌봐야 해.
	+	**study harder.** 더 열심히 공부해야 해.
	+	**talk to you.** 너한테 할 얘기가 있어.
	+	**pick up my kids.** 나 애들 픽업하러 가야 해.

A I'm ready to go for a walk. You want to join?

B Sure. I just need to get my shoes first.

    A 나 산책 나갈 준비됐어. 너도 갈래?

    B 그래. 나 먼저 신발 좀 가져와야 하거든.

MP3-013

기왕 이렇게 된 것, 다른 제안을 제시할 때

(어차피 이렇게 되었으니) ~하는 게 낫겠어, 기왕 이렇게 된 거 ~해야지
I might as well 동사원형

영화를 보러 갔는데 시작 때까지 1시간이나 남았어요. 어차피 1시간 동안 특별히 계획한 것도 없는 상황이고요. 이런 경우, 기왕 이렇게 됐으니 서점 가서 책이나 보자! 할 때 might as well을 이용해 We might as well go to the bookstore. 라고 하면 딱입니다.

차라리 공부를 더 하고 스펙을 쌓는 게 낫겠어.
I might as well study longer to build up my qualifications.

PATTERN DRILL

I might as well

+ **walk home.**
  (20분에 한 대 오는 버스를 놓쳤을 때) 차라리 집에 걸어가는 게 낫겠어.

+ **stay home and watch TV.**
  (나가려고 하는데 비가 올 때) 차라리 집에 있으면서 TV 보는 게 낫겠어.

+ **tell her to stay there.**
  그녀한테 차라리 거기 그냥 있으라고 말하는 게 낫겠어.

+ **try again.** 다시 해보는 게 낫겠어.

+ **just throw it away.**
  차라리 그거 그냥 버리는 게 낫겠어.

+ **do something productive.**
  차라리 뭔가 생산적인 걸 하는 게 낫겠어.

A Oh. I just missed the bus. I might as well walk home.

B No sweat! I'm willing to give you a ride.

A 이런. 버스를 놓쳤네. 그냥 차라리 집에 걸어가는 게 낫겠어.
B 그럴 것 없어. 내가 차 태워다 주지 뭐.

MP3-014

자신이 잘하는 걸 말할 때

저 ~ 잘해요   I'm good at

반대로 잘 못하는 건 be bad at[in] ~이라고 합니다. poor 또는 lousy도 빈도는 높지 않지만 가끔 쓰기도 합니다.
실제 회화에서는 be not good at을 더 많이 쓰죠. at 대신 with를 쓰기도 하는데, 이 with 뒤에는 보통 자신이 잘
다루는 도구가 나옵니다. I'm good at tennis.(나 테니스 잘 쳐)와 I'm good with tennis racquet.(나 테니스 라
켓 잘 다뤄.) 차이점 알아두세요.

그래서 내가 뭘 잘하는지 생각해 봤어.
So I began to think about what I'm good at.

PATTERN DRILL

I'm good at

+ **it.** 저 그거 잘해요.

+ **driving.** 저 운전 잘해요.

+ **math.** 저 수학 잘해요.

+ **tennis.** 저 테니스 잘 쳐요.

+ **talking to girls.**
저 여자애들한테 말 거는 거 잘해요.

+ **making presentations.**
저 프레젠테이션 잘해요.

A I'd like to get some advice from you. You're good at English, right?

B I'd say that I'm not bad, but I still need to work on it.

A 나 너한테 조언 좀 얻고 싶거든. 너 영어 잘하잖아, 그렇지?

B 그렇게 못하지는 않지만 그래도 계속 더 해야 해.

MP3-015

43

~할까 생각 중이었어   I was thinking about[of]

어떤 행동을 할지 혹은 뭔가에 대해 생각하고 있었을 때 사용합니다. 말하는 현재 생각하는 중이라면 I'm thinking about ~이라고 하고요, 현재까지도 계속 생각하고 있는 상황에 포커스를 맞춘다면 I've been thinking about ~을 사용하면 됩니다. 어떨 때 about이고 어떨 때 of인지는 회화에서 크게 의미 없으니 그냥 말하고 싶은 거 말하면 돼요.

나 노인 심리학을 공부하면 어떨까 생각했었어.

I was thinking about studying Geriatric Psychology.

PATTERN DRILL

I was thinking about [of]	+ **you.** 나 너 생각하는 중이었어.
	+ **switching my major to Business.** 경영학으로 전과할까 생각 중이었어.
	+ **taking a trip overseas.** 해외 여행을 갈까 생각 중이었어.
	+ **moving to Canada.** 캐나다로 이민 갈까 생각 중이었어.
	+ **creating my own online course.** 내 전용 온라인 강좌를 만들까 생각 중이었어.
	+ **going back to school.** 학교로 다시 돌아갈까 생각 중이었어.

A I'm thinking about joining the Air Force. Any advice?

B I'm worried that you might be dispatched to a combat zone.

A 나 공군에 입대할까 생각 중이거든. 뭐 조언해 줄 거 있어?

B 전투 지역으로 배치될까 봐 걱정이다.

MP3-016

~라니 아쉽다, ~라니 안타깝다
It's a shame (that) 주어 + 동사

이 표현은 It's/That's too bad that, It's a pity that, It's unfortunate that ~라고 해도 비슷한 의미예요. 아쉬움과 안타까움을 나타낼 때 종종 사용합니다.

너 같은 인재를 기업에서 못 알아보다니 안타깝다.

It's a shame that companies don't recognize a talent like you.

PATTERN DRILL

It's a shame that

+ **we missed the beginning of the lecture.**
강의 시작을 놓쳐서 안타깝다.

+ **you can't make it to my party.** 네가 파티에 못 온다니 안타깝다.

+ **so many young people are unemployed.**
그렇게 많은 젊은이들이 무직 상태라니 안타깝다.

+ **you didn't take advantage of that opportunity.**
네가 그 기회를 활용 못 했다니 안타깝다

+ **you don't even try to stop smoking.**
네가 담배 끊으려고 노력도 안 하니까 안타깝다.

+ **you had to come here alone.**
네가 여기 혼자 와야 했다니 안타깝다

A It's a shame you have to leave.

B I feel the same way. But, I'm thinking about coming back next year.

A 가셔야 한다니 안타깝네요.

B 저도요. 그렇지만 내년에 다시 오려고 생각 중이에요.

MP3-017

45

졸업 전에 직장을 잡아야 하는데 걱정이야.

영어로 어떻게 말하지?

 HOW CAN I SAY IN ENGLISH?

나　이제 곧 있으면 졸업이네. 졸업 전에 직장을 잡아야 하는데 아무것도 안 돼서 걱정이야.

너　너만 그런 것도 아닌데 뭐. 요즘 직장 잡기 다들 힘들잖아.

나　너는 뭐 할 계획인데?

너　난 대학원 준비하고 있어.

나　대학원?

너　취업하려고 80군데 넘게 이력서 냈는데 아직까지 어디서도 연락이 안 왔거든. 시답잖은 일 대신 차라리 공부 더하고 스펙 쌓아서 전문직 찾는 게 낫겠어.

나　대학원 가서도 문제인 게 세상에 고학력자가 너무 많잖아.

너　취업이 안 되니까 정말 우울하기도 하고 도저히 가만히 있을 수가 없더라고. 그래서 내가 뭘 좋아하고 잘할 수 있는지 생각해 봤지.

나　그래서?

너　내가 전부터 심리학에 관심이 많았거든. 인구가 점점 고령화되어 가니까 노인 심리학을 공부하면 어떨까 생각했는데, 그쪽으로 더 자세히 알아보니까 점점 더 노인 심리학에 흥미가 생기더라고.

나　이야, 멋진데! 하고 싶은 걸 찾았다는 게 어디야. 그것만으로도 큰 산은 넘었다. 내가 적극 응원할게.

너　너도 졸업 전에 꼭 직장 잡을 수 있을 거야. 너 같은 인재를 기업에서 못 알아보다니 안타깝다. 우리 둘 다 화이팅하자!

영어로 이렇게 말해요!

! SAY IT ENGLISH!

MP3-018

Me	Graduation is just around the corner. **I'm worried** because **I need to** find a job before graduation but nothing is happening.
You	You're not the only one. Getting a job is hard for everyone these days.
Me	What are your plans?
You	I'm preparing for grad school.
Me	Grad school?
You	I've sent in more than 80 resumes to find a job but haven't heard back from anyone yet. **Might as well** study longer to build up my qualifications and find a profession instead of any odd jobs.
Me	Grad school won't solve anything because there are so many highly educated people out there.
You	Not being able to find a job has really got me down and I just couldn't wait around. So I began to think about what I like and what **I'm good at**.

Me	And?
You	I always had an interest in psychology. Since the population is continuously aging, **I was thinking about** studying Geriatric Psychology and it intrigued me, even more, when I began to look into it more closely.
Me	Wow, that's great! Just finding something you want to do is enough. That alone puts you ahead of the game. I'll root for you.
You	You'll find a job before graduation too. **It's a shame that** companies don't recognize a talent like you. We should both stay positive!

이제 곧 있으면 졸업이네

Graduation is just around the corner.

▶ 표현   just around the corner

이 표현은 두 가지 상황에서 쓰여요. 장소로는 '근처에'의 뜻인데, It's just around the corner. 하면 '바로 근처에 있어요.'의 의미가 되죠. 시간상으로는 '별로 남지 않은, 곧 있으면 ~인'으로 생각하시면 돼요. 여기서는 graduation(졸업)이 얼마 남지 않았다는 뜻으로 썼습니다.

Do you live right around the corner?
너 바로 이 근처에 사니?

A final exam is just around the corner.
기말고사가 얼마 남지 않았어.

졸업 전에 직장을 잡아야 하는데 아무것도 안 돼서 걱정이야.

I'm worried because I need to find a job before graduation but nothing is happening.

▶ 패턴
I'm worried: ~가 걱정이다

▶ 패턴
I need to 동사원형: 나 ~해야 해

A: Do I need to bring this?
제가 이거 가지고 와야 하나요?

B: You don't need to bring it.
그거 가지고 올 필요 없어요.

▶ 표현
nothing is happening 아무 일도 안 생긴다

노력을 하는데도 아무 결과가 없을 때 이렇게 표현합니다.

I've been trying hard to get more customers. But, nothing is happening.
고객을 더 모으려고 애쓰고 있는데도 아무것도 안 되네.

너만 그런 것도 아닌데 뭐.

You're not the only one.

▶ 표현
You're not the only one. 너만 그런 게 아니야.

이건 "너만 그런 거 아냐. 다른 사람도 다 그래"의 의미예요. 비슷한 표현으로 You're not alone.도 꼭 기억해 주세요.

A: My English never improves.
영어가 전혀 늘지를 않네.

B: You're not the only one.
너만 그런 거 아냐. (= 그런 사람들 많아.)

요즘 직장 잡기 다들 힘들잖아.

Getting a job is hard for everyone these days.

▶ 표현
these days, today, nowadays: 요즘

'요즘'은 these days를 가장 많이 쓰는 것 같아요. 회화할 때 '요즘'이라고 하고 싶으면 그냥 these days를 쓰면 됩니다. 여러 표현을 알려드리는 건 원어민들이 이렇게도 저렇게도 표현할 수 있기 때문이에요. 이 문장은 Everyone is having a hard time getting a job these days.로도 할 수 있어요. have a hard time -ing는 '~하는 데 힘들어하다'로 매우 많이 나오는 표현입니다.

넌 뭐 할 계획인데?

What are your plans?

▶ 표현   plans: 계획, 약속

동영상 007

plan은 '계획, 약속'의 의미가 있고요, 약속의 의미일 때는 보통 복수형으로 씁니다. 영어로 '약속'은 참 다양하게 표현되는데, 이번에 정리해 보세요. 위의 QR코드를 찍으면 자세한 설명을 보실 수 있습니다.

> **plans**: 친구나 가족과의 편안한 약속
>
> **appointment**:
> 전문가와의 약속 (보통 서비스 제공자)
>
> **meeting**: 비즈니스 상 미팅
>
> **reservation**: 음식점, 비행기 예약에 주로 사용

I have plans with my friend.   친구랑 약속 있어.

I have an appointment with a dentist at 2.
나 2시에 치과 약속 있어.

I have a meeting with a publisher tomorrow. 내일 출판사랑 미팅 있어.

Did you make a reservation for a table for 10 at that restaurant? 식당에 10명 자리 예약했어?

난 대학원 준비하고 있어.

I'm preparing for grad school.

동영상 008

▶ 표 현
prepare for: ~을 위해 (자신을) 준비시키다

제가 수업 자료를 준비하는 것은 I'm preparing my class.지만 학생들이 수업 시간에 있을 시험을 준비하는 건 The students are preparing for the test.가 됩니다. 참고로 prepare 뒤에 to+동사원형이 나올 수도 있어요. I'm preparing to pass the test.처럼 말이죠. 그리고 많은 학생들이 prepare와 ready의 차이점을 궁금해 해서 정리했습니다. QR 코드를 스캔하세요.

▶ 발 음   grad school: 대학원

graduate school을 줄여서 이렇게 말하는데요, grad의 [d]는 아주 약하게 발음됩니다. 영상을 들으면서 확인해 보세요.

취업하려고 80군데 넘게 이력서 냈는데 아직까지 어디서도 연락이 안 왔거든.

I've sent in more than 80 resumes to find a job but haven't heard back from anyone yet.

▶ 표 현   send in resumes: 이력서를 제출하다

서류나 이력서 등을 '제출하다'는 send in 외에 submit, hand in도 많이 씁니다. 이력서를 제출하려면 지원을 해야 하죠? 많은 분들이 apply for와 apply to를 헷갈려 하는데요, 간단히 말해 apply for는 어떤 것을 얻기 위해 지원할 때 쓰고요, apply to는 뒤에 자신이 지원하는 곳이 나옵니다.

I applied for a scholarship/a loan.
난 장학금/대출을 받으려고 지원했어.

I applied to Yale Law School.
난 예일대 로스쿨에 지원했어.

▶ 발 음   resume: 이력서

여기서는 발음에 주의하셔야 해요. '이력서'의 뜻일 때는 강세가 앞에 있고요, 동사로는 '다시 시작하다'는 의미로 [뤼줌]처럼 발음하며 강세가 뒤로 갑니다.

▶ 표 현
hear back from ~: ~로부터 소식을 듣다

내가 연락을 취하고 상대방으로부터 연락을 받을 때 씁니다. 과거부터 지금까지를 강조하려면 현재완료를 사용하는데, 사실 과거시제로도 많이 쓰인답니다.

I haven't heard back from him yet.
(친구한테 만나자고 했는데 깜깜 무소식일 때) 나 아직 걔한테서 소식을 못 들었어.

I haven't heard back from them.
회사에서 아직 아무 얘기 못 들었어. (이렇게 회사를 3인칭 복수형으로 받아 표현하는 경우가 많아요.)

시답잖은 일 대신 차라리 공부 더하고 스펙 쌓아서 전문직 찾는 게 낫겠어.

동영상 009

Might as well study longer to build up my qualifications and find a profession instead of any odd jobs.

▶ 패 턴
might as well 동사원형: (어차피 이렇게 되었으니) ~하는 게 좋겠다, 차라리 ~하다

▶ 표 현
1. qualifications: 스펙

spec은 specification의 약자로 컴퓨터나 자동차 사양을 말할 때 주로 씁니다. 우리가 말하는 스펙은 qualifications 또는 credentials라고 해야 맞아요. 영상으로 정리했습니다.

We are recruiting people based on their credentials.
우리는 스펙에 기반을 두어서 사람들을 모집해요.

2. profession: 직업 (특히 전문직)

직업에 대한 표현도 많은데 이번에 정리해 보세요.

> **job**: 돈을 받고 하는 모든 일을 통칭
>
> **career**: 열정을 갖고 발전하는 느낌을 주는 일 표현
>
> **occupation**:
> 돈을 받지 않고 volunteer(자원)하는 것도 포함
>
> **profession**: 사회적으로 인정받는 전문직
> (예를 들어 의사, 변호사 등)

My ambition is to have a career in medicine.
난 의학 계통에서 커리어를 쌓고 싶은 야망이 있어.

He took a job as a waiter.
그는 웨이터 직업을 구했어.

Teaching is still considered a profession even though it pays much less than law or medicine. 교직은 법조계나 의료계보다 돈은 훨씬 적게 벌어도 여전히 전문직으로 생각들을 하지.

▶ **발음** instead of
[인스떼러v] 정도로 발음이 돼요. 영어 청취에서 of 발음은 정말 중요해요. 특히 앞의 단어가 d로 끝나고 뒤에 of가 오면 이 of를 실제 원어민들은 어떻게 발음하는지 영상을 통해 알아보죠.

▶ **표현** odd job: 잡일, 소일거리
보통 청소나 뭔가를 고치는 일 같은 잡일을 뜻합니다. 이때 odd를 '이상한, 특이한'의 의미로 생각하지 말고 odd job을 통 표현으로 기억해 주세요.

My mom had odd jobs here and there.
엄마가 여기저기서 소일거리를 했어요.

대학원 가서도 문제인 게 세상에 고학력자가 너무 많잖아.

동영상 010

Grad school won't solve anything because there are so many highly educated people out there.

▶ **발음** won't
will not은 강조해서 말하지 않는 이상 회화에서는 거의 안 쓰고 축약해서 won't라고 말합니다. won't는 입을 아주 동그랗게 하고 호흡을 강하게 집어 넣어 [우〜오운ㅌ] 정도의 소리가 납니다. 뒤에 핵심이 되는 동사가 나오므로 won't의 t는 거의 들리지 않아요. 영상을 보면서 확인하세요.

▶ **표현**
1. highly educated: 교육을 많이 받은
highly가 들어간 표현 중 highly motivated(매우 의욕적인), highly recommended(매우 추천하는), highly successful(매우 성공한)이 많이 쓰입니다.

2. out there
이건 한국말로 해석하기가 참 모호해요. 여기 말고 다른 모든 곳에 있다, 그만큼 많은 곳에 존재한다는 느낌이죠. 예문을 통해 그 느낌을 받아보세요.

There's a lot of people out there speaking English well.
영어 잘하는 사람들이 도처에 널렸어.

요즘 많은 사람들이 Put yourself out there!라고 하는데요, 편안하지만 지루한 일상에서 벗어나 '뭔가를 도전해 봐라! Comfort zone을 벗어나 봐라!'의 느낌으로 많이 사용된답니다.

You gotta put yourself out there if you want to be a Youtuber.
(유튜버를 하고 싶은데 망설이는 친구한테) 유튜버 하고 싶으면 박차고 도전해 봐야지.

취업이 안 되니까 정말 우울하기도 하고 도저히 가만히 있을 수가 없더라고.

Not being able to find a job has really got me down and I just couldn't wait around.

동영상 011

▶ 표현

has got me down: 나를 우울하게 만들었어

[get+대상+형용사] 이렇게 쓰면 대상을 형용사한 상태로 만들다예요. down은 '기분이 처진'의 의미가 있어 I'm down. I'm feeling down.하면 (나 우울해.)의 뜻이죠. down 대신 depress(ed)를 써서 It depresses me. It got me depressed.라고 하기도 하지만 실제 대화에서는 down이 훨씬 더 많이 나온답니다.

▶ 발음　**just**

[저쓷]으로 가볍게 발음해 주세요. 글보다 영상으로 확인하면 더 확실하게 알게 돼요.

▶ 표현　**wait around: 빈둥빈둥 기다리다**

I can't wait around here just for you!
(친구가 전화해서 2시간 기다리라고 할 때) 나 이렇게 여기서 너 빈둥빈둥 못 기다려.

그래서 내가 뭘 좋아하고 잘할 수 있는지 생각해 봤지.

So I began to think about what I like and what I'm good at.

▶ 패턴

be good at ~: ~을 잘하다

인구가 점점 고령화되어 가니까 노인 심리학을 공부하면 어떨까 생각했는데, 그쪽으로 자세히 알아보니까 점점 더 노인 심리학에 흥미가 생기더라고.

Since the population is continuously aging, I was thinking about studying Geriatric Psychology and it intrigued me, even more, when I began to look into it more closely.

▶ 패턴

I was thinking about ~: ~할까 생각 중이었어

think about이냐 think of냐

잘 모르겠으면 그냥 think about을 쓰세요. 미묘한 차이가 있다면 think of는 약간 imagine에 가깝고, think about은 consider에 가깝습니다. I'm thinking of our next vacation spot. 하면 다음 휴가 갈 곳을 상상하는 거죠. 반면, I'm thinking about how to make a presentation. 하면 발표를 어떻게 할지 고민하고 생각(consider)하는 느낌입니다. 하지만 뒤에 사람이 나오는 경우 I'm thinking of you.나 I'm thinking about you. 둘 다 의미가 같답니다.

▶ 표현

1. because, as, since: ~ 때문에

'~ 때문에'의 뜻으로는 because가 가장 흔하게 쓰입니다. as가 '이유'의 뜻일 때는 회화에서 거의 안 쓰여요. since는 서로 다 아는 사실을 말할 때 자주 쓰입니다. 인구가 고령화되고 있는 건 다 아는 사실이니까요. 하지만 because라고 해도 큰 문제 없으니, 이런 차이점에 너무 집착하지 않아도 됩니다.

Since we live next door, how about getting together for a drink?
옆집에 사니까, 우리 만나서 술 한잔하는 건 어때요?

2. intrigue : ~에게 흥미를 일으키다 / 음모, 모의

그래서 어떤 주체가 흥미를 갖게 되는 건 intrigued로 표현합니다.

A: Are you intrigued? 너 관심 있니?
B: Yes, I'm intrigued. 응. 관심 있어.

3. even more: 심지어 더

even은 '심지어'의 의미로 뒤에 있는 more를 강조하는 표현으로 쓰였어요.

I like you even more than my parents.
나 너 좋아해. 심지어 우리 부모님보다도 더 말이야.

하고 싶은 걸 찾았다는 게 어디야. 그것만으로도 큰 산은 넘었다.

Just finding something you want to do is enough. That alone puts you ahead of the game.

▶ 표 현

1. That alone: 그것만 하더라도

That은 앞에 나온 말(하고 싶은 걸 발견한 것)을 받아요. 거기에 '혼자', '단독'으로의 alone이 붙어 that alone이 되면 '그것만 하더라도'의 뜻입니다.

2018 alone, he made 1 billion dollars.
2018년만 해도 그는 10억불을 벌었어.

2. put you ahead of the game: 게임에서 우위를 점하다

ahead of the game은 '경쟁에서 앞선'의 뜻입니다. 그래서 put/stay you ahead of the game은 '너를 남들보다 앞서게 하다' 즉, '네가 남들보다 앞서다'라는 말이죠. 즉, 결국 하고 싶은 걸 찾은 사람이 별로 없으니 그걸 찾은 것만 해도 남들보다 앞서가는 거야 라는 말입니다

To stay ahead of the game, you need to predict what's coming in the future.
요즘 경쟁에 앞서려면, 앞일이 어떻게 될지 예측해야 해요.

내가 응원할게.

I'll root for you.

▶ 표 현   root for ~: ~을 응원하다

A: Which team are you rooting for?
너 어느 팀 응원해?

B: I'm rooting for Korea. 나야 한국 팀 응원하지.

너도 졸업 전에 꼭 직장 잡을 수 있을 거야.

You'll find a job before graduation too.

동영상 012

▶ 발 음   You'll

발음을 글로 설명하기는 정말 힘들어요. 영상을 보면서 확실히 익혀 보세요.

너 같은 인재를 기업에서 못 알아보다니 안타깝다.

It's a shame that companies don't recognize a talent like you.

▶ 패 턴

It's a shame that 주어+동사 ~: ~라니 안타깝다

▶ 표 현   talent: 인재

talent는 '재능'의 뜻 외에 '재능 있는 사람', '인재'를 뜻하기도 합니다. 이때는 셀 수 있는 명사가 되어 a talent라고 표현하죠.

우리 둘 다 화이팅하자!

We should both stay positive!

동영상 013

▶ 표 현

Stay positive!: 긍정을 잃지 말고 유지하자!

'파이팅하자!'라고 해서 Fighting!이라고 하면 절대 안 돼요. 이 '파이팅!'의 의미를 나타내는 표현을 알아볼까요?

> **Let's stay positive!**: 우리 힘내자!
> 힘든 상황에서 파이팅할 때 추천합니다.
>
> **You can do it. Break a leg!**:
> (큰일 앞두고 긴장한 친구에게) 넌 할 수 있어. 파이팅!
>
> **You got this! Go get them!**: 넌 해낼 거야!
>
> **Cheer up! Keep your chin up!**:
> (우울한 상황에 있는 친구에게) 파이팅!

이런 건 영상을 통해서 정리하는 게 더 효과적입니다. QR코드를 찍어 보세요.

UNIT

3 두고두고 오래오래 쓰는 패턴

STUDYING ENGLISH

너 ~도 안 했잖아

~가 있어요

겨우 ~해냈어요

~한 느낌이 드네요

너 ~도 안 했잖아   You didn't even 동사원형

even은 동사를 강조할 때 꽤 많이 사용하는 표현이에요. 상대방인 네가 안 한 게 여러 가지이지만 특히 한 가지를 더 강조할 때 이렇게 even을 넣어서 말할 수 있어요. 주어 자리에 꼭 you만 쓸 수 있는 건 아니에요. 다양하게 쓸 수 있고 시제도 다양하게 바꿔 말할 수 있습니다.

너 학교 다닐 때 영어 공부도 안 했잖아.

You didn't even study English when you were in school.

PATTERN DRILL

You didn't even

+ **like it that much.** 너 그거 그렇게 많이 좋아하지도 않았잖아.

+ **know what that meant.** 너 그게 무슨 뜻인지도 몰랐잖아.

+ **know who they were.** 너 그들이 누구였는지도 몰랐잖아.

+ **want to watch it.** 너 그거 보고 싶어 하지도 않았잖아.

+ **care who messed up this room.**
너 누가 이 방 어질러 놨는지 신경도 안 썼잖아.

+ **try to stop me.**
너 날 막으려고도 안 했잖아.

A I am thinking about starting my own business. What do you think?

B I'm just so busy with my own life. I don't even care about what you do.

A 내 사업을 시작해 볼까 생각 중이거든. 어떻게 생각해?

B 난 내 생활에 너무 바빠서 네가 뭘 하든 신경도 안 써.

MP3-019

~가 있어요   There are ~

사람, 동식물, 무생물 상관없이 어떤 것이 있다, 존재한다고 할 때 쓸 수 있는 패턴입니다. There are 뒤에 나오는 것이 더 중요하기 때문에 There are를 강하게 발음하지는 않습니다. 그리고 There are 뒤에는 항상 복수형 명사가 나오는 것에 주의하세요. 특이하게도 원어민들은 There are라고 해야 할 때 There is를 축약한 There's라고 많이 말하기도 합니다. 발음이 편해서 그렇다고 하네요. 참고로 알아두세요.

번역 앱도 무척 많잖아.

There are so many translation apps out there.

PATTERN DRILL

There are
+ **a lot of ways to learn new things.**
새로운 걸 배우는 방법이 많이 있어.

+ **so many tips I can give you.**
내가 너한테 줄 수 있는 팁이 아주 많이 있어.

+ **many coffee shops that are open 24 hours in Seoul.**
서울에는 24시간 영업하는 커피숍이 많이 있어.

+ **three things I want you to keep in mind.**
네가 마음에 새겼으면 하는 게 세 가지가 있어.

+ **several ways to find your passion.**
네 열정을 찾을 수 있는 방법이 여러 가지 있어.

A There are so many things to do. I don't even know when I can finish all of this.

B You should be fine. You just need to take it one thing at a time.

A 할 일이 너무 많아. 언제 이걸 다 끝낼 수 있을지도 모르겠어.

B 괜찮을 거야. 그냥 한 번에 하나씩만 하면 돼.

MP3-020

고난을 이기고 간신히 해냈을 때

겨우 ~해냈어요　I managed to 동사원형

힘들고 어려웠지만 어찌어찌 해냈을 때를 표현하는 패턴이에요. 이것과 비슷하고 바꿔 써도 큰 의미 차이가 없는 게 I was able to입니다. 물론 I managed to가 조금 더 힘들고 어려운 일을 간신히 해냈다는 느낌을 담지만 was able to는 그런 느낌까지 담고 있지는 않죠.

번역기 돌려서 내가 하고 싶은 말을 겨우 했어.

I managed to say what I wanted by using the translation apps.

PATTERN DRILL

I managed to
+ **grow my business.** 내 사업체를 겨우 키웠어.
+ **convince him to quit his job.**
  걔를 설득시켜서 겨우 일 그만두게 했어.
+ **get into Harvard on a full scholarship.**
  나 전액 장학금 받고 하버드에 겨우 들어갔어.
+ **get a hold of his phone number.**
  나 걔 전화번호 겨우 땄어.
+ **borrow some money from one of my best friends.** 나 내 절친한테서 겨우 돈 좀 빌렸어.
+ **raise my hand and express my thought in class.** 나 수업 시간에 손 들고 겨우 내 생각 말했어.

A **I managed to get all this work done last night.**

B **Wow. Now you're ready to impress your boss.**

A 나 어젯밤에 겨우 이 일 다 마쳤다.
B 와, 이제 너희 부장님 감동시킬 준비가 된 거네.

MP3-021

~한 느낌이 들어요   It feels like 명사/주어+동사

It feels like는 '내가 느끼는 감정을 약간 간접적으로 표현하는 뉘앙스를 풍깁니다. 뒤에는 명사가 바로 나오거나, 주어+동사가 나올 수 있어요. It feels like는 It feels as if/It feels as though로 바꿔 쓸 수 있는데, 이때는 마치 ~인 것처럼 간접적으로 비유하는 느낌이 강해요. I feel like라고 해도 같은 의미예요. 단, It feels like가 상황에 중점을 맞추었다면 I feel like는 자신의 입장에 더 맞추어져 있죠. 그냥 같다고 생각해도 좋아요.

사람 간의 대화 같아.

It feels like a conversation between people.

PATTERN DRILL

It feels like	+ **I have met you somewhere before.** 당신을 전에 어디서 만난 것 같아요.
	+ **people don't really understand me.** 사람들이 절 정말 이해 못하는 것 같아요.
	+ **I need to move in with my parents again.** 다시 부모님 집에 들어가야 할 것 같아요.
	+ **I'm not welcome in this family.** 난 이 가족에서 환영 받지 못하는 것 같아요.
	+ **my English is getting better and better.** 제 영어가 점점 더 좋아지는 것 같아요.
	+ **I should talk about it.** 내가 그것에 관해 이야기를 해야 할 것 같아요.

A It feels like I'm losing weight.

B You're right. You don't look good. I think you should eat more.

A 살이 빠지는 느낌이 들어.
B 맞아. 얼굴빛도 안 좋고. 더 먹어야 할 것 같은데.

MP3-022

57

번역기 돌려서 하고 싶은 말 겨우 했거든.

영어로 어떻게 말하지?

 HOW CAN I SAY IN ENGLISH?

나 나 영어 공부 시작했다.

너 영어? 너 학교 다닐 때도 영어 공부 안 했잖아. 뭔 일 있어?

나 나 학교 다닐 때 공부했어! 아무데서도 써먹지 못한 영어라서 그렇지.

너 맞아. 우리 맨날 "I am a boy", "I am fine. Thank you. And you?" 이런 것만 배웠잖아. 정말 쓰잘데기 없이 말이야.

나 맞아. 그래서 내가 답답해서 영어 다시 공부하기로 한 거야.

너 요즘 번역 앱도 많은데 그렇게 영어 공부에 시간 투자를 해야 하나?

나 간단한 문장은 앱으로 되는데, 전문적인 용어 같은 건 오류도 많고, 내가 공유하고 싶은 속뜻까지는 앱이 전달을 못하더라고.

너 그건 그래. 나 뉴욕 갔을 때 번역기 돌려서 하고 싶은 말 겨우 했거든. 그런데 외국인이 영어로 나한테 하는 소리를 못 알아듣겠는 거야!

나 그래서?

너 그래서 내가 번역 앱을 틀었고 외국인이 영어로 얘기하고 계속 번역을 기다려야 했어. 그러다 보니까 대화가 끊기고, 그 기다리는 시간도 너무 어색하더라고.

나 내 말이 그거야. 앱을 쓰면 뭔가 사람 간의 대화가 아니라 기계가 끼어드는 듯한 느낌이랄까?

너 그래, 꾸준히 해 봐. 너 믿고 해외여행 좀 편하게 가 보자.

MP3-023

Me	I started studying English.
You	English? **You didn't even** study English when you were in school. What's going on?
Me	I did study in school. It was just English I couldn't use anywhere.
You	That's true. The only thing we learned were phrases like "I am a boy" and "I'm fine. Thank you. And you?" It was useless.
Me	Yeah, so I got frustrated and decided to study English again.
You	**There are** so many translation apps out there. Do you really need to invest your time in studying English?
Me	The apps work with simple sentences, but there are a lot of errors with professional words and it doesn't convey the deeper meaning I want to share.
You	You're right. When I went to New York, **I managed to** say what I wanted by using the translation apps. But I couldn't understand what the other guy was saying in English!
Me	And?
You	So, I took out the translation app and the guy had to talk into it in English and continuously had to wait for the translation. That paused the conversation and the wait was so awkward.
Me	That's what I mean. If you use an app, **it** doesn't **feel like** a conversation between people but that a machine is interfering?
You	Yeah, keep up the good work. You'll make it easy for me to travel abroad.

나 영어 공부 시작했다.

I started studying English.

▶ 표현
I started to study English. 라고 해도 될까요?
당연히 되죠. start는 뒤에 to부정사가 오든 동명사
가 오든 의미가 같아요. 어떤 책에서는 차이가 있다
고도 하지만, 그냥 편하게 쓰고 싶은 거 쓰시면 됩니
다. 하지만 동사에 따라 뒤에 to부정사만 오는 경우,
-ing만 오는 경우, 또 둘 다 오지만 의미가 다른 경
우 등 여러 가지가 있는데, 이건 좀 주의해 주세요.
대표적인 것 한 가지씩 꼭 알아두시고요.

I want to watch TV. (O) 나 TV 보고 싶어.
I want watching TV. (X)
I enjoy watching TV. (O) 나 TV 보는 거 즐겨.
I enjoy to watch TV. (X)
I stopped to watch TV. (O) TV 보려고 멈췄다.
I stopped watching TV. (O) TV 보는 걸 멈췄다.

너 학교 다닐 때도 영어 공부
안 했잖아.

You didn't even study English when you were in school.

동영상 014

▶ 패턴
You didn't even 동사원형: 너 ~도 안 했잖아
even은 동사를 강조할 때 꽤 많이 사용하는 표현이
에요. 예문으로 확인하세요.

I haven't even started yet.
나 아직 시작도 안 했어.
You don't even know me.
(약간 화를 내면서) 너 나 알지도 못하잖아.

▶ 표현
in school: 학교에 있을 때 (재학 중인)
먼저 school의 oo 발음을 영상을 보며 확인하세요.
'학교에'라고 할 때 in school과 at school 두 가지
를 쓸 수 있는데요, at school은 학교에 직접 몸이
가 있을 때 사용하고, in school은 보통 기관에서 공
부하는 중(시기)일 때 사용해요. 다음 표를 보면 이
해가 될 겁니다.

in middle school: 중학교 때
in high school: 고등학교 때
in college: 대학교 때 (4년제 대학을 다녀도
보통 in college라고 해요.)

A: Where is Luke? Luke 어디 있어?
B: He's at school. He finishes the class at 4.
학교에. 네 시에 끝나. (현재 학교 안에 있음)

A: What do you do? 무슨 일 하세요?
B: I don't have a job. Because, I am in school studying law.
직업은 없어요. 학교에서 법을 공부하고 있거든요.

뭔 일 있어?

What's going on?

▶ 표현 이 What's going on?은 편안하게 인
사할 때도 쓰고, 상대방이 이상한 행동을 하거나,
평소와 다른 말이나 행동, 모습을 보일 때도 쓸 수
있습니다. 후자의 의미일 때 What's up? What's
happening? What happened?도 가능합니다.

Hey! What's going on?
(친구 얼굴에 멍이 들었을 때) 야, 무슨 일이야?

나 학교 다닐 때 공부했어.

I did study in school.

▶ 표현 강조의 do, did

I studied in school.이라 안 하고 I did study in
school.이라고 한 이유는, 내가 공부했다는 걸 강조
하기 위해서예요. 이때는 did를 세게 말해야 합니다.
평소에 어떤 행동을 한다는 걸 강조할 때는 do를 쓰
면 돼요.

아무데서도 써먹지 못한 영어라서 그렇지.

It was just English I couldn't use anywhere.

▶ 표 현   It was just ~: 그건 단지 ~였어요

just는 발음할 때 호흡으로 독침을 쏘듯 내뱉으면서 [저쑽]이라고 하세요. 이 just는 '단지, 그저' 정도의 느낌 또는 강조하는 기분을 전하거나, 어떻게 말로 표현할지 힘들 때 '정말' 정도의 느낌으로 받아들이면 됩니다.

Hey. It was just a joke.
(농담을 진담으로 여긴 친구에게) 야, 그냥 장난이었어.

A: Are you okay? Are you hurt?
괜찮아? 다쳤어?

B: Don't worry. I didn't get hurt at all. It was just a small accident.
걱정하지 마! 나 하나도 안 다쳤어. 그냥 작은 사고였어.

맞아. 그래서 내가 답답해서 영어 다시 공부하기로 한 거야.

Yeah, so I got frustrated and decided to study English again.

▶ 표 현   frustrated

짜증나거나, 뭔가 잘 안 돼서 답답할 때 쓸 수 있는 표현으로 frustrated가 딱이에요. be동사나 get과 같이 쓰이는데 상황이 답답하거나 짜증날 땐 It's frustrating.이라고 할 수 있죠.

I got frustrated.
(바쁜데 교통체증 때문에 오도 가도 못할 때) 아, 짜증나.

It's frustrating.
(여친이 문자로 헤어지자고 할 때) 뭐야. 완전 짜증나네.

요즘 번역 앱도 많은데 그렇게 영어 공부에 시간 투자를 해야 하나?

There are so many translation apps out there. Do you really need to invest your time in studying English?

▶ 패 턴

There are ~: ~이 있다

▶ 표 현

1.app

정식 표현은 application이지만 원어민들도 간단하게 app이라고 하고 [앱]으로 발음합니다. 우리처럼 [어플]이라고는 말 안 해요.

2. out there

Unit 2에서 한 번 나왔죠? 우리말로 굳이 해석 안 해도 돼요. '많은 곳에 존재한다'는 느낌이구나 이것만 알면 됩니다.

You need to put yourself out there to make some friends.
친구를 사귀려면 사람들 앞에 나서서 너를 알려야지. (파티에서 쭈빗대는 친구에게 충고해 주는 말로, put yourself out there는 매우 많이 나오는 표현이에요! 힘들겠지만 많은 사람 앞에 가서 자신을 알린다는 의미지요.)

3. invest: 투자하다

'돈, 시간을 투자하다'라는 뜻으로, 시간이나 돈을 투자하는 대상을 나타낼 때는 대부분 in을 씁니다. spend 뒤에 on이 나오는 것과 다르죠.

I've decided to invest in myself.
난 내 자신한테 투자하기로 결정했어.

간단한 문장은 앱으로 되는데, 전문적인 용어 같은 건 오류도 많고, 내가 공유하고 싶은 속뜻까지는 앱이 전달을 못하더라고.

동영상 015

The apps work with simple sentences, but there are a lot of errors with professional words and it doesn't convey the deeper meaning I want to share.

▶ 표 현　work with: ~와는 잘 되다, 작동하다

work with ~를 1:1 영어-한국어 매칭 식으로 공부하면 큰일나요. 문맥에 따라 '~와 일하다, ~을 가지고 일하다' 등 다양하게 해석될 수 있기 때문입니다. 제가 힌트를 하나 드리면, work 앞에 기계나 기구가 오면 '작동되다'의 뜻으로 해석하세요. 참고로 work 단독으로 쓰이면 '효과가 있다'의 의미도 있습니다.

I worked with him today.
오늘 그 사람이랑 같이 일했어요.

I worked with the new computer today.
나 오늘 새 컴퓨터로 일했어.

It works. 이거 효과 있네.

▶ 발 음　error

'오류'의 뜻인데요, 이 단어는 발음이 중요해요. 영상을 보며 꼭 확인해 보세요. 한국 사람이 잘 못하는 mirror 발음도 같이 설명해 드립니다.

▶ 표 현　convey: 전달하다

convey가 들어간 활용도 높은 표현을 알아두세요.

> **convey information**: 정보를 전달하다
> **convey a message**: 메시지를 전달하다

그건 그래. 나 뉴욕 갔을 때 번역기 돌려서 하고 싶은 말 겨우 했거든.

You're right. When I went to New York, I managed to say what I wanted by using the translation apps.

▶ 패 턴
manage to 동사원형: (힘들게) 성공적으로 해내다
　　　　　　　　　　간신히 ~ 해내다

그런데 외국인이 영어로 나한테 하는 소리를 못 알아듣겠는 거야!

But I couldn't understand what the other guy was saying in English!

▶ 표 현　the other

두 남성이 있을 때, 한 사람을 one guy라고 하면 나머지 한 명은 정해지니 정관사(the)를 사용해 the other guy라고 하면 되죠. 여기서는 상대방하고 대화하는 상황이니까 the other를 사용했어요.

결국엔 내가 번역 앱을 틀었고 외국인이 영어로 얘기하고 계속 번역을 기다려야만 했어.

So, I took out the translation app and the guy had to talk into it in English and continuously had to wait for the translation.

▶ 표 현   had to 동사원형: ~해야 했다

must(~해야 한다)는 회화에서는 거의 have to 혹은 gotta로 표현합니다. 과거에 '~해야 했다'는 have의 과거형 had를 써서 had to로 표현하는 것, 꼭 알아두세요.

그러다 보니까 대화가 끊기고,
그 기다리는 시간도 너무 어색하더라고.

That paused the conversation and the wait was so awkward.

▶ 발 음   pause

발음기호는 [pɔːz]로, 발음기호는 꼭 숙지를 해주세요. 유튜브에 "룩룩 모음" "룩룩 자음" 이렇게 검색하면 영상을 확인할 수 있어요! 꼭 활용해 주세요.

▶ 표 현   awkward: 어색한

분위기가 싸~한 '어색한'을 나타내는 표현이에요. 출근하면서 "여러분, 주말 잘 보내셨어요?" 하는데 아무도 대답을 안 하면 참 awkward하죠. 엘리베이터 탔는데 모르는 사람이랑 아무 말 없이 그냥 있는 상황, 참 awkward하죠. 이럴 때 쓸 수 있습니다.

내 말이 그거야.

That's what I mean.

▶ 표 현

That's what I mean의 what은 '무엇'?

That's what I mean.은 상대가 내가 말하고자 하는 점을 제대로 지적하거나 상황 파악을 정확히 했을 때 쓸 수 있는 표현이에요. 이때 what은 '무엇'의 뜻이 아니라 '~인 것'의 뜻입니다.

What do you like to have?
뭐 드시겠어요? ('무엇'의 의미)
I can't understand what you said.
나 네가 말하는 거 이해 못하겠어. ('~인 것'의 의미)

앱을 쓰면 뭔가 사람 간의 대화가 아니라 기계가 끼어드는 듯한 느낌이랄까?

If you use an app, it doesn't feel like a conversation between people but that a machine is interfering?

▶ 패 턴
It feels like ~: ~한 느낌이 들다

▶ 표 현   not A but B: A가 아니라 B

매우 많이 나오는 표현으로, 대조할 때 주로 사용하고 B에 강조를 둡니다.

The reason why I married him was not because he is rich, but he's got a great personality. 내가 그 사람과 결혼한 것은 그 사람이 부자라서가 아니라 성격이 좋아서야. (not because ~ but because … : ~ 때문이 아니라 … 때문에)

It's not that I don't want to go, but I just don't have time.
내가 가기 싫다는 게 아니라, 시간이 없다는 거야. (It's not that ~ but (that) … : ~라는 게 아니라 …라는 거야)

그래, 꾸준히 해 봐.

Yeah, keep up the good work.

▶ 표 현

keep up the good work: 계속 열심히 하다

상대방이 어떤 일을 하는 걸 보고 응원해 줄 때 쓸
수 있어요. 간단히는 Keep it up!

Keep up the good work!
(실적이 좋은 부하 직원에게) 더 열심히 하게나!

You're doing really well. Keep it up!
(영어 실력이 부쩍 는 친구에게) 너 정말 잘한다. 계속 죽
열심히 하는 거야!

너 믿고 해외여행 좀 편하게 가 보자.

You'll make it easy for me to travel abroad.

▶ 표 현

1. travel abroad: 해외여행하다

abroad 앞에는 to가 붙지 않습니다. Unit 1에서 to
를 붙이면 안 되는 단어를 소개했지만, 거기에 추가
해 더 알아두세요.

---

go home: 집에 가다

go overseas: 해외에 가다

go upstairs: 위층으로 가다

go downstairs: 아래층으로 가다

go outside: 밖으로 나가다

go inside: 안에 들어가다

go left: 왼쪽으로 가다

go right: 오른쪽으로 가다

go north: 북쪽으로 가다

go south: 남쪽으로 가다

---

2. 여행을 나타내는 표현

trip, travel, journey, tour 모두 '여행'을 나타내는
데요, 차이점을 간단히 알아볼까요?

---

trip: 명사로 짧은 여행 (동사로는 '여행하다'의
의미가 없음)

travel: 일반적인 여행을 말할 때 많이 사용하고
보통 동사로 활용

journey: 길고 힘든 여행, 인생, 배움의 여정 등을 비유

tour: 여행사에서 가이드를 정해 놓고 하는 여행

We took a 5 day-trip to Vietnam.
우리 베트남으로 5일간 여행 갔어.

I like to travel. 나 여행 가는 것 좋아해.

My sister went on a journey through Europe that lasted 1 year.
내 여동생은 1년 동안 유럽 여행을 했어요.

My life journey has been about learning how to love myself.
내 인생 여정은 어떻게 내 자신을 사랑하느냐를 알아나가는
과정이었어요.

UNIT

4 밋밋한 회화를 살리는
―― 감칠 패턴

BTS

~하다고 들었어, ~라던데

나 ~ 팬이다

아무리 ~여도 말이지

나 왜 ~인지 알겠다

너 ~했겠다

~는 말도 안 돼

~하다고 들었어, ~라던데   I heard (that) 주어+동사

'~라던데'는 사람들이 말한 걸 듣고 얘기하는 거라서 I heard(나 들었어)나 I was told라고 표현해요. 물론 People say (that) 이렇게 말해도 괜찮고요. I heard는 TV나 뉴스에서 간접적으로 듣거나, 그냥 누구에게 들었을 때 사용하고요. I was told는 누구에게 직접 들었을 때 주로 사용해요.

요즘 BTS가 대박 인기라던데.

I heard BTS is really hot these days.

PATTERN DRILL

I heard (that)	+ **you got a job at Google.** 너 구글에서 직장 잡았다고 들었어.
	+ **you are getting married next month.** 너 다음 달에 결혼한다고 들었어.
	+ **Tayler Swift won Grammy Album of the Year.** Taylor Swift가 올해의 그래미 앨범상을 받았다고 들었어.
	+ **there's going to be a big sale this weekend.** 이번 주말에 큰 세일이 있을 거라고 들었어.
	+ **somebody broke into your house the other day.** 일전에 누가 너희 집에 침입했다고 들었어.
	+ **you are going to retire some time next year.** 네가 내년에 은퇴할 거라고 들었어.

A I heard you just got a promotion. Congrats!

B Thanks. But, I'm a bit worried if I will manage to lead my team well.

A 승진했다고 들었어. 축하!

B 고마워. 그렇지만 내가 우리 팀을 잘 이끌어 갈 수 있을지 조금 걱정이다.

MP3-024

나 ~ 팬이다, ~ 정말 좋아해   I'm a fan of

좋아하는 걸 나타낼 때 정말 유용하게 사용할 수 있는 패턴이에요. 보통 앞에 big이나 huge를 써서 be a big/ huge fan of ~ (~ 광팬이다)라고 많이 합니다.

난 RM 팬이야!

I am a fan of RM!

PATTERN DRILL

I'm a fan of

+ **Lukelookenglish.** 나 룩룩잉글리시 팬이야.

+ **Korean food.** 나 한국 음식 완전 좋아해.

+ **his music.** 나 그 사람 음악 완전 좋아해.

+ **staying up late and watching TV.**
  나 늦게까지 안 자고 TV 보는 거 완전 좋아해.

+ **The New York Times.** 나 뉴욕 타임즈 팬이야.

+ **your work.** 저 당신 작품 팬이에요.

A I'm a big fan of BTS. Especially RM's UN speech was amazing.

B I feel like they're just great at what they do.

MP3-025

A 저 BTS 왕팬이에요. 특히 RM의 UN 연설은 끝내줬지요.

B 정말 자기 일을 완전히 잘하는 것 같아요.

아무리 ~해도는 바로 이렇게!

아무리 ~여도   no matter how 형용사/부사+주어+동사

이 패턴은 no matter who(누가 ~할지라도), no matter where(어디에 ~할지라도), no matter what(무엇을 ~할지라도)으로 응용이 가능해요.

아무리 재미있어도 난 한 번 이상은 못 보겠던데.

No matter how fun it is, I can't watch it more than once.

PATTERN DRILL

No matter how

+ **smart you are, you have to be humble.**
네가 아무리 똑똑하다 해도 겸손해야 해.

+ **fast you drive, you need to drive safe.**
아무리 빨리 차를 몰더라도 안전하게 운전해야 해.

+ **much you work out, you still can't be stronger than me.**
네가 아무리 운동을 많이 해도 나보다 더 강해질 수는 없어.

+ **expensive this car is, I will buy it sometime soon.**
이 차가 아무리 비싸다 해도 나 곧 이거 살 거야.

A No matter how much I try, I don't seem to get any better. I think I need to stop here.

B You should trust yourself and keep going at it. You will be okay.

A 아무리 내가 노력을 해도, 더 좋아질 것 같지가 않아. 여기서 멈춰야 할 것 같아.

B 네 자신을 믿고 꾸준히 계속해 나가. 괜찮아질 거야.

MP3-026

나 왜 ~인지 알겠어 I see why 주어+동사

왜 상황이 이런지 알겠다, 이해하겠다는 의미의 패턴이며, see는 understand, get의 의미예요. I see, 라고 하면 상대방 얘기를 듣고, '아, 그렇구나. 알았어'의 뜻입니다. 참고로 이것보다 I can see why가 더 많이 사용되는데 의미는 비슷해요. 단 I can see why는 판단을 하기 전에 좀 더 생각하고, 상황을 살펴보는 느낌을 전달합니다.

왜 RM이 영어를 잘하는지 알겠다.

I see why RM's English is so good.

PATTERN DRILL

I see why

+ **you want to speak English.**
  왜 네가 영어를 하고 싶어 하는지 알겠다.

+ **you can't take a break.** 네가 왜 쉴 수가 없는지 알겠다.

+ **you brought me here.**
  네가 나 여기 왜 데리고 왔는지 알겠다.

+ **you didn't get that job.** 네가 왜 그 일을 못 얻었는지 알겠다.

+ **he is sick.** 그가 왜 아픈지 알겠어.

+ **it's worth a million dollars.**
  그게 왜 백만 달러의 가치가 있는지 알겠다.

A Now I see why you love Korean food so much. It's delicious.

B I would like to try something other than Korean food next time.

A 이제야 네가 한국 음식을 왜 그렇게 좋아하는지 알겠어. 맛있다.

B 다음에는 한국 음식 외에 다른 걸 먹어 보고 싶어.

MP3-027

상대방의 행동을 보면서 확신을 가지고 과거의 일을 추측할 때

너 ～했나 봐, ～했겠다　You must have 과거분사

과거의 일에 대해서 확신을 가지고 추측할 때 사용하는 표현이에요. 중고등학교 때 배운 '～였음에 틀림없다'는 우리 나라 말로 해도 참 어색하잖아요. 그냥 '～했나 봐, ～했겠다. ～했을 거야'로 알고 계시면 돼요. must have의 발음은 [머스트v] 정도로 들리고요. 참고로 must는 회화에서 주로 이 '추측'의 의미로 쓰입니다.

너 진짜 무지막지하게 노력 많이 했나 보다.
You must have put in so much effort.

PATTERN DRILL

You must have	+	**been hungry.** 너 배고팠었나 보다.
	+	**been scared.** 너 무서웠겠구나.
	+	**heard that I got fired.** 나 해고됐다는 거 너 들었겠다.
	+	**done something wrong.** 너 뭔가 잘못했었던 거구나.
	+	**been tired.** 너 피곤했겠구나.
	+	**lived abroad for quite some time.** 너 외국에서 꽤 살았었나 보다.

A This is amazing. You must have spent lots of time making it.

B Since I promised to bring my best effort, I had to work hard on this.

MP3-028

A 이거 굉장한데. 너 이거 만드느라 시간 많이 썼겠다.

B 내가 최선의 노력을 하겠다고 약속했으니, 열심히 해야 했지.

~ 믿을 수 없어, 말도 안 돼! I can't believe (that)

I can't believe ~는 상대방이 정말 대단한 일을 하거나, 또는 말도 안 되는 소리, 행동을 했을 때 많이 씁니다. 믿을 수 없이 좋은 일, 안 좋은 일, 충격적인 일 모두에 사용 가능해요. 뒤에는 주로 '주어+동사' 형태가 옵니다.

어렸을 때부터 그렇게 영어 공부에 열심이었다니 믿기지가 않는걸.

I can't believe he worked so hard to study English from such a young age.

PATTERN DRILL

I can't believe (that)

+ **you lied to me.**
네가 나한테 거짓말을 했다니 믿을 수가 없어.

+ **I forgot to tell you this.**
내가 너한테 이거 말하는 걸 잊었다니 믿기지가 않아.

+ **you made it to the top.**
네가 일등을 했다니 말도 안 돼!

+ **he is the strongest guy in the world.**
그가 세상에서 가장 강한 사람이라니 믿을 수 없어.

+ **he made me wait for almost an hour.**
그가 날 거의 한 시간 동안 기다리게 했다니 믿기지가 않아.

A I can't believe my boyfriend was cheating on me.

B Now I see why you're so mad.

A 내 남친이 날 속이고 바람을 피우고 있었다니 믿기지 않아.
B 네가 왜 그렇게 화가 났는지 이제야 알겠네.

MP3-029

요즘 BTS가 대박 인기라던데.

영어로 어떻게 말하지?

 HOW CAN I SAY IN ENGLISH?

나 요즘 BTS가 대박 인기라던데.

너 어. 정말 멋지지 않냐? 난 RM 팬이야!
노래도 잘하고 영어도 어찌나 잘하는지.

나 Ellen Show에서 RM 영어로 말하는 것
봤어? 영어 진짜 잘해.

너 비결이 뭐래? 어떻게 했기에 그렇게 잘하는
거야?

나 어렸을 때부터 엄마가 Friends DVD를
보여줬대.

너 그게 다야? 나도 Friends 보는데 왜 나는
효과가 그 모양인 거냐.

나 그냥 단순히 본 게 아니라, 처음에는 한국어
자막으로, 두 번째 영어 자막으로, 그 다음엔
자막 없이 보면서 대사를 따라 했대.
넌 그렇게 안 했지?

너 아무리 재미있어도 난 한 번 이상은
못 보겠던데.

나 그렇게 많이 보니까 대사를 다 외우는 정도가
되지 않았을까?

너 왜 RM이 영어를 잘하는지 알겠다. 그냥 하루
아침에 되는 건 아무것도 없구나.

나 당연하지. 세계적인 아이돌이 되는 게 뭐
그냥 쉬웠을 것 같아? 진짜 무지막지하게
노력 많이 했을 거야.

너 그 어렸을 때부터 그렇게 열심히 영어 공부를
했다니, RM이 더 좋아지는걸!

SAY IT ENGLISH!

MP3-030

Me	**I heard** BTS is really hot these days.
You	They are. Aren't they great? **I am a fan of** RM! He sings really well, and his English skills are great too.
Me	Did you see RM speaking in English on the Ellen Show? His English is really good.
You	What is his secret? How did he get so good?
Me	His mom showed him *Friends* DVDs since he was young.
You	That's it? I watch *Friends* too but why don't I see those results?
Me	He didn't just watch it. He saw it with Korean subtitles for the first time, then with the English subtitles the second time and watched it again without any subtitles and followed the lines. You didn't do that, did you?
You	I can't watch it more than once **no matter how** fun it is.
Me	He probably remembers all the lines after watching it so many times.
You	**I see why** RM's English is so good. Nothing happens overnight.
Me	Obviously. Do you think it's easy to become a world-famous idol? He **must have** put in so much effort.
You	**I can't believe** he worked so hard to study English from such a young age. I like RM even more now!

73

요즘 BTS가 대박 인기라던데.

I heard BTS is really hot these days.

▶ 패 턴

I heard (that) 주어+동사: ~라던데

▶ 표 현   hot: 매우 인기 있는 (= very popular)

hot은 이 외에도 온도가 높을 때, 음식이 매울 때, 사람이 멋지고 섹시할 때 쓸 수 있어요.

It's so hot outside. 밖이 너무 더워.

Pass me a hot sauce. 핫소스 좀 건네주세요.

She's so hot. 그녀, 정말 섹시해.

어. 정말 멋지지 않냐? 난 RM 팬이야! 노래도 잘하고 영어도 어찌나 잘하는지.

They are. Aren't they great? I am a fan of RM! He sings really well and his English skills are great too.

▶ 패 턴

be a fan of ~: ~의 팬이다, ~을 정말 좋아하다

▶ 표 현

'걔 영어 잘해'는 한국인이면 10에 9은 be good at을 떠올려서 He is good at English.라고 할 거예요. 그런데 사실 원어민들은 His English is good. 이나 He speaks English well.을 더 많이 씁니다. He's good at ~이 어색한 건 아니지만 원어민들이 더 많이 쓰는 건 알고 계셔야죠. 반대로 '나 영어 잘 못해'는 I'm not good at English. 또는 My English is not that good.이라고 하면 됩니다.

비결이 뭐래? 어떻게 했기에 그렇게 잘하는 거야?

What is his secret? How did he get so good?

▶ 표 현   good

'좋은'의 뜻 외에 뭔가를 잘할 때도 쓸 수 있어요. 그래서 '~을 잘하다'가 be good at인 거죠. 이때 be 동사는 get으로 대체할 수 있는데요, 이때는 못하다가 잘하게 되는 변화의 느낌을 더 보여준다고 보면 돼요.

I am good at cooking.

나 요리 잘해. (I cook well. I can cook well.도 OK)

어렸을 때부터 엄마가 Friends DVD를 보여줬대.

His mom showed him *Friends* DVDs since he was young.

▶ 표 현   show A B: A에게 B를 보여주다

아주 간단하지만 자동반사적으로 튀어나와야 할 표현입니다.

I showed my students how to practice English. 학생들에게 어떻게 영어 연습하는지 보여줬어.

I showed my friend how I made some money through online.
내 친구한테 어떻게 온라인으로 돈을 벌었는지 보여줬어.

그게 다야? 나도 Friends 보는데 왜 나는 효과가 그 모양인 거냐.

That's it? I watch *Friends* too but why don't I see those results?

동영상 016

▶ 표 현

1. That's it? 그게 다야?

   That's it! 이게 다야. 이제 끝이야.

이 표현을 말할 땐 뭔가 더 있는 줄 알았는데 그거라고 하니 믿기지 않는다는 감정을 꼭 넣어 주세요. Is that all?이라고 해도 같은 뜻입니다.

(A가 B에게 수학 문제를 설명하는 상황)

A: That's what you need to do.
이게 네가 해야 하는 거야.

B: That's it? Wow. You're a genius.
그게 다야? 와우. 역시 넌 천재야.

That's it!
(남녀가 싸울 때 여자가 화를 내며) 이제 끝이야!

2. watch

watch는 TV나 뭔가를 집중해서 볼 때 사용해요. 또 '조심하다'의 뜻도 있기에 Watch out!은 (횡단보도를 건널 때, 계단 올라갈 때) '조심해', Watch it. 또는 Watch your language!는 '말조심해'의 뜻이랍니다.

▶ 발 음   result vs. resort의 발음 차이

result는 [rɪˈzʌlt], resort는 [rɪˈzɔːrt]. 여기서 핵심은 s가 [z] 소리라는 것과 ʌ와 ɔː의 발음 차이! 영상을 통해서 정리해 봐요.

그냥 단순히 본 게 아니라, 처음에는 한국어 자막으로, 두 번째 영어 자막으로, 그 다음엔 자막 없이 보면서 대사를 따라 했대. 넌 그렇게 안 했지?

He didn't just watch it. He saw it with Korean subtitles for the first time, then with the English subtitles the second time and watched it again without any subtitles and followed the lines. You didn't do that, did you?

▶ 표 현   for the first time: 처음에는, 애초에

'처음에'를 뜻하는 게 first, at first, to begin with, in the first place, for the first time … 등 여러 가지라서 어떨 때 이걸 쓰고, 어떨 때 저걸 쓰는지 구별하는 건 참 힘들어요. 이런 건 그냥 문장을 몇 번 따라 하고 느낌으로 기억하는 게 훨씬 더 응용이 빠르고 실전에서 바로 나옵니다.

First, tell me about yourself.
(인터뷰에서) 먼저, 자기 소개를 해주세요.

At first, I didn't like English. But, I started to feel comfortable speaking once I got used to it. 처음엔 영어를 좋아하지 않았어. 그런데 일단 영어에 익숙해지니까 말하는 게 편해졌어.

There were 5 people to begin with. But, 4 people left and now it's only me. 맨 처음에는 5명이 있었어. 하지만, 4명이 떠나고 이제는 나만 있어.

Why did you say mean things to me in the first place? 왜 애초에 나한테 그렇게 못된 말을 했어?

I finally met her for the first time in person. 마침내 처음으로 난 그녀를 직접 만났어.

아무리 재미있어도 난 한 번 이상은 못 보겠던데.

I can't watch it more than once no matter how fun it is.

동영상 017

▶ 패 턴
no matter how 형용사/부사 ~: 아무리 ~일지라도

▶ 발 음   can't 와 can

이 둘의 발음은 영상을 보며 꼭 구별하셔야 해요.

▶ 표 현   fun: 재미있는 vs. funny: 웃긴

'영화를 보는 것은 재미있고, 그 영화가 웃기다'는 Watching a movie is fun. That movie is funny. 가 됩니다. 물론 영화 자체가 재미있을 수 있죠. 그러면 That movie is fun.도 되겠죠. 이와 비슷한 맥락으로 interesting과 exciting도 같이 기억해 주세요. Interesting은 호기심을 끄는 뭔가에 반응할 때, exciting은 말 그대로 너무 기대되고, 신날 때 사용해요. 고등학교 때 공부 못한 친구가 Harvard에 합격했다고 할 때는 도대체 어떻게 그렇게 됐는지 호기심이 돋으니까 That's interesting. 20년 동안 못 본 친구를 오랜만에 만나러 갈 때는 It's so exciting.이 되는 거죠. QR코드를 찍어 더 자세한 내용을 확인해 보세요.

그렇게 많이 보니까 대사를 다 외우는 정도가 되지 않았을까?

He probably remembers all the lines after watching it so many times.

동영상 018

▶ 표 현   probably

probably는 가능성이 꽤 높을 때 사용하는 표현이에요. 가능성이 50% 정도라면 보통 maybe, perhaps를 사용합니다. QR코드를 찍어 더 자세히 알아보세요.

A: How long does it take to wrap up this project? 이 프로젝트 마무리하는 데 어느 정도 걸려요? (wrap up: ~을 마무리하다)
B: It'll probably take about a week.
아마 일주일 정도 걸릴 거예요.

조동사를 사용해 50% 정도의 가능성을 나타낸다면 could를 사용하면 됩니다. 가능성이 좀 더 있다고 말하고 싶으면 should를 사용해도 돼요. 한 70% 정도라고 할까요?

It could take 2 weeks before you get it done. 그거 끝내는 데 아마 2주 정도 걸릴지도 몰라요.

75

왜 RM이 영어를 잘하는지 알겠다. 그냥 하루아침에 되는 건 아무것도 없구나.

I see why RM's English is so good. Nothing happens overnight.

▶ 패턴
I see why 주어+동사: 왜 ~인지 알겠다

▶ 표현 overnight: 밤사이에, 하룻밤 동안에

overnight라고 꼭 하룻밤일 필요는 없어요. 짧은 시간을 비유적으로 말할 때 overnight를 씁니다.

You can stay overnight if you want.
그러고 싶다면 여기서 하룻밤 있어도 돼.

Erin became a star overnight.
Erin은 하룻밤 사이에 스타가 되었다.

It takes a lot of effort to become an overnight success.
빨리 성공하려면 많은 노력이 필요하다. (overnight success: 벼락 성공, 자고 일어났더니 유명해지는 것)

당연하지. 세계적인 아이돌이 되는 게 뭐 그냥 쉬웠을 것 같아? 진짜 무지막지하게 노력 많이 했을 거야.

동영상 019

Of course. Do you think it's easy to become a world-famous idol? He must have put in so much effort.

▶ 패턴
must have 과거분사: ~했겠다

must have의 발음을 주의해서 들어보세요. 우리 생각처럼 [머스트 해브]로 발음하지 않습니다.

(친구가 정말 배고팠는지 밥을 세 공기나 먹을 때)

A: Dude! You must have been hella hungry.
야, 너 정말 배고팠나 보다. (hella: hell of를 강조할 때 쓰는 말로 편한 친구끼리 사용해요. 안 넣어도 괜찮아요.)

B: I haven't had any food for the past 2 days cos I was on a diet.
나 다이어트 한다고 2일 동안 아무것도 안 먹었어. (cos는 because를 줄여 말할 때 사용하지만, writing할 때는 쓰지 마세요. [kəz] 정도로 발음돼요.)

(아들에게 아이패드를 선물로 줄 때)

Dad: Here it is. Your birthday present.
여기 있다! 생일 선물.

Son: Wow! Dad! It must have cost a fortune. 오옷! 아빠! 돈 정말 많이 썼겠어요. (cost a fortune: 돈이 많이 들다)

(추석에 5시간만 자면서 책 쓴 친구에게)

A: I was just working on my book during Chusok. 추석에도 계속 책 작업을 했어.

B: Wow! You must have been tired.
와, 정말 피곤했겠네.

그 어렸을 때부터 그렇게 열심히 영어 공부를 했다니, RM이 더 좋아지는걸!

I can't believe he worked so hard to study English from such a young age. I like RM even more now!

▶ 패턴
I can't believe (that) 주어+동사 ~:
~ 믿을 수 없어, ~는 말도 안 돼!

(고교 때 공부 못했던 Jake에 대한 대화)

A: Do you know what Jake does now?
지금 Jake 뭐 하는지 너 아냐?

B: He just opened his own clinic in downtown. 걔 최근에 시내에 병원 오픈했어. (hospital은 종합병원을 말해요. 개인이 하는 소규모 의원이나 병원은 doctor's office, clinic이라고 하죠.)

A: I can't believe that he is a doctor.
걔가 의사라니 믿을 수가 없네.

Jake: I have a confession to make.
나 고백할 게 있어. (make a confession: 고백하다)

Susie: What is that? Is it serious?
뭔데? 심각한 거야?

Jake: Yeah… kind of. I think I'm in love with you. 응. 조금. 나 너와 사랑에 빠진 것 같아.

Susie: What? I can't believe this.
뭐라고? 말도 안 돼.

UNIT

5 비어 있던 회화가
꽉 차오르는 패턴

SOCIAL MEDIA ACTIVITIES

네 말은 ~라는 얘기야?

~할 기회를 얻게 되는 거네

~ 보는 게 참 좋아

그래서 ~하는 거라고요

네 말은 ~라는 얘기야?   You mean 주어+동사?

상대방이 한 말이 이해가 안 가거나, 놀랄 때, 정말인지 확인할 때 You mean …?하고 말끝을 올려 말하면 됩니다.
앞에 Do 를 붙여 Do you mean ~?이라고 해도 같아요. 단, 이렇게 하면 놀람과 강조가 더 들어간 느낌이 드네요.

그걸 공짜로 봤다는 얘기야?

You mean you saw it for free?

PATTERN DRILL

You mean

+ **you got into Harvard?** 네가 하버드에 들어갔다는 얘기야?

+ **you're dating an actor?**
네가 영화배우랑 데이트한다는 얘기야?

+ **you got into a fight with him?** 네가 걔랑 싸웠다는 얘기야?

+ **you can build this computer with less than $1000?** 네가 1000달러도 안 되는 돈으로 이 컴퓨터를 만들 수 있다는 거야?

+ **you can do 500 pushups?**
네가 팔굽혀 펴기를 500개 할 수 있다는 얘기야?

+ **you didn't even start?** 너 아직 시작도 안 했다는 얘기야?

A You mean you are going to jump off this bridge?
Are you serious?

B No matter how hard I try, I don't get any better.
What's the point of living!

A 네 말은 이 다리에서 뛰어내리겠다는 거야? 진심이야?
B 내가 아무리 열심히 해도 더 이상 나아지지가 않아. 이런데 살아서 뭐 하겠냐고!

MP3-031

get을 기회를 얻다의 뜻으로 쓸 때

~할 기회를 얻게 되다   You get to 동사원형

동사 get을 사전을 보고 다 정리하겠다? 정말 미련한 일이랍니다. get이 나올 때마다 모르는 건 정리하고 가면 돼요. 여기서의 get to는 'have an opportunity to do something'의 의미로 '기회를 얻다'는 뜻이 되죠. 기회에 대해서 감사하고, 정말 운이 좋다는 느낌을 내포하고 있어요.

그럼, 음식도 공짜로 먹게 되는 거야?

Then, you get to eat for free?

PATTERN DRILL

You get to	+	**spend two hours with him every day.** 그 사람과 매일 두 시간을 보내게 되는 거야.
	+	**do all the things you want.** 네가 원하는 모든 걸 하게 되는 거야.
	+	**see Bill Gates in person.** Bill Gates를 직접 만나게 되는 거야.
	+	**meet a lot of celebrities today.** 오늘 유명 인사를 많이 만나게 되는 거야.
	+	**spend many hours with your family.** 가족이랑 많은 시간을 보내게 되는 거야.
	+	**take any class here.** 여기서 어떤 수업이든 듣게 되는 거야.

A   I can't believe I'm here at Google Campus.

B   Today, you get to see our CEO and spend some time with Googlers.

MP3-032

     A 제가 여기 구글 캠퍼스에 있다니 믿기지가 않는데요.

     B 오늘 저희 CEO를 뵙고 구글 직원들과 시간을 보내게 됩니다.

뭔가를 보는 게 좋다고 할 때

~을 보는 게 좋아   It's nice seeing (동)명사/주어+동사

여기서 it을 그것으로 해석하는 분은 안 계시겠죠? 어떤 것을 보는 게 일시적으로 좋은 게 아니라 늘 좋은 것임을 뜻할 때 이렇게 표현할 수 있습니다. seeing 대신 to see도 회화에서 무척 자주 쓰이는데요, 솔직히 It's nice to see ~가 더 많이 쓰이긴 합니다.

내가 올린 게 도움됐다는 댓글 보면 좋아.

It is nice seeing comments that my posts were helpful.

PATTERN DRILL

It's nice seeing

+ **you, my friend.** 내 친구, 널 보니까 좋다.

+ **you and Luke are getting along very well.**
너랑 Luke가 아주 사이좋게 지내는 거 보니까 좋다.

+ **her being passionate about this project.**
그녀가 이 프로젝트에 열정적인 걸 보니까 좋은데.

+ **cute girls on the streets of Gangnam.**
강남 거리의 예쁜 여자애들을 보니까 좋다.

+ **all the improvements you have made so far.**
네가 지금까지 향상된 것을 보니까 좋다.

+ **you being so happy about your new job.**
네가 새 일에 무척 만족해하는 걸 보니까 좋다.

A It's nice seeing you two are getting along really well.

B Yeah. I was worried at first but now I think we can be best friends.

A 너희 둘이 진짜 잘 지내는 거 보니까 좋다.

B 그래. 나도 처음에는 걱정했는데 지금은 절친이 될 수 있겠다는 생각이 들어.

MP3-033

그래서 그런 거라고 결과를 설명 때

그래서 ~하는 거예요   That's why 주어+동사

That's because ~가 이유를 나타내는 거라면 That's why ~는 결과를 나타내는 패턴이에요. 이 표현은 일단 앞에 이유가 나오고, '그래서 ~ 해요!' 할 때 사용합니다. 예문을 통해서 정리해 보죠.

그래서 시간을 뺏겨도 끊지 못하는 거예요.

That's why I can't stop even if it takes up my time.

PATTERN DRILL

That's why

+ **I don't want to quit my job.**
그래서 내가 일을 그만두고 싶지 않은 거예요.

+ **I named my son Jayden.**
그래서 우리 아들 이름을 Jayden으로 한 거예요.

+ **I don't want to go there.** 그래서 내가 거기 가고 싶지 않은 거예요.

+ **Google is doing really well.**
그래서 구글이 잘 나가는 거예요.

+ **BTS is super popular all over the world.**
그래서 BTS가 세계적으로 대박 인기 있는 거예요.

+ **I can't take this offer.**
그래서 내가 이 제안을 받아들일 수 없는 거예요.

A **I hate my job.**

B **I can't believe you're still complaining about your job. I think that's why you're not respected at work.**

A 나 내 일이 정말 싫어.

B 네가 아직도 네 일에 불평불만을 하다니 믿기지가 않는다. 그래서 네가 직장에서 존경을 못 받는 것 같다.

MP3-034

81

Social Media Activities   **SNS 활동**

영화 시사회를 공짜로 봤단 얘기야?

영어로 어떻게 말하지?

 HOW CAN I SAY IN ENGLISH?

나 너 〈어벤져스〉 봤어?

너 당연하지! 시사회에 당첨돼서 개봉하기 전에 봤어.

나 영화 시사회? 공짜로 봤다는 얘기야?

너 그렇지!

나 야! 너 진짜 운 좋다! 어떻게 당첨된 거야?

너 나 SNS 장난 아니게 하잖아. 영화 말고 맛집에서도 연락 많이 와.

나 그럼, 음식도 공짜로 먹게 되는 거야? 진짜 부럽다!

너 응. 그런데 세상에 완전한 공짜는 없어. 나도 SNS 하는 데 시간 많이 들이는 거니까.

나 그래도 너처럼 열심히 SNS 하는 사람들이 있으니까 나 같은 귀차니스트들이 온라인 검색하면서 도움을 받지.

너 하긴, 그건 맞아. 내가 올린 것 보고 도움됐다는 댓글 보면 좋아. 그래서 시간을 뺏겨도 끊지 못하나 봐.

나 퍼거슨 감독이 'SNS는 인생 낭비다'라고 했지만, 꼭 그렇지만도 않은 것 같다.

 SAY IT ENGLISH!

MP3-035

Me	Have you seen 'The Avengers'?
You	Of course! I won a premiere ticket so I saw it before it was released.
Me	Movie premiere? **You mean** you saw it for free?
You	Yes!
Me	Hey! You are so lucky! How did you win that?
You	I'm on social media a lot. I get offers not only for movies but also hot restaurants too.
Me	Then, **you get to** eat for free? I'm so jealous!
You	Yes. But there is no such thing as complete freebies. I put a lot of time into my social media.
Me	But since there are people like you who are dedicated to social media, lazy people like me get help while we search online.
You	That's true. **It is nice seeing** comments that my posts were helpful. I think **that's why** I can't stop even if it takes up my time.
Me	Coach Ferguson said, 'Social media is a waste of time', but that might not be true.

너 〈어벤져스〉 봤어?

Have you seen 'The Avengers'?

▶ 표 현 　watch vs. see / 현재완료 vs. 과거

이 문장을 보고 나오는 반응은 대개 두 가지예요. 첫째, 영화나 TV 볼 때 watch 사용하지 않나요? 둘째, Did you watch 'The Avengers'?는 틀려요? 먼저, see a movie는 보통 영화관에 가서 볼 때 사용해요. watch a movie는 TV나 스마트폰, 노트북 등으로 영화관이 아닌 곳에서 볼 때 수로 씁니다. 그래서 '영화 보러 가자'는 Let's go to the movies! Let's go see a movie! 표현을 매우 많이 사용하죠. 그리고 Did you watch 'The Avengers'?라고 해도 괜찮아요. 물론 watch 대신 see를 써도 되구요. Have you seen ~?은 과거에 영화 본 걸 현재 대화 소재로 꺼내는 거라서 이렇게 쓴 거예요.

당연하지! 시사회에 당첨돼서 개봉하기 전에 봤어.

Of course! I won a premiere ticket so I saw it before it was released.

▶ 표 현

1. Of course!: 당연하지.

course에 강세를 주고 of는 약하게 발음해요. '당연하지!'처럼 상대방 질문에 강하게 긍정할 때 Absolutely, Definitely, Totally 등도 많이 씁니다.

2. win: (경쟁을 통해서) ~을 획득하다

win이 들어간 활용도 높은 대표 표현을 알아봅시다.

> **win a race** : 경주에서 이기다
> **win a game** : 경기에서 이기다
> **win a war** : 전쟁에서 이기다
> **win a battle** : 전투에서 이기다
> **win by 2 points** : 2점차로 이기다

I won 1 million dollars on the lottery.
나 복권 백만 불 당첨됐어.

3. premiere: (대중에게 최초로 공개하는) 시사회

world[global] premiere는 세계적으로 개봉하는 경우에 사용하고요. season premiere는 보통 쇼 프로그램이나 드라마 에피소드의 첫 회를 뜻해요.

4. release: 개봉하다

같은 뜻으로 come out도 씁니다. 참고로 '상영 중인'은 showing이라고 하죠.

When did that movie come out?
그 영화 언제 나왔어요?

Is it still showing? 그거 아직도 상영 중이야?

영화 시사회? 공짜로 봤다는 얘기야?

Movie premiere? You mean you saw it for free?

동영상 020

▶ 패 턴

You mean ~?: 네 말은 ~라는 얘기야?

You mean 등의 filler words에 관한 더 자세한 설명은 영상으로 확인하세요.

▶ 표 현 　for free: 공짜로 (= for nothing)

참고로, 공짜로 주는 물건을 보통 freebie라고 해요. 그리고 호텔에 가면 complimentary water라고 적혀 있는 것 본 적 있죠? 거기에서 complimentary도 '무료의'라는 뜻입니다.

나 SNS 장난 아니게 하잖아.
영화 말고 맛집에서도 연락 많이 와.

I'm on social media a lot. I get offers not only for movies but also hot restaurants too.

동영상 021

▶ 표 현

1. social media: (흔히 말하는) SNS

SNS라고 하는 원어민들도 있지만, 보통은 social media라고 합니다. 그런 social media 활동을 하는 걸 be동사와 on을 써서 be on social media라고 하죠. 자신이 하는 SNS를 넣어서 be on Facebook, be on YouTube, be on Instagram이라고 할 수 있어요. 원리를 따지기보다 그냥 계속 말하면서 자동적으로 튀어나올 수 있게 하는 게 더 중요해요.

2. a lot: 장난 아니게 많이

한국말로 '장난 아니게' 이걸 직접 번역하려고 하면 장난이니까 play? joke? 이런 식으로 생각하는데 절대로 이렇게 하면 안 돼요. 그냥 그 느낌으로 이미 알고 있는 쉬운 표현으로 나타내면 되는 거예요. 거기에 감정을 최대한 넣으면 되는 거죠. 그래서 위의 표현 외에 I'm on social media all the time. 이렇게 해도 좋고요, I'm on social media day and night. I'm on social media like crazy. I'm on social media 24/7.처럼 푹 빠져 있다는 걸 다양하게 표현할 수 있어요. 이것과 관련해 '영어스피킹 쉬운 말로 사용하세요!'라는 영상을 만들었으니 꼭 보시고 마음에 새기면 좋겠습니다.

3. offer

우리말 해석처럼 단순한 연락일 때 쓰는 게 아니라, 뭔가를 해보자고 제안할 때 쓰는 표현이에요.

A: I heard you got a job offer from Google.
너 구글에서 같이 일하자고 제안 받았다며?

B: Actually, I turned down the offer. It was a generous offer but I got a better offer from Facebook. 사실 거절했어. 괜찮은 제안이었지만 사실 Facebook에서 더 좋은 제안을 받았거든.

4. not only A but (also) B: A뿐만 아니라 B도

이 표현을 빼고 영어를 논할 수 없죠. not only 대신에 not just가 나오는 경우도 있고, 뒤의 but also가 모두 생략되는 경우도 있습니다.

If you speak English well, you cannot only get more opportunities but also make more money. 영어를 잘하면 더 많은 기회를 얻을 뿐 아니라 돈도 더 많이 벌 수 있어요.

Not only did I pass the exam, I became the top student. 나 합격한 것뿐만 아니라, 수석했어. (Not only가 문장 앞으로 나가면 주어, 동사가 도치돼요.)

5. hot restaurant: 맛집

'맛집'에 해당하는 식당 명칭을 정리해 볼까요?

> fancy restaurant: 비싸고 고급스러운 식당
> hole-in-the-wall restaurant: 조그맣고 시설은 정말 후지지만 맛 하나는 최고인 식당
> gourmet restaurant: 강세를 '메이'에 두고 [고어ㄹ메이]로 발음. 미식가들이 찾는, 미슐랭 스타 개수가 높은 식당
> must-try restaurant: 꼭 한번 가서 먹어야 하는 식당

이런 단어가 생각이 안 날 때는 풀어서 말하는 훈련을 해보세요. 저라면 '맛집'을 the restaurant that serves great food라고 설명할 것 같아요.

그럼, 음식도 공짜로 먹게 되는 거야? 진짜 부럽다!

Then, you get to eat for free? I'm so jealous!

▶ 패 턴

get to 동사원형: ~하게 되다

▶ 표 현　jealous: 질투 나는

'질투 나, 부러워'는 원어민들도 거의 I'm jealous.를 사용합니다. 뭐 부러우니까 I envy you.를 쓰는 원어민들도 있긴 하지만, 요즘 젊은 미국 친구들은 I'm jealous.를 쓴다고 보면 돼요. 물론 캐주얼하게 jelly 라는 표현도 사용해요. 이건 어떤 상황에서 쓰는지 알면 끝납니다.

(친구가 강남에 있는 50평 아파트를 샀다고 할 때)
I'm so jealous.

(친구가 유명 영화배우랑 사귄다고 할 때)
I'm so jelly.

응. 그런데 세상에 완전한 공짜는 없어. 나도 SNS하는 데 시간 많이 들이는 거니까.

Yes. But there is no such thing as complete freebies. I put a lot of time into my social media.

▶ 표 현

1. freebie

freebie는 회사 같은 데서 무료로 나눠 주는 물품을 나타내요. 우리말로는 '사은품'이나 '덤'으로 할 수 있겠죠. 이렇게 나눠 주는 것도 일종의 홍보잖아요. 그러니 세상에 완전한 공짜는 없다는 의미입니다.

2. put ... into ~: …을 ~에 쏟다

이 표현은 보통 시간이나 돈, 노력을 들일 때 많이 사용합니다.

I put a lot of blood, sweat and tears into completing this project.
이 프로젝트를 끝내는데 정말 많은 노력을 들였어.
(blood, sweat and tears는 노력을 비유할 때 원어민이 매우 많이 사용하는 표현이에요. 한국말로도 '피땀을 흘리다' 라는 표현이 있는 것처럼 말이죠.)

그래도 너처럼 열심히 SNS 하는 사람들이 있으니까 나 같은 귀차니스트들이 온라인 검색하면서 도움을 받지.

동영상 022

But since there are people like you who are dedicated to social media, lazy people like me get help while we search online.

▶ 표 현

1. be dedicated to: ~에 열심이다, 헌신하다

'~에 열심이고, 시간을 많이 투자하다'는 be dedicated to라고 표현해요. 이 to 뒤에는 명사나 동명사가 나오며, 동사원형이 나오면 틀린 거예요.

We're dedicated to providing you with the best customer service. 저희는 여러분께 최고의 고객 서비스를 제공하는데 최선을 다하고 있습니다.

I'm dedicated to helping my students.
난 학생들을 돕는 것에 최선의 노력을 다합니다.

---

2. search: 자세하게 찾다

search는 어떤 것을 샅샅이 찾을 때 사용하는 표현입니다. 아빠가 실종된 딸을 찾는 과정을 그린 영화 제목이 Searching(우리나라 제목은 '서치'였어요) 인데요, 제목에서 샅샅이 찾는 느낌이 팍 느껴지죠? look for, search for, search의 차이를 잊으신 분은 Unit 1으로 가서서 다시 살펴보세요. 또 이것과 연결해서 see, watch, look의 느낌 차이도 영상을 통해 알아보세요.

하긴, 그건 맞아. 나도 내가 올린 것 보고 도움됐다는 댓글 보면 좋아. 그래서 시간을 뺏겨도 끊지 못하나 봐.

That's true. It is nice seeing comments that my posts were helpful. I think that's why I can't stop even if it takes up my time.

▶ 패 턴

It's nice seeing: ~를 보는 게 좋아

▶ 패 턴

That's why 주어+동사: 그래서 ~하는 거예요

A: I binge watched movies all night.
어제 밤새도록 영화 봤거든. (binge-watch: 시리즈 드라마, 쇼, 영화를 한번에 많이 보다)

B: That's why you look so tired.
그래서 그렇게 피곤해 보이는구나.

퍼거슨 감독이 'SNS는 인생 낭비다'라고 했지만, 꼭 그럴지만도 않은 것 같다.

Coach Ferguson said, 'Social media is a waste of time', but that might not be true.

▶ 표 현   a waste of time: 시간 낭비

a waste of ~가 '~의 낭비'이므로 이것을 응용해 '돈 낭비'는 a waste of money, '기력 낭비'는 a waste of energy로 할 수 있습니다.

영어는
쉽게 말하세요

회화와 관련된 한국인들의 고민 중 하나가 영어로 말할 때 항상 비슷한 패턴을 쓰고, 맨날 쓰는 표현만 또 쓰려고 한다는 거예요. 다양한 표현을 사용해서 영어를 말하는 것, 물론 좋죠. 하지만 정작 더 중요한 건 의사전달입니다. 비슷비슷한 패턴을 사용해서라도 자기 말을 제대로 전달할 수 있는 사람과 다양한 표현과 어휘, 패턴을 머릿속으로 찾느라 말하는 내용에 집중을 못해 말도 중구난방이고 흐름도 끊기는 사람과의 대화라면 당연히 전 비슷한 패턴을 계속 사용하더라도 확실히 의사를 전달하는 사람과 대화하고 싶을 거예요.

 제가 아는 한 학생이 있어요. 체육학과를 나온 친구인데 이 친구는 정말 어휘가 많이 부족하고, 문법 실력도 썩 좋지 않았습니다. 그런데 신기한 건, 이 친구는 영어로 자기 의사를 표현하는데 거리낌이 없었어요. 바로 자신이 많이 쓰는 패턴을 아주 자연스럽게 사용하고, 그리고 그 패턴이 입에서 바로 튀어나오도록 연습하고, 자신이 말하는 내용에 포커스를 맞추려고 했던 거예요. 그리고 어휘를 무조건 외우려고 하지 않고, 영어로 뭐라고 해야 할지 딱 생각이 안 나는 것은 이미 알고 있는 쉬운 어휘를 사용해서 그 단어를 설명하는 습관이 있었다는 거죠. 사실 영어 스피킹 실력을 늘리는 방법 중 하나가 바로 뭔가를 자신이 이미 아는 영어로 설명을 하는 것이에요. 마치, 퀴즈 프로그램에서 상대가 스케치북을 들고 있고, 거기에 적힌 단어를 설명하려고 애쓰는 모습을 상상해 보시면 돼요. 바로 이런 게 영어 스피킹을 비약적으로 늘릴 수 있는 방법이라는 것, 알고 계셨나요?

많은 사람들이 스피킹을 어려워하는 것은 문법을 몰라서도 아니요, 단어를 몰라서도 아니요, 패턴을 몰라서도 아닌 경우가 대부분이에요. 그것들을 말로 계속 뱉어내는 연습이 부족했고, 자신의 말을 쉬운 문법, 패턴, 단어를 사용해서 계속 말을 만드는 연습을 하지 않아서 그랬다는 것이죠.

아무리 영화나 미드를 보고 섀도잉을 한들, CNN 뉴스를 보고 그것을 이해한들, 막상 그것을 정리해서 스스로 쉽게 말하는 연습을 하지 않으면 스피킹은 늘지 않아요. 지금 이 글을 읽고 있는 여러분들도 지나치게 문장을 분석하고, 어려운 문장, 긴 문장을 만들려고 하는 것보다 쉬운 문장이라도 만들어 뱉어내고, 나아가서 자신이 평소 말하는 한국어나 관심있게 본 뉴스, 책, 친구와의 대화 내용을 한번 영어로 말하려고 노력해 보는 건 어떨까요? 말을 하는 게 힘들다면, 그것을 영어로 한번 적어 보세요. 아무리 해도 기억이 나지 않는다면, 번역기도 돌려보세요. "파파고" 같은 번역기는 많이 복잡하지 않은 문장들을 그래도 꽤 정확하게 만들어 주니까요. 그러면서 아하! 이렇게 말할 수 있겠구나 하고 넘어가면 그 자체가 영어로 생각하는 근육을 늘려주는 데 큰 도움이 된답니다. 그리고 기회가 되면 자신이 그렇게 적어 놓은 영어 문장들을 원어민들에게 피드백 받아보세요. 사실 요즘은 원어민들과 1:1 대화를 온라인으로 쉽게 할 수도 있고, 문장을 교정해 주는 그런 서비스들도 많으니까요.

UNIT 6 알아두니 세상 편한 패턴

AT A BOOKSTORE

언제 ~인지 알아요?

~할 수 있을 거예요

언제 ~인지 알아요?   Do you know when ~?

일이 벌어진 혹은 벌어지는 정확한 때를 알고 싶을 때 쓸 수 있어요. Do you know 없이 바로 When ~?으로 물어볼 수도 있지만, 이렇게 물어보면 확 들이대는 느낌이 들어요. 우리말로도 부드럽게 말하려면 '혹시'라는 말을 붙이잖아요. 영어도 마찬가지예요. Do you happen to know when ~ ? 또는 Do you know when ~, by any chance?처럼 하면 된답니다.

그거 언제 들어오는지 아세요?

Do you know when you'll get it in?

PATTERN DRILL

Do you know when

+ **my birthday is?** 내 생일이 언제인지 알아요?
+ **she'll be back?** 그녀가 언제 돌아올지 알아요?
+ **I first started this job?**
  내가 언제 이 일 시작했는지 알아요?
+ **I fell in love with you?**
  내가 언제 당신과 사랑에 빠졌는지 알아요?
+ **we first started hanging out together?**
  우리가 언제 처음 같이 놀기 시작했는지 알아요?
+ **I knew you were my soulmate?**
  내가 언제 당신이 내 소울메이트라고 느꼈는지 알아요?

A Do you know when I can talk to Luke?

B I'm not sure. You should give him a call. Here's his phone number.

A 제가 언제 Luke와 얘기할 수 있는지 아세요?
B 글쎄요. 전화를 한 번 해보세요. 여기 Luke 전화번호예요.

MP3-036

상대방에게 미래에 가능한 일을 설명할 때

~할 수 있을 거예요   You'll be able to 동사원형

can은 '할 수 있다'의 뜻이죠. 하지만 미래의 의미를 나타낼 때는 주로 그 순간 결정할 때 사용해요. 친구가 전화해서 내일 시간 좀 있냐고 하면, 그 순간에 스케줄 보고 Yeah, I can see you tomorrow.라고 하는 거죠. 하지만 이런 경우를 제외하고 보통 미래에 '~할 수 있다'는 것은 will be able to로 하면 됩니다. 그리고 can은 현재도 할 수 있고 미래도 할 수 있다는 의미가 될 수 있지만, will be able to는 오로지 미래에 가능하다는 의미의 차이도 있답니다.

내일모레 받으실 수 있을 거예요.

You'll be able to receive it the day after tomorrow.

PATTERN DRILL

You'll be able to

+ **use the Internet in an hour.**
  한 시간 뒤에 인터넷 사용할 수 있을 거예요.

+ **get there on time.** 거기에 제 시간에 도착하실 수 있을 거예요.

+ **transform your life into what you desire.**
  당신의 삶을 당신이 바라는 것으로 바꿀 수 있을 거예요.

+ **learn at your own pace.**
  당신 페이스대로 배울 수 있을 거예요.

+ **live a happy life.** 행복한 삶을 사실 수 있을 거예요.

+ **enjoy this class once you get the hang of it.** 일단 감을 좀 잡으면 이 강좌를 즐길 수 있게 될 거예요.

+ **feel comfortable with yourself.**
  자신에 대해 편안하게 느끼실 수 있을 거예요.

A I'm ready to drive to the restaurant.

B You'll be able to get there before it gets too crowded.

A 나 그 식당으로 차 끌고 갈 준비됐어.
B 너무 사람들 북적거리기 전에 거기 도착할 수 있을 거야.

MP3-037

그 책은 품절입니다.

영어로 어떻게 말하지?

 HOW CAN I SAY IN ENGLISH?

나   〈Will It Fly〉 책 있나요?

점원   죄송합니다. 그 책은 품절입니다.

나   언제 재입고되는지 아세요?

점원   지금 주문하시면 내일 모레 받으실 수 있을
         거예요.

나   택배로 받을 수 있나요?

점원   네, 가능하세요. 그런데 총액이 만 원 이하면
         3000원 택배비가 있습니다.

나   어떤 게 더 빨라요? 매장에서 직접 찾아가는
         것과 택배로 받는 것 중에서요?

점원   같은 날 받으세요. 물류창고에서 고객님
         댁으로 바로 보내드립니다.

나   그럼 택배로 해서 보내주세요.

점원   고객님 성함이랑 전화번호, 주소 여기에
         적어 주세요.

나   네.

점원   영수증과 주문 확인증 여기 있습니다.

나   고맙습니다.

SAY IT ENGLISH!

MP3-038

Me	Do you guys have "Will It Fly" in stock?
Clerk	I'm sorry, that book has been out of stock.
Me	**Do you know when** you'll get it in?
Clerk	If you order it now, **you'll be able to** pick it up the day after tomorrow.
Me	Can it be shipped to me?
Clerk	Yes, it can. But there is a 3,000 won shipping fee if the total is under 10,000 won.
Me	Which one is faster? Picking it up at the store or receiving it by mail?
Clerk	It's the same day. We will send it directly to your house from our warehouse.
Me	Then let's just ship it to my house.
Clerk	Please write your name, phone number, and address here.
Me	Sure.
Clerk	Here is your receipt and order confirmation.
Me	Thank you.

〈Will It Fly〉 책 있나요?

Do you guys have "Will It Fly"?

동영상 023

▶ **표 현** guys

성별(gender) 관계없이 2명 이상이면 guys라고 부릅니다. 하지만 서점, 음식점 등 뭘 파는 곳에서는 한 사람에게 물어도 이렇게 Do you guys ~? 라고 쓸 수 있어요. 비슷한 맥락으로 '거기 식당 음식이 정말 맛있어' 할 때도 They serve great food.처럼 they라고 받을 수 있답니다. 참고로 guys를 folks라고도 해요. guys만큼 많이 쓰이진 않지만, 보통 자기보다 나이가 많은 분들이나, 잘 모르는 사람들을 그룹으로 지칭할 때 folks라고 종종 합니다. 참고로 They 역시 단수로 쓰일 수 있는데요, 영상을 보며 확인해 보세요.

죄송합니다. 그 책은 품절입니다.

I'm sorry, that book has been out of stock.

▶ **표 현** be out of stock: 품절되다

out of stock은 '품절된'으로 다시 주문해서 입고될 수 있는 거예요. 하지만 원어민들도 헷갈려 사용하는 sold out은 '매진된'으로 다시 주문할 수 있는 것이 아니라 한정된 것이 다 팔려서 현재 주문 불가인 상태를 나타냅니다.

이걸 좀 더 확장한 표현도 알려드릴게요. 예약 이벤트에서 이벤트 자리가 꽉 찼을 때는 뭐라고 할까요? 그때는 It's booked up. It's fully booked. It's booked solid.라고 합니다. 그리고 음식점에 사람이 꽉 차서 자리가 없을 때는 식당 측에서 뭐라고 할까요? 그때는 보통 We're full.이라고 합니다.

언제 재입고되는지 아세요?

Do you know when you'll get it in?

▶ **패 턴**

Do you know when ~?: 언제 ~인지 알아요?

▶ **표 현** get @ in: @가 들어오다

떨어진 물건이 다시 입고된다는 의미로 이 get in을 쓸 수 있습니다.

지금 주문하시면 내일모레 받으실 수 있을 거예요.

If you order it now, you'll be able to pick it up the day after tomorrow.

동영상 024

▶ **패 턴**

will be able to 동사원형: ~할 수 있을 것이다

▶ **발 음** will의 축약형 발음

will은 축약된 'll로 주로 쓰입니다. 발음은 혓바닥을 앞니 뒷면부터 혀로 훑어서 좀 튀어나온 부분을 밀어치면서 [을], [얼] 정도의 느낌으로 I'll은 [아을], You'll은 [유을] 이렇게 하면 됩니다. Unit 2에서 공부했던 것 기억나시죠? QR코드로 연결해 드린 영상이나 글은 많이 반복하면 좋습니다.

A: Will you be able to pick me up around 4?
너 4시쯤 나 픽업할 수 있어?

B: Sure. 그럼.

▶ **표 현**

1. pick up: 가져가다

물건 가지러 간다고 할 때 '물건 픽업한다'고 자주 말하잖아요. 바로 이 영어에서 나온 표현이에요. Pick up은 이 외에도 '~을 사다'라는 의미로도 종종 쓰입니다. 물론 get, buy를 사용해도 좋아요.

2. the day after tomorrow: 내일 모레

많이 헷갈리는 일자 표현, 이번에 싹 정리해 드립니다.

며칠 전	a few days ago
	a couple of days ago
그제	the day before yesterday
	two days ago
어제	yesterday
내일	tomorrow
내일모레	the day after tomorrow
며칠 후	a few days later
	a couple of days later

지지난 주	the week before last
지난 주	last week
다음 주	next week
그 다음 주	the week after next

월요일 기준	
지난주 수요일	the past Wednesday
이번 주 수요일	this Wednesday
	this coming Wednesday
다음 주 수요일	next Wednesday
그 다음주 수요일	the following Wednesday

요일에 대한 좀 더 상세한 설명은 QR코드를 스캔하여 더 자세히 알아보세요.

택배로 받을 수 있나요?

Can it be shipped to me?

▶ **표 현** ship: 전달하다

보통 택배로 전달하다고 할 때 ship을 사용해요. 사실 우리가 아는 더 쉬운 건 deliver죠. 그래서 이 표현은 Can you deliver it?이라고 해도 좋습니다. 뒤에 to me는 상대방이 쉽게 예상할 수 있는 표현이니 그냥 생략해도 좋고요. 참고로 영어 사이트에서 쇼핑할 때 많이 볼 수 있는 shipping and handling은 물건을 출하, 이동, 포장, 배송하는 것을 통칭해서 말하는 표현입니다. 해외 직구할 때 Shipping and handling이라고 Order Summary(주문 요약)에 보인답니다.

You can order this laptop for $1500, plus shipping and handling. 1,500달러에 배송비 추가하여 이 노트북 주문하실 수 있습니다.

네, 가능하세요. 그런데 총액이 만 원 이하면 3000원 택배비가 있습니다.

Of course. But there is a 3,000 won shipping fee if the total is under 10,000 won.

▶ **표 현** the total (price): 총 가격

보통 무엇을 사거나, 먹고 가격을 지불할 때 점원이 The total comes to ~ 이런 식으로 말을 하는데 '총 00입니다'의 뜻이에요.

The total comes to $150. 총 150불 나왔습니다.

어떤 게 더 빨라요? 매장에서 직접 찾아가는 것과 택배로 받는 것 중에서요.

Which one is faster? Picking it up at the store or receiving it by mail?

▶ **표 현** Which one

여기서 What is faster? 대신 Which one is faster? 라고 한 이유는 뭘까요? 선택의 범위가 확실할 때는 보통 which를 사용합니다. 여기는 매장 픽업과 택배라는 두 가지 선택이 정해져 있잖아요. What을 썼다고 해서 잘못되었다고 까진 할 수 없어요. 원어민이 충분히 이해를 하니까요. 어쨌든, 배스킨라빈스31처럼 선택의 개수가 제한되어 있다면 which를 사용해 주세요.

A: Which flavor do you want?
무슨 맛 먹을 거야?
B: Which one tastes the best?
뭐가 젤 맛있어요?

A: What school are you going to apply?
어느 학교에 지원하려고 하니?
(몇 개 대학 내에서 선택하는 것이면 which를, 정해진 대학을 잘 모를 때는 what을 사용해 물으면 됩니다.)
B: I haven't decided yet. 아직 결정 못했어요.

같은 날 받으세요. 물류창고에서 고객님 댁으로 바로 보내드립니다.

It's the same day. We will send it directly to your house from our warehouse.

▶ **표 현** the same: 같은

same 앞에는 일반적으로 the가 붙어요. 물론 예외도 있지만, 일단 the same이라고 기억해 주세요.

영수증과 주문 확인증 여기 있습니다.

Here is your receipt and order confirmation.

▶ 표 현

order confirmation: 접수증 (주문 확인증)

물건을 주문하고 현장에서 바로 가져가지 않을 경우
에 주는 주문 확인증을 order confirmation이라고
합니다. confirm 자체가 '확인하다'의 뜻이 있고, 이
것의 명사형 confirmation이 '확인, 확정'의 의미로
쓰이죠.

~라는 걸 깨달았죠

~는 제 책임입니다

저한테 ~하라고 허락했어요

저 결국 ~하게 됐어요

일단 ~하면 말이죠

~해 줘서 고마워요

~라는 걸 깨달았어요, ~가 생각났어요
I realized (that) 주어+동사

realize는 "아, 맞다!" 하며 어떤 것을 확실히 인지할 때 사용하는 동사입니다. 참고로, 비슷한 의미의 동사로 notice 가 있습니다. notice는 직접 눈으로 보고 관찰하고 나서 그것을 알아차렸을 때 쓰는 것이고요, realize는 생각 (thinking)에서 온 것이라는 차이가 있죠.

누군가가 내 신발을 가져가 버렸다는 걸 알았어요.
I realized someone took my shoes.

PATTERN DRILL

I realized	+	this was not the right path for me.

I realized

+ **this was not the right path for me.**
이게 나에게는 맞지 않는 길이라는 걸 깨달았어요.

+ **I didn't love her as much as before.**
내가 전처럼 그녀를 사랑하지 않는다는 걸 깨달았어요.

+ **the key to success is being passionate and persistent about what you do.** 성공의
열쇠는 자신이 하는 일에 열정적이고 꾸준히 하는 것임을 깨달았어요.

+ **it wasn't my fault.**
그게 내 잘못이 아니었다는 걸 깨닫게 됐어요.

+ **he was right about one thing.**
그가 그거 하나에 대해서는 맞았다는 걸 깨닫게 됐어요.

+ **I was stupid to pursue money at all costs.**
무슨 수를 써서든 돈만 추구했던 내가 얼마나 어리석은지 깨달았어요.

A **I realized that I had met you before.**

B **I see why you look familiar. Good to see you again.**

A 제가 예전에 당신을 만난 적이 있다는 게 생각났어요.

B 그래서 낯이 익나 보네요. 다시 만나게 돼서 반갑습니다.

MP3-039

제가 ~을 책임지고 있습니다, ~는 제 책임입니다
I'm responsible for

'책임지다'의 뜻으로 be responsible for와 be in charge of를 둘 다 씁니다. 사실 두 개가 비슷해요. be in charge of는 보통 boss나 manager가 (공식적인 지위에서) 어떤 책임을 떠맡고 있을 때 많이 사용합니다. responsible이 훨씬 광범위하게 쓰이죠. 하지만 이 표현도 일반적으로 좀 진지한 상황(일, 스포츠) 등에 많이 쓰입니다.

저는 신발 분실에 책임이 없습니다.

I'm not responsible for the loss of shoes.

PATTERN DRILL

I'm responsible for	+	**this mistake.** 이 실수는 제 책임입니다.
	+	**my children.** 전 제 아이들을 책임지고 있습니다.
	+	**the lost items.** 잃어버린 물품은 제 책임입니다.
	+	**taking the kids to soccer practice.** 아이들을 축구 연습에 데리고 가는 건 제가 책임지고 있어요.
	+	**this terrible accident.** 이 끔찍한 사고는 제 책임입니다.
	+	**the team's victory and failure.** 제가 팀의 승패를 책임지고 있습니다.

A We're not responsible for any damage caused to your vehicle.

B That's ridiculous. You mean, you aren't responsible for it at all?

A 귀하의 차량이 입은 손해에 대해서는 저희가 책임이 없습니다.
B 말도 안 돼요. 그러니까 그쪽은 전혀 책임이 없다는 말인가요?

MP3-040

그가 제가 ~하게 허락했어요　He let me 동사원형

let, allow, permit 모두 허락하다는 말인데 어떤 차이가 있냐는 질문을 자주 받습니다. 사실 의미는 같습니다. 단, 격식(formality)을 보면 let이 가장 informal하고 편하게 쓰는 표현이고요, 그 다음이 allow예요. permit은 formal한 표현입니다. 솔직히 스피킹할 때 permit은 오히려 '허가증'으로만 쓰인다고 생각해도 좋아요. 여기서는 편의상 주어를 He로 했지만 주어를 바꾸어 다양하게 훈련해 보세요.

그가 저 슬리퍼 빌려가도록 허락했어요.

He let me borrow some slippers.

PATTERN DRILL

He
let me

+ **do this.** 그가 내가 이거 하게 해줬어요.

+ **go there.** 그가 내가 거기 가게 해줬어요.

+ **know how things are going.**
  그가 나한테 일이 어떻게 돌아가는지 알게 해줬어요.

+ **ask you a question.**
  그가 내가 당신에게 질문을 할 수 있게 해줬어요.

+ **take care of you.** 그가 내가 당신을 돌보게 해줬어요.

+ **choose my classes based on what I'm interested in.**
  그가 내 관심사에 기반을 두어 수업을 고를 수 있게 해줬어요.

A　Don't touch this. This is not yours.

B　Hey! That's not yours, either. He let me touch it.

A 이거 만지지 마. 이거 네 것 아니잖아.

B 야, 네 것도 아니잖아. 걔가 나 이거 만져도 된다고 했거든.

MP3-041

나 결국 ~하게 됐어　I ended up

이 end up 뒤에는 보통 계획하지 않은 결과가 나와요. end up -ing 형태로 자주 쓰이죠. 물론 뒤에 명사, 전치사, 형용사도 나올 수 있어요. 스피킹할 때 매우 유용한데, 여기서는 동사-ing로 문장 만드는 연습을 해봅니다.

나 결국 그 신발 신고 나오게 됐어.

I ended up wearing those shoes out.

PATTERN DRILL

I ended up	+	living in the States. 나 결국 미국에서 살게 됐어.
	+	losing a lot of money. 난 결국 많은 돈을 잃게 됐어.
	+	buying the land and building an apartment on top of it. 난 결국 그 땅을 사고 그 위에 아파트를 지었어.
	+	getting married to him and having kids. 난 결국 그와 결혼했고, 아이들을 가지게 됐어.
	+	telling him everything. 나 결국 그에게 모든 걸 말하게 됐어.
	+	having a really good time. 나 결국 정말 즐거운 시간 보내게 됐어.

A Even though I thought it was impossible,
I ended up getting a job at Facebook.

B It's nice seeing you getting such a great job.

A 그게 불가능하다고 생각했지만 나 결국 페이스북에서 직장 잡게 됐어.
B 그렇게 멋진 직장을 잡는 걸 보다니 좋다.

MP3-042

일단 ∼하면   Once 주어+동사

이 패턴은 As soon as 주어+동사(∼하자마자), After ∼ (∼ 후에)의 의미가 있습니다.

일단 자기가 다른 사람 신발을 갖고 있다는 걸 깨닫게 되면 전화할지도 모르잖아.

Once they realize they have the wrong shoes, the person might call.

PATTERN DRILL

Once + **you go there, you'll be surprised.**
일단 거기 가면 너 놀랄걸.

+ **you open up to me, you would feel better.**
일단 네 맘을 솔직하게 나에게 열면 기분이 더 좋아질 거야.

+ **you figure out how to live your life, you will end up being so happy.**
어떻게 네 인생을 살아야 할지 이해하게 되면 행복해지게 될 거야.

+ **you get to see your father, make sure to hug him.** 일단 아버지를 뵙게 되면 꼭 안아드려라.

+ **you start working, you will find it easy to do.**
일단 일을 시작하면 그 일이 하기 쉽다는 걸 알게 될 거야.

A Once you start working on this, you will realize that it's not as hard as you think.

B Do you somehow know when I start to feel less stressed about doing this kind of work?

A 일단 네가 이 일을 시작하면, 생각만큼 어렵지는 않다고 알게 될 거야.

B 언제 내가 이 일을 하는 것에 스트레스를 덜 받게 될지 알아?

MP3-043

~해 줘서 고마워　Thank you for

Thank you 뒤에 for를 쓰면 고마워하는 이유를 나타내게 됩니다. 이 for 뒤에는 명사와 동명사가 올 수 있어요. Thank you 대신 Thanks라고 해도 좋아요. 그리고 좀 더 정중하게 고마움을 표현하고 싶다면 I appreciate it. 이 라는 표현을 사용하죠.

충고 고마워.
Thank you for your advice.

PATTERN DRILL

Thank you for

+ **coming.** 와 줘서 고마워.

+ **keeping me company.** 나랑 있어 줘서 고마워.

+ **joining us.** 우리한테 합류해 줘서 고마워.

+ **your help.** 도와줘서 고마워.

+ **being honest.** 솔직하게 대해 줘서 고마워.

+ **this incredible opportunity.**
　이런 멋진 기회를 줘서 고마워.

A Thank you for your advice.

B No problem. It's a shame nobody gave you some advice beforehand.

　　A 충고 고마워,
　　B 아니야. 전에 누구도 너한테 그런 충고를 안 해줬다니 안타깝다 야.

MP3-044

103

신발 분실에 책임지지 않습니다.

영어로 어떻게 말하지?

 HOW CAN I SAY IN ENGLISH?

나 나 오늘 식당에서 황당한 일이 있었어.
   밥 먹고 나오는데 신발이 없어져서 보니까
   누가 내 신발을 신고 간 거야.

너 어머, 그래서 어떻게 됐어? 신발은 찾았어?

나 아니, 못 찾았어. 그래서 식당 주인한테
   얘기했더니 내 과실이라는 거야. 자기네가
   신발장에다 "신발 분실 시 책임지지
   않습니다" 문구를 적어 놔서 배상해 줄 수
   없대. 나 그 신발 몇 번 신지도 않았는데.
   결국 식당 주인이 슬리퍼 빌려줘서 그거
   신고 나왔어.

너 정말 짜증났겠다. 식당 CCTV는 확인해
   본 거야?

나 CCTV? 그 생각은 하지도 못했네.
   전화해 봐야겠다.

너 CCTV 한번 확인해 봐. 주인이 써 놓은
   문구는 손님에게 경각심을 주기 위해서지,
   주인은 분실에 책임이 있어. 일단 네 신발
   신고 간 사람도 다른 사람 신발인 걸 알면
   연락 올 수도 있잖아.

나 진짜 내 신발 돌아오면 좋겠다. 조언 고마워.

SAY IT ENGLISH!

MP3-045

Me	Something crazy happened to me today at the restaurant. I couldn't find my shoes on my way out and **I realized** someone took them.
You	Oh my god, so what happened next? Did you find your shoes?
Me	No, I didn't. So, I told the owner of the restaurant about it and they told me it was my fault. They said they can't reimburse me because they have a sign saying 'we **are** not **responsible for** the loss of shoes' on the shoe rack. I only wore those shoes a few times. The owner **let me** borrow some slippers so **I ended up** wearing those out.
You	You must have been really frustrated. Did you check the surveillance camera at the restaurant?
Me	Surveillance camera? I didn't even think of that. I should give them a call.

You	You should definitely check the camera. The sign is there to warn people but the owner is still responsible for your loss. Maybe the person who took your shoes might call **once** they realize they have the wrong shoes.
Me	I really want my shoes back. **Thank you for** your advice.

105

나 오늘 식당에서 황당한 일이 있었어.

Something crazy happened to me today at the restaurant.

동영상 025

▶ 표현

1. something

something은 형용사나 형용사구가 뒤에서 수식하기 때문에 crazy something은 틀려요.

> **something stupid**: 바보 같은 것
> **something to eat**: 먹을 것
> **something wrong**: 뭔가 잘못된 것
> **something to do**: 해야 할 것
> **something (that) I want to do**:
> 내가 하고 싶은 것

something 외에 nothing, anything도 마찬가지로 수식해 주는 말이 뒤에 와요.

I have nothing to say. 나 말할 게 없어.

I don't have anything that I want to do.
난 하고 싶은 게 아무것도 없어.

2. crazy: 이해할 수 없는, 터무니없는, 화난

'미친'의 뜻으로 알고 있지만, 본문의 something crazy에서는 자신이 정말 이해할 수 없는 strange의 의미예요. 이 외에도 '말도 안 되는, 터무니없는', '화난, 짜증나게 하는'의 의미로도 자주 쓰입니다.

You may think this idea sounds crazy.
넌 이 생각이 터무니없다고 생각할지도 모르겠다.

You're really driving me crazy.
너 정말 너 화나게 만든다.

이 외에 crazy는 like crazy 형태로 very much의 의미를 지닌 강조 표현으로 쓰이기도 합니다. 이런 건 그냥 받아들여야지 문법적으로 분석하면 바보예요.

He is studying like crazy. 걔 정말 엄청 공부한다.

When I get nervous, I sweat like crazy.
나 긴장하면 정말 땀 미치도록 많이 흘려.

3. @ happened (to someone/somebody):
@가 일어났다/발생했다

어떤 일이 누구에게 일어났을 때 쓸 수 있는 매우 유용한 표현이에요. 비슷한 의미로 occur도 쓰이지만 대화에서는 happen을 훨씬 더 많이 사용합니다.

If something happens to my car, you gotta pay for the damage. (차 빌려가는 친구에게) 내 차에 무슨 문제 생기면, 네가 물어내야 해.

That has happened to me, too.
(친구의 실패담을 듣고) 그거 나도 그랬는데.

▶ 발음   today

to는 아주 약하게 하고, day에 강세를 꽝 찍어 주세요. to는 약하게 발음하면 [드], [더] 느낌이 나요. together, tonight, tomorrow도 같은 원리로 발음합니다. 영상으로 꼭 확인하세요.

밥 먹고 나오는데 신발이 없어져서 보니까 누가 내 신발을 신고 간 거야.

I couldn't find my shoes on my way out and I realized someone took them.

▶ 패턴

I realized 주어+동사: ~라는 걸 깨달았어요

이것을 응용한 I come to realize가 있어요. realize와 비슷하지만 come to가 들어가게 되면 '시간이 지나면서' 라는 느낌이 납니다.

After a couple of years studying English, I came to realize that mastering English is almost impossible.
영어를 2-3년 정도 공부한 후, 난 영어를 마스터하는 건 거의 불가능하다는 걸 깨달았어. (2-3년이라는 '시간을 지나면서' 깨달은 느낌을 강조하는 것이죠.)

▶ 표현

1. on my way / on the way: 가는 중인

둘은 약간의 느낌 차이가 있어요. on my way는 지금 출발 준비를 하고 있을 때도 쓸 수 있어요. 친구가 전화해서 "너 안 와?" 할 때 지금 막 출발하려고 하는 상황에서도 "I'm on my way."라고 할 수 있는 거죠. I'm on the way.는 이미 출발해서 가는 중일 때 주로 쓰이지만 이런 구분까지 할 필요는 없답니다. 오히려 뒤에 나오는 것에 주의를 해야 해요.

I'm on my way out. 나 나가는 중이야.

I met my mom on the way home.
집에 가는 길에 엄마를 만났어. (home은 앞에 전치사가 붙지 않아요. go home처럼 말이죠.)

On the way to work, something crazy happened. 출근하는 도중에, 황당한 일이 일어났어.

2. someone/somebody: (확실치 않은) 누군가

Someone's cell is on my desk.
누구 핸드폰이 내 책상에 있네. (핸드폰은 cell phone 아니면 간단하게 cell이라고 하면 돼요.)

어머, 그래서 어떻게 됐어? 신발은 찾았어?

Oh my god, so what happened next? Did you find your shoes?

동영상 026

▶ 표현

1. Oh my god: 어머!

이런 감탄사는 딱 정답이 없어요. Oh my gosh! Oh my goodness! Jeez! Holy cow! Shoot! Damn! Shit! 등 여러 표현이 있는데 영상을 보면서 정리하세요.

2. What happened?: 어떻게 된 거야?

What happened last night?
(갑자기 밤에 사라진 친구에게) 어젯밤에 어떻게 된 거야?

What happened to your face?
(얼굴이 퉁퉁 부어 온 친구에게) 너 얼굴 왜 그래?

Then, what happened? And what happened next? (재미난 이야기를 하는 친구에게) 그래서 그 다음에 어떻게 되었는데?

아니, 못 찾았어. 그래서 식당 주인한테 얘기했더니 내 과실이라는 거야.

No, I didn't. So, I told the owner of the restaurant about it and they told me it was my fault.

동영상 027

▶ 표현

the owner of the restaurant ~ they

문장을 보면 they는 분명히 the owner of the restaurant를 받아요. 그런데 왜 the owner는 단수인데 they라고 했을까요? 사실 이 문장만 보면 주인의 성별을 알 수가 없어요. 이렇게 상대방의 성별이 기억이 안 나거나 모를 때는 they, them, their로 받을 수 있답니다. 예전에는 이런 경우에 He로 받았지만, 성차별일 수 있다는 의견도 있고 해

서 they를 쓰는 경우가 많아졌습니다. 또 사람이 아니라 그 가게에서, 은행에서, 학원에서 등도 역시 they told me ~라고 말할 수 있어요. 최근에 많이 등장하는 표현이나 꼭 알아두세요. 이미 Unit 6에서 they가 단수가 되는 경우를 설명했어요.

When someone doesn't work out, they gain weight. 운동 안 하면, 살찐다. (Someone은 단수이지만, 성별이 정해져 있지 않으니, they라고 받았어요.)

If Luke or Erin passed the test, I would be really happy for them. Luke나 Erin이 시험에 합격하면 나 정말 기쁠 것 같아. (엄밀히 따지면 여기서 them은 him or her로 해야 하지만, them이라고 해도 돼요.)

They sell great stuff there. 거기 정말 좋은 물건 팔아. (한국어로 '여기는, 저기는 ~하다'라고 할 때 here, there를 주어로 하지 마세요. They sell great stuff there.처럼 오히려 여기, 저기를 말할 때는 문장 뒤에다 붙이면 됩니다. 참고로 '이곳은 추워요.'는 어떻게 말할까요? Here is cold. (X) It is cold here. (O))

자기네가 신발장에 "신발 분실 시 책임지지 않습니다" 문구를 적어 놔서 배상해 줄 수 없대.

They said they can't reimburse me because they have a sign saying 'we are not responsible for the loss of shoes' on the shoe rack.

▶ 패턴

be responsible for ~: ~에 대해 책임이 있다
책임을 지다

▶ 표현

1. reimburse: 배상하다, 변상하다

We'll reimburse you for it.
우리가 그것에 대해 배상해 줄게요. (회사에서 배상해 준다고 할 때 I보다 We라고 많이 합니다.)

We will reimburse you for your travel expenses. 출장 비용을 나중에 변제하겠습니다. (내가 쓴 것을 회사에서 나중에 줄 때 회사는 이렇게 말합니다.)

2. 명사 saying that 주어+동사: ~라고 하는 명사

saying that은 꽤 유용하게 쓸 수 있는 표현으로 say는 '말하다'의 의미 외에 signs, letters, messages, numbers 등이 어떤 정보를 전달하다는 의미로도 많이 쓰여요.

I got a message saying that I passed the test. 나 시험에 합격했다는 메시지 받았어.

I keep getting texts from my ex saying that "I'll kill you." 나 계속 예전 남친한테 "죽여 버릴 거야" 라는 문자를 받아요. (ex는 보통 예전 여친, 남친, 전 남편, 전처 등을 말할 때 사용해요.)

The sign says "No smoking."
표지판에 '금연'이라고 쓰여 있어.

The clock said two o'clock.
시계를 보니 두 시였어.

3. shoe rack: 신발 선반

이건 사진을 보면 바로 알 수 있어요.

나 그 신발 몇 번 신지도 않았는데.

I only wore those shoes a few times.

동영상 028

▶ 발 음   wore vs. war

wore는 war와 발음이 같아요. 룩룩잉글리쉬 유 튜브 채널에 "발음기호" 라고 치고 (동음이의어 homophone 영상) 꼭 제대로 발음하는 것 공부해 보세요.

결국 식당 주인이 슬리퍼 빌려줘서 그거 신고 나왔어.

The owner let me borrow some slippers, so I ended up wearing those out.

▶ 패 턴
주어 let me 동사원형: 내가 동사하도록 허락했다
▶ 패 턴
I ended up ~: 결국 ~로 끝났다 (= I wound up)
I end up과 I wind up은 비슷한 뜻이지만 end up 뒤에는 긍정, 부정의 결과가 나오고 wind up은 부 정적인 결과가 주로 나와요. 스피킹할 때는 end up 을 사용하세요.

▶ 표 현
1. borrow: 빌리다

반대로 lend는 '빌려주다'예요. 많이 헷갈리는 대표 적인 표현이죠.

Can I borrow this? / Can you lend me this?
나 이거 빌려줄래?

참고로 돈을 빌려 줄 때는 loan도 사용 가능합니다.

Can I borrow $20? / Can you lend me $20? / Can you loan me $20? 나 20불 좀 빌려 줄래?

2. some: 약간의, 어떤

보통 some은 '약간의, 몇몇 개의, 일부의' 뜻이지만, 정확하게 잘 모르는 사람이나 물건을 말할 때도 사 용 가능해요. 여기서도 슬리퍼가 정확하게 어떤 브 랜드인지, 어떻게 생겼는지 그게 포커스가 아니라 그냥 '어떤' 슬리퍼잖아요. 그래서 some slippers 라고 한 거예요.

There must be some reason for that. (잘 나가 던 애가 갑자기 사표 냈을 때) 어떤 이유가 분명히 있을 거야. (정확한 이유는 모르니까 some reason이라고 한 거죠.)

3. slippers: 슬리퍼

이렇게 짝으로 되어 있는 것은 복수형으로 갑니 다. glasses(안경), pants(바지), scissors(가위), jeans(청바지), socks(양말)가 대표적이죠. 그럼, 안 경 2개, 바지 5벌은 어떻게 표현할까요? 이때는 a pair of를 써요. pair가 '짝'이라는 뜻이거든요. 그래 서 그냥 하나를 말할 때는 I'm wearing glasses.나 I'm wearing a pair of glasses.라고 하지만 2개 이 상일 때는 I need two pairs of glasses.처럼 하는 게 원칙이죠. 참고로 I need two glasses. 라고 하 면 상대방은 "유리잔 두 개가 필요해요."로 받아들일 겁니다.

정말 짜증났겠다.

You must have been really frustrated.

▶ 표 현   frustrated: 짜증난, 짜증스런

답답하고, 짜증나고, 일이 잘 안 풀릴 때 매우 많이 쓰는 표현이에요. (Unit 3에서 자세하게 정리했으니 까 기억이 안 나면 꼭 참조하세요.)

거기 식당 CCTV는 확인해 본 거야?

Did you check the surveillance camera at the restaurant?

▶ 표 현   surveillance camera: CCTV

CCTV라고 많이 얘기하는데, surveillance camera 라고도 해요.

CCTV? 그 생각은 하지도 못했네. 전화해 봐야겠다.

Surveillance camera? I didn't even think of that. I should give them a call.

▶ 표 현

1. I didn't even think of that.
그 생각은 하지도 못했네.

이 문장은 그냥 외워 주세요. 이거 I didn't even think about that.이라고 하면 안 되는지 궁금하신 분 손! 당연히 되죠. think of와 think about은 의미가 비슷한데 굳이 따지자면 think of는 주로 과거를 회상하며 '～에 대해 떠올리다'라는 좀 가볍게 생각하는 느낌이고, think about은 consider(고려하다)처럼 좀 진지한 고민의 느낌이랄까요? 전 참고로 think about을 주로 쓰고요. think highly of ～ (～을 높이 평가하다), think badly of ～ (～을 안 좋게 생각하다)에서만 think of를 사용합니다.

추가로 설명하자면 I'm thinking of you.는 너라는 사람을 생각하는 것이고 I'm thinking about you. 라고 하면 너와 했던 많은 기억들을 떠올린다는 느낌이에요. about이라는 전치사가 그 주변에 있는 것들을 의미한다고 생각해 보면 이해가 되실 거예요.

2. I should 동사원형

여기 I should에서의 should는 해야겠다는 자신의 의지를 말해요. 사실 should 대신 must, have to, 've gotta, gotta를 써도 좋지만 should를 쓰면 강도가 약한 느낌이에요. 늘 말하지만 이런 형식적인 부분보다는 말투에 따라서 강약이 좌우된다는 것을 꼭 기억하세요. 참고로, I should 뒤에 know가 온 I should know.는 회화에 많이 등장하니 꼭 기억해 주세요.

A: You know her? 너 쟤 알아?

B: I should know. She is my ex.
아는 게 당연하지. 걔 내 전 여친이야.

3. give @ a call: @에게 전화하다

'～에게 전화하다'는 이 외에 call ～, give ～ a ring 등으로도 표현할 수 있습니다.

I'll give you a call. 너한테 전화할게.

CCTV 한번 확인해 봐.

You should definitely check the camera.

동영상 029

▶ 표 현   definitely

내용을 강조할 때 원어민들이 정말 좋아라 하며 쓰는 표현입니다. 이 외에 absolutely도 많이 쓰죠. 또 질문에 대한 대답으로 단독으로 쓰이기도 합니다. 영상을 보며 발음도 잘 들어보세요.

English is definitely worth learning.
영어는 정말 배울 가치가 있어.

A: I definitely think you should try this.
너 이거 꼭 한번 해 봐야 할 것 같아.

B: Absolutely. 당연히 그래야지.

주인이 써 놓은 문구는 손님에게
경각심을 주기 위해서지 주인은
분실에 책임이 있어.

동영상 030

The sign is there to warn people but the owner is still responsible for your loss.

▶ 발 음   warn과 want, won't, worn 발음 차이

언뜻 들어서는 알 수 없는 비슷한 발음들, 영상으로
확인하고 따라 하세요.

▶ 표 현   loss: 분실

이 loss는 '잃어버리다'의 동사 lose에서 나왔습니다.
이 lose의 과거분사인 lost를 써서 lost and found
라고 하면 '분실물 센터'가 되죠. 이 lose는 물건 외
에 사랑하는 사람을 잃거나(죽음), 경기에서 질 때
등 매우 다양한 상황에서 쓸 수 있답니다. 하지만 기
회나 탈것을 놓칠 때는 miss를 사용해요. miss the
opportunity, miss the bus처럼요.

She must be feeling very lonely after the
loss of her husband.

그녀가 남편을 잃고 나서 너무 외롭겠네요.

혹시 네 신발 신고 간 사람도 다른 사람 신발인 걸
알면 연락 올 수도 있잖아.

Maybe the person who took your shoes might call once they realize they have the wrong shoes.

▶ 패 턴

Once 주어+동사 : 일단 ~하면

▶ 표 현   maybe: 아마도

많은 분들이 '아마도' 하면 maybe와 probably를
떠올립니다. maybe는 문장 앞에 나오는 경우가 많
고, 50%의 가능성을 나타내고, probably는 maybe
보다 가능성이 좀 더 높을 때 사용해요. 이 maybe
와 probably는 I should와 결합되어 쓰이기도 합
니다.

A: Are you coming to my wedding?
   너 내 결혼식 올 거니?

B: Maybe I can.
   아마도. (갈 수도 있고 안 갈 수도 있다는 의미)
   Probably.
   아마도. (선약 없으니까 별일 없으면 갈 거라는 의미)

Maybe I should go. It's too late.
(벌써 밤 11시) 나 가야 할까 봐. 너무 늦었어.

진짜 내 신발 돌아오면 좋겠다.
조언 고마워.

동영상 031

I really want my shoes back. Thank you for your advice.

▶ 패 턴

Thank you for ~: ~해 줘서 고마워

▶ 표 현   advice: 충고

'충고'는 보통 advice라고 하든가 some advice, a
piece of advice라고 해요. 셀 수 없는 명사이므로
an advice, advices는 절대 쓰면 아니 되옵니다. 그
리고 ad로 시작하는 단어도 주의해서 발음해야 하
기에 영상을 통해 정리해 볼게요.

UNIT 8 죽어도 못 잊을 고질 패턴

BLOG

~라서 그래요

~합시다

~할 가치가 없어요

난 ~할 거예요

~ 얘기가 나와서 말인데

~하기가 참 어려워요

~라서 그래   It's because 주어+동사

전에 배웠던 That's why ~ (PATTERN 30)가 '그래서 ~인 거예요'라고 결론을 내는 패턴이었다면 이것은 상대방
질문에 대한 대답 문장으로 '~이기 때문이죠'로 유용하게 사용할 수 있습니다. That's because라고 해도 좋아요.

이 식당이 맛집으로 소문나서 그래.

It's because this restaurant is so well-known.

PATTERN DRILL

It's because	+ **you're confident.** 네가 자신만만해서 그래.
	+ **you're smart.** 네가 똑똑해서 그래.
	+ **there are so many people still unemployed.** 아직도 실업 상태인 사람들이 아주 많아서 그래.
	+ **I work out every single day.** 내가 매일 운동해서 그래.
	+ **I don't want to hang out with him.** 내가 걔랑 같이 어울리고 싶지 않아서 그래.
	+ **I don't care about the score.** 내가 점수 따위에 신경 쓰지 않아서 그래.

A I can't believe I ended up winning this contest.

B It's because you practiced so many times. You
deserve it.

MP3-046

A 내가 결국 이 콘테스트에서 우승했다니 믿기지가 않아.

B 다 네가 그렇게 많이 연습해서 그래. 너 그럴 만해.

뭔가를 하자고 제안할 때

～하자   Let's 동사원형

제안을 할 때 쓰는 표현이 참 많습니다. 하지만, 가장 단순하면서 쉽게 쓸 수 있는 게 바로 이 Let's입니다. 참고로 Let's ～로 말하고 나서 다짐하듯이 '알았지?'라고 한 마디 덧붙이고 싶을 때는 shall we? 라고 하면 돼요. Let's 동사원형 중에서 Let's say ～. 표현은 정말 스피킹할 때 유용하게 쓰이는데요, '～라고 생각해 보자, 가정해 보자'라는 의미이죠.

빨리 주문하자.

Let's order one quick.

PATTERN DRILL

Let's

+ **go play tennis.** 가서 테니스 치자.

+ **face it.** 사실을 직시하자.

+ **get this started as soon as possible.**
  가능한 한 빨리 이거 시작하자.

+ **get him a drink.** 걔한테 한 잔 갖다 주자.

+ **get serious, bro!** 좀 진지해져 보자 친구야!

+ **ask if anyone wants to do this.**
  누가 이거 하고 싶어 하는 사람이 있는지 물어보자.

A   Let's go get some coffee.

B   Yeah. I'd like to get an Americano. What about you?

A 가서 커피 좀 사 오자.

B 그래. 난 아메리카노 마실래. 넌?

MP3-047

113

원가를 할 가치가 없다고 표현하고 싶을 때

~할 가치가 없어   It's not worth

worth는 '가치가 있는'의 뜻이에요. 그래서 It's not worth it.은 '그럴 필요 없어, 그래 봤자야'의 뜻입니다. 물론 It's worth it.은 '그럴 가치가 있어' 라는 말이겠죠. 보통 강조할 때는 It's totally worth it. 이라고 많이 한답니다. 많이 나오진 않지만 You're worth ~도 알아두세요. You're worth the wait. '넌 기다릴 가치가 있어. (내가 기꺼이 기다릴 정도로 소중해.)'의 뜻입니다.

그렇게 애쓸 필요 없어.

It's not worth the effort.

PATTERN DRILL

It's not worth

+ **it.** 그렇게 할 가치가 없어.

+ **the risk.** 위험을 감수할 가치가 없어.

+ **spending that much money on this.**
  여기에 그렇게 많은 돈을 쓸 가치가 없어.

+ **my time reading it.**
  그거 읽는 데 내 시간을 쓸 가치가 없어.

+ **building a wall.** 벽을 세울 가치가 없어.

+ **living.** 인생을 살 가치가 없어.

A It's not worth investing in the stock market.

B I'm willing to take a risk. I heard that the stock market is doing really well these days.

A 주식 시장에 투자할 가치가 없어.

B 내가 위험을 무릅쓰지 뭐. 요즘 주식 시장이 정말 괜찮다고 들었거든.

MP3-048

나는 ～할 거야   I'm going to 동사원형

사실 I'm going to ～는 자신의 의도로 이미 결정한 것을 할 때, 곧 발생할 일을 말할 때, 미래에 일어날 것이 거의 확실할 때 사용할 수 있어요. 실제 회화에서 원어민들은 I'm going to를 I'm gonna로 많이 말하는데, [암고너] 혹은 더 빠르게는 [아머너] 정도의 느낌으로 발음해요. 아래 예문에서는 실제 회화 발음으로 듣게 됩니다.

나는 이 메뉴랑 맥주 하나 시킬게.

I'm going to order this dish and a beer.

PATTERN DRILL

I'm going to	+ take care of your dog while you're away.

I'm going to

+ **take care of your dog while you're away.**
  너 떠나 있는 동안 내가 네 개 봐줄게.

+ **be busy for next 2 weeks.** 나 다음 2주 간 바쁠 거야.

+ **make you an offer.** 내가 너한테 제안 하나 할 거야.

+ **ask Jane out on a date.**
  나 Jane한테 데이트 신청할 거야.

+ **tell you an interesting story that happened to me the other day.**
  내가 저번에 나한테 있었던 재미난 얘기를 너한테 해 줄 거야.

+ **give you some advice.** 내가 너한테 조언을 해 줄게.

A I'm going to visit you tomorrow.

B I'm looking forward to it. Let me take you to this fancy restaurant.

A 제가 내일 방문하겠습니다.
B 기대가 되는데요. 제가 이 고급 식당으로 모시겠습니다.

MP3-049

115

~ 얘기가 나와서 말인데   Speaking of ~,

의미상 대화 첫 부분에는 쓰지 못합니다. 상대방이 한 이야기를 듣고 생각이 나서 하는 말이니까요. Speaking of ~ 자체가 '~가 나왔으니 말인데'의 의미고요. by the way라고 해도 의미는 통합니다. 단, speaking of는 반드시 앞에 말한 이야기가 언급이 되어야 하고요. by the way는 갑자기 뭐가 생각나서 다른 이야기를 할 때도 쓰입니다.

그거 말이 나와서 말인데, 너 알아?
Speaking of which, did you know?

PATTERN DRILL

Speaking of

+ **parents, are you getting along with your parents?** 부모님 얘기가 나와서 말인데, 너 부모님이랑 잘 지내니?

+ **our project, that's due next Friday.**
우리 프로젝트 얘기가 나와서 말인데 그거 다음 주 금요일까지야.

+ **hot girls, are you dating anyone hot?**
섹시한 여자들 얘기가 나와서 말인데 너 그런 여자애랑 데이트 중이야?

+ **winning, let's see how you did yesterday.**
이기는 것 얘기가 나와서 말인데, 네가 어제 어떻게 했는지 보자.

A Wow! You look so different. Have you lost some weight?

B Yeah. I have been working out for a year every single day.

A Speaking of working out, where do you work out?

A 와우! 너 정말 달라 보인다. 살을 좀 뺀 거야?
B 응. 1년째 매일 운동하고 있어.
A 운동 이야기가 나왔으니 말인데, 너 어디서 운동해?

MP3-050

~하기가 참 어려워   It's very hard to 동사원형

'It is 형용사 to 동사원형'은 참 많이 쓰이는 패턴입니다. '~하기 (형용사)하다'로 해석하면 되고요, 형용사 자리에 비단 hard 뿐만 아니라, easy(쉬운), difficult(어려운) 등의 다른 형용사를 넣으면 더 많은 문장을 만들 수 있습니다.

진짜 맛집을 찾는 게 아주 힘들어.

It is very hard to seek out genuinely good restaurants.

PATTERN DRILL

It is very hard to

+ **remove the stain** 얼룩 제거하는 게 참 어려워.

+ **have a serious conversation with him.** 걔랑 진지한 대화를 하는 게 참 어려워.

+ **get a reservation here.** 여기 예약하는 게 참 어려워.

+ **change your job in this tough economy.** 이 불경기에 직업을 바꾸기란 정말 힘들어.

+ **master English within a short period of time.** 짧은 기간에 영어를 마스터하기는 정말 힘들어.

+ **live without you.** 당신 없이 사는 게 참 힘들어.

A I'm so tired these days. It's very hard to wake up in the morning.

B I think you should start working out.

A 나 요즘 너무 피곤해. 아침에 일어나기가 참 힘들어.

B 너 운동 시작해야 할 것 같다.

MP3-051

여기가 맛집으로 소문났어.

영어로 어떻게 말하지?

 HOW CAN I SAY IN ENGLISH?

나   줄 서서 기다리는 사람이 전보다 엄청 많아졌어. 운 좋게도 우리가 마지막 자리 차지했네.

너   여기가 맛집으로 소문나서 그래. 우리도 인터넷으로 검색해 보고 여기 왔잖아.

나   이 메뉴가 대박이라네. 얼른 시키자.

너   잠깐만. 다른 메뉴 시킬 거 없나 좀 더 보고 싶어.

나   그래 봤자야. 남들이 추천하는 거 먹는 게 최고야.

너   알았어. 나는 이 메뉴랑 맥주 하나 시킬게.

나   잘 골랐어. 궁합이 잘 맞을 것 같아. 나도 그렇게 시켜야지.

너   말이 나와서 말인데, 그거 알아? 이 집은 블로거들한테 서포트 안 한대. 그래서 그런지 더 믿음이 가네.

나   맞아. 요즘은 상업적 목적으로 하는 맛집 블로거들이 너무 넘쳐나서 진짜 맛집을 찾기가 아주 힘들어.

SAY IT ENGLISH!

MP3-052

Me There are way more people in line than before. Fortunately, we got the last spot.

You **It's because** this place is so well-known. We're also here by searching on the Internet.

Me I heard this dish is amazing. **Let's** order one quick.

You Hold up. I want to look at other dishes that I might want to order.

Me **It's not worth** the effort. It's best to eat what other people recommend.

You Fine. **I'm going to** order this dish and a beer.

Me That's a good choice. They'll go well together. I'm going to order the same thing.

You **Speaking of** which, did you know? This restaurant doesn't bribe bloggers. That reassures me even more.

Me Right. Lately there are too many food bloggers working for commercial gains, so **it is very hard to** seek out genuinely good restaurants.

줄 서서 기다리는 사람이 전보다 엄청 많아졌어. 운 좋게도 우리가 마지막 자리 차지했네.

There are way more people in line than before. Fortunately, we got the last spot.

▶ 표 현

1. There are: ~가 있다

재미있는 사실 하나. 원어민들은 There are라고 말해야 할 때 There's라고 많이 말한답니다. 그러니까 There's가 There is, There has, There are 모두 될 수 있는 거죠. 발음하기가 훨씬 더 편하기 때문이라고 하네요. 예를 들어, 'BTS 콘서트에 사람들이 무지 많이 있어.'라고 할 때 There's a lot of people in BTS's concert.라고 할 수 있다는 거예요. 그래서 위의 문장은 대화할 때 There's way more people in line.이라고 해도 되는 거죠. 하지만 글로 쓸 때는 There are라고 해야 합니다. formal한 글을 쓸 때는 이렇게 적지 않는 게 원칙이니까요.

2. way: 엄청, 대박

여기서는 way가 '길, 방법'이 아닙니다. 비교급을 강조할 때 a lot, much, even, far 등을 쓰는 건 알고 있을 거예요. 하지만 way는 모르는 분들이 많은데 '엄청'의 느낌을 바로 이 way로 나타낼 수 있습니다. 매우 캐주얼하게 쓰는 표현이에요.

We have a lot more customers than before.

= We have much more customers than before.

= We have far more customers than before.

= We have even more customers than before.

= We have way more customers than before. 예전보다 훨씬 더 고객이 많아.

3. in line: 줄 서서 기다리는

BTS 콘서트 들어가기 전, 사람들이 줄 서 있는 것을 표현할 때 쓰면 딱이에요. 참고로 영국 애들은 이 line 대신에 queue를 사용해 in a queue라고도 합니다.

A: Are you in line? 지금 줄 선 거예요?

B: Yeah. I'm waiting in line.
네, 줄 서서 기다리는 거예요.

4. fortunately: 운이 좋게도 ↔ unfortunately

Luckily도 같은 표현인데 Luckily가 좀 더 캐주얼한 느낌이에요.

5. spot: 장소, 자리

spot은 예를 들어, 소풍 가서 앉을 자리를 찾고 있는데 그늘 아래 근사한 자리를 봤을 때 This is a perfect spot.(여기 괜찮은 자리네.)처럼 쓸 수 있어요.

여기가 맛집으로 소문나서 그래. 우리도 검색해 보고 여기 왔잖아.

It's because this place is so well-known. We're also here by searching on the Internet.

▶ 패 턴

It's because 주어+동사 ~: ~ 때문에 그래

(= That's because 주어+동사)

A: Why didn't you show up at the party last night? 왜 어젯밤에 파티 안 왔어?

B: It's because I got an exam. 시험이 있었거든.

A: How come you're late?
어째서 늦었냐? (How come 주어+동사 ~?(어째서 ~하니?)는 writing할 때는 쓰지 마세요!)

B: It's because I got stuck in traffic.
교통이 막혀서.

A: You look so tired. What's going on?
너 무지 피곤해 보여. 뭐 때문에 그래?

B: That's probably because I pulled an all-nighter. 아마도 밤새서 그런 것 같아. (보통 probably를 같이 써서 '아마도 ~ 때문이지'의 느낌을 주기도 하지요. pull an all-nighter: 밤새다)

이 메뉴가 대박이라네. 얼른 시키자.

I heard this dish is amazing. Let's order one quick.

▶ 패 턴

Let's 동사원형 ~: ~하자

▶ 표 현

1. I heard vs. I have heard (= I've heard)

일단 I heard는 과거시제이고, I've heard는 현재완료예요. 우리는 과거시제는 과거의 한 시점을 말하고, 현재완료는 과거부터 현재까지 연결되는 것이라

고 배웠어요. 저는요, I heard는 과거의 정해진 시점에서 들었다는 걸 전달하고, I've heard는 정확하게 기억이 나지 않는 불확실한 시간에 들었다는 느낌이 있다고 말합니다. 하지만 말할 때 그런 것 굳이 신경 쓰지 않잖아요. 그래서 앞의 예시 문장은 모두 I've heard라고 해도 거의 같다고 생각하셔도 됩니다.

2. I was told vs. I heard

이 둘의 의미 차이를 물어보는 분들이 많습니다. 일단 의미 차이는 없어요. 하지만 완전히 100% 바꿔 쓸 수는 없어요. 그래서 영어가 힘든 거죠. 일단, I heard는 무슨 소리를 들은 것인데 꼭 사람에게 직접 들은 것일 필요는 없어요. 반면에 I was told ~는 Somebody told me that ~을 수동형으로 한 것이라 누군가가 나에게 직접 말을 한 상황일 때 사용할 수 있어요. 물론 그 누군가가 정확히 기억날 필요는 없습니다. 그래서 상황에 따라 바꿔 사용할 수 있지만 아닌 경우도 있는 거죠.

I heard that you got a new job.
나 너 새 직장 잡았다고 들었어. (누가 말해 준 거라면 I was told that you got a new job. 이라고 해도 되겠죠.)

I heard birds singing.
나 새들이 노래하는 거 들었어. (새들이 노래하는 걸 들은 것이므로 I was told that birds are singing.이라고 하면 다른 문장이 돼요. 누군가가 "야! 새들이 노래한대" 라고 나한테 말했던 약간 이상한 상황이 되어 버리는 거죠.)

3. menu: 메뉴판 dish: 메뉴판에 있는 음식

우리는 음식 메뉴판을 보면서 "이 메뉴 맛있겠다" 라고 합니다. 그런데요, 이 menu는 음식점에서 보여주는 '메뉴판'을 말합니다. 그래서 보통 음식점에 가서 "메뉴판 좀 주세요" 할 때 "Could we have the menu, please?" 라고 할 수 있지만 This restaurant has a lot of menus. 라고 하면 이상한 문장이 됩니다. 이건 '이 식당은 메뉴판이 아주 많다' 는 의미니까요. 따라서 우리가 흔히 말하는 메뉴가 많다는 food나 dish를 사용해야 합니다.

참고로, 일반적인 음식은 그냥 food라고 하고요, 음식점에 갔을 때 나오는 음식은 dish라고 합니다.

4. Let's order one quick. 빨리 주문하자.

이거 Let's order one quickly. 라고 해야 할 것 같지 않나요? '주문하다(order)'는 동사를 꾸며 주니 부사(quickly)가 쓰이는 게 원칙이지만 이 quick도 '빠르게'라는 의미로 정말 자주 쓰여요. 특히 앞에 real 또는 really와 함께 쓰여 real quick, really quick이라고 해요.

Let me ask you a question real quick.
제가 빨리 질문 좀 할게요.

Real quick! I have something to show you. 잠깐만요! 보여줄 게 있어요. (이때의 Real quick!은 '잠깐만요'로 Wait a minute.의 의미예요.)

잠깐만. 다른 메뉴 시킬 거 없나 좀 더 보고 싶어.

Hold up. I want to look at other dishes that I might want to order.

▶ 표현　Hold up! 잠깐만! (= Hold on!/Wait!)

'잠깐만'인 이 Hold up!은 친구하고 가는데 친구가 너무 앞서 갈 때, "야! 기다려"의 뜻으로 쓸 수도 있어요. Wait up!이라고 해도 되죠. 참고로 통화 중에 잠깐 기다리라고 할 때는 Hold on을 많이 써요.

그래 봤자야. 남들이 추천하는 거 먹는 게 최고야.

It's not worth the effort. It's best to eat what other people recommend.

▶ 패턴

It's not worth ~: ~할 가치가 없다

알았어. 나는 이 메뉴랑 맥주 하나 시킬게.

Fine. I'm going to order this dish and a beer.

동영상 032

▶ 패 턴

I'm going to 동사원형 ~: 나는 ~할 거야

원어민들은 I'm going to를 I'm gonna로 말하는데 [암고너], 더 빠르게는 [아머너] 정도의 느낌으로 발음해요. going to의 발음을 영상을 보며 확인하세요. 이 I'm going to ~를 설명할 때 많이 듣는 질문 두 가지는 바로 이것입니다.

Q1) I'm going to와 I will의 차이는 뭔가요?

A) 서로 바꿔 사용하는 경우도 있고 그렇지 않은 경우도 있어요. 일단 미래를 나타낼 때는 모두 사용 가능해요. I will은 축약하여 보통 I'll [아을]로 부드럽게 발음하는데, I will이라고 강하게 말하면 어감도 매우 강해져요. I'll은 순간적으로 '내가 ~할게' 라고 할 때 사용합니다. 집 전화가 울려서 "내가 받을게."는 I'll get it.이고요, 초인종이 띵동 울려서 "내가 가볼게."도 I'll get it.이 되지요. 길 가는데 옆을 보니까 할머니가 무거운 가방을 들고 계단을 내려가려고 해요. 이때 "제가 도와드릴게요."는 I'll help you. 또는 Let me help you.가 됩니다. 음식점에서 "저 이거 주세요."는 I'll get this.인 거죠. 이런 경우를 제외하고는 보통 I'm gonna를 상대적으로 훨씬 더 많이 쓰는 것 같아요.

Q2) I'm going to go shopping tomorrow.를 I'm shopping tomorrow. 라고 쓴 걸 봤는데 그것도 되나요?

A) 네! I'm going to도 확실성이 있지만, 이것을 I'm 동사-ing의 진행형으로 쓰면, 이미 정해져 있는 일이라는 느낌이 더 커요. 그래서 진행형, 심지어 현재형으로도 미래를 말할 수 있는 거죠. 사실, 확실한 약속이나 계획은 오히려 이렇게 현재진행형이 좀 더 자연스럽게 느껴진답니다. I'm going to have dinner with Luke tomorrow.도 좋지만, 더 자연스러운 건 I'm having dinner with Luke tomorrow.죠. 더 자세한 내용은 QR코드를 찍어 확인하세요.

▶ 표 현   **a beer: 맥주**

beer 자체만 보면 셀 수 없는 명사지만, 보통 beer는 컵이나 병에 담아서 마시잖아요. 그러면 그때는 셀 수 있게 됩니다. coffee, water도 마찬가지예요. 참고로 커피에 들어가는 설탕도 셀 수 없지만 대화에서 보통 two sugars(설탕 두 스푼)이라고 합니다. 이렇게 말하는 게 더 자주 들려요.

a beer 맥주 하나	a coffee 커피 하나	a water 물 하나
a bottle of beer 맥주 하나	a cup of coffee 커피 한 잔	a glass of water 물 한 잔
two bottles of beer 맥주 두 병	two coffees 커피 두 잔	two waters 물 두 잔
a cup of beer 맥주 한 잔	two cups of coffee 커피 두 잔	two glasses of water 물 두 잔
two cups of beer 맥주 두 잔		

잘 골랐어. 궁합이 잘 맞을 것 같아. 나도 그렇게 시켜야지.

That's a good choice. They'll go well together. I'm going to order the same thing.

▶ 표 현   go well together: 궁합이 잘 맞다

궁합이 잘 맞는다는 건 A와 B가 서로 잘 어울린다는 뜻이죠? 그런 면에서 '궁합이 잘 맞다'에는 go well together 이 표현이 가장 적합한 것 같아요. 그런데요, 사람이 궁합이 맞아 잘 어울려 지낸다고 할 때는 go well보다 get along 표현을 사용해서 We're getting along well.이라고 많이 씁니다. 아니면 We hit it off right away.처럼 hit it off(완전 죽이 잘 맞다) 표현을 많이 쓰기도 해요.

말이 나와서 말인데, 그거 알아? 이 집은 블로거들한 테 서포트 안 한대. 그래서 그런지 더 믿음이 가네.

Speaking of which, did you know? This restaurant doesn't bribe bloggers. That reassures me even more.

▶ 패턴

Speaking of ~: ~가 나와서 말인데

▶ 표현

1. bribe: 뇌물을 먹이다

bribe는 '뇌물을 먹이다'의 뜻이에요. 여기 문장에 쓰기에는 좀 과한 것 같나요? 하지만 파워 블로거에게 돈을 주고 자기 음식점에 오라고 한다든지, 자기 수업에 들으러 오라고 한다든지, 학원에 대해 광고해 달라든지 하는 것은 솔직히 법적으로는 문제가 없을 수 있지만, 거짓 정보를 양산하는 주범인 것 같아서 bribe가 적합할 듯합니다.

2. reassure: 안심시키다, 더 확신시키다

여기서는 음식점이 블로거를 통한 광고 없이 유명해진 것이니 그 점이 나를 더 안심시키고, 확신시킨다는 의미로 reassure를 사용했어요. assure와 비슷하지만, reassure가 assure보다 불안해하는 사람에게 "걱정 마! 다 잘 될 거니까!" 정도의 의미가 더 강하게 들어갔다고 생각하면 될 것 같아요.

I tried to reassure Jayden that studying English is very beneficial in the long run.

난 Jayden에게 영어 공부를 하는 게 장기적으로 큰 도움이 될 거라고 안심시켰어요. (Jayden이 영어 공부하는 게 정말 가치 있는 것일까, 그 시간에 다른 걸 하는 게 낫지 않을까 걱정하고 힘들어 하니까 reassure가 더 적합해 보여요. 하지만 assure라고 해도 큰 차이는 없답니다.)

맞아. 요즘은 상업적 목적으로 하는 맛집 블로거들이 너무 넘쳐나서 진짜 맛집을 찾기가 아주 힘들어.

동영상 033

Right. Lately there are too many food bloggers working for commercial gains, so it is very hard to seek out genuinely good restaurants.

▶ 패턴

It's very hard to 동사원형 ~: ~하는 게 참 힘들다

▶ 표현

1. lately: 최근에 (= recently)

lately와 recently는 의미상으로 같지만 어느 때나 바꿔 쓸 수 있는 건 아니에요. 하지만 그걸 다 아는 건 불가능해요. 그냥 recently가 최근 시간의 한 점을 말하는 거라면(그러니 주로 과거시제로 쓰겠죠.), lately는 가까운 과거부터 현재까지 반복, 지속되는 것을 나타내는 거라는 걸(그러니 현재완료형하고 자주 쓰이겠죠?) 알아두세요.

She had a baby lately.   (X)
She had a baby recently.   (O)
그녀가 최근에 아기를 낳았어. (최근 과거의 한 점(아이를 낳은 시점)이므로 recently가 적합해요.)

I have been very sick lately.   (O)
I have been very sick recently.   (X)
나 최근에 몸이 몹시 아팠어. (최근에 시작해서 현재도 아픈 상황이므로 완료시제니까 lately가 적합하죠.)

정말 유용한 tip 하나를 드리면, '최근에'를 '요새'로 대체해서 말이 되면 lately가 적합하답니다. She had a baby. 그녀가 요새 아이를 낳았어?는 말이 안 되니까 recently. '나 요새 많이 아팠어'는 말이 되니까 lately!
'최근, 요즘' 관련 표현, 한눈에 정리해 드립니다.

lately, recently: 최소 며칠, 몇 주, 몇 달 정도의 지속 기간

just: 좀 더 짧은 몇 분 전, 며칠 전 정도의 느낌

a little while ago: (최근인데 정확하게 기억이 안 나는) 얼마 전에

the other day: (최근인데 보통) 며칠 전에

until recently: 최근까지

You didn't even tell me you were divorced until recently.: 너 이혼했다고 나한테 최근까지 말 안 했잖아.

'찾다'와 관련된 표현, 깔끔하게 정리해 드립니다.

seek: 주로 눈에 보이지 않는 뭔가를 찾을 때 사용. look이나 search보다 더 formal한 단어

    seek jobs(일을 구하다)

    seek information(정보를 구하다)

    seek advice(조언을 구하다)

    seek help(도움을 구하다)

look for: 사람이나 뭔가를 찾을 때 쓰는 일반적인 표현

search: (장소를) 샅샅이 찾다

search for: 어떤 대상을 샅샅이 찾다

these days, lately, recently, the other day, a little while ago의 차이를 영상으로 확인하세요.

2. too many vs. so many: 너무 많은

둘 다 똑같이 '너무 많은'의 뜻이지만 too many가 부정적인 느낌을 확 줍니다.

I have too many things to do.
나 할 일이 너무 많아. (이 문장은 너무 할 일이 많아서 끝내기 힘들다는 느낌이 있어요.)

I have so many things to do.
나 할 일이 참 많아. ('할 일이 많다'라는 사실만 보여줘요.)

3. commercial: 상업적인, 상업 광고

commercial이 명사로 쓰이면 TV나 Radio의 광고를 말해요. 그래서 TV commercial(TV 광고), Radio commercial(라디오 광고)처럼 쓰이죠. 참고로 commercial 중에서 홈쇼핑처럼 길게 하면서 구매 정보를 주는 광고가 있는데, 이런 것을 infomercial이라고 해요. Information+commercial의 줄임말이죠.

4. seek out: 찾다

seek (out) 표현은 어떤 정보를 오랫동안 꼼꼼히 찾는다는 느낌을 전달하죠. 주의해야 할 것은 뒤에 look for처럼 for가 나오지 않고 바로 찾는 대상이 나옵니다.

UNIT 9 회화를 주도하는 패턴

AI

혹시 ~이니?

나 ~을 잘 알아,
~ 경험이 있어

막 ~하려는 참이야,
막 ~하려고 해

~일 것 같은데

혹시 ~이니?   의문문 **by any chance?**

의문문 뒤에 by any chance를 쓰면 '혹시 ~이니?'의 의미입니다. 이것과 비슷한 느낌의 표현으로 'Do[Does]+주어+happen to+동사원형 ~?'이 있어요. 정중하고 부드럽게 물어보는 표현이죠. Do you happen to know ~? 는 ' 혹시 ~를 아세요?'로 많이 쓰입니다.

너 혹시 아이폰 쓰니?

Do you use the iPhone **by any chance?**

PATTERN DRILL

Did you make this 혹시 이거 네가 만들었니?	+ **by any chance?**
Do you know Luke 너 혹시 Luke 알아?	+
Did you go there 혹시 너 거기 갔었니?	+
Have you met him 혹시 너 걔 만난 적 있니?	+
Did you buy it 혹시 너 그거 샀니?	+
Did you stop by my house the other day 혹시 너 요전날 우리 집에 들렀니?	+

A Can you lend me $1000 by any chance?

B Sure. Just make sure to pay me back by the end of this month.

    A 너 혹시 나한테 천불 빌려줄 수 있어?

    B 그래. 이달 말까지 꼭 갚아줘.

MP3-053

나 ~을 잘 알아, ~ 경험이 있어   I'm familiar with

familiar는 '익숙한, 친숙한'으로, be familiar with 이 패턴이 [be (get) used to 명사 (반복적으로 하여 습관처럼 돼서 ~에 익숙해지다)] 표현과 헷갈릴 수 있어요. 이 familiar는 뭔가에 대해 잘 알거나 지식이 있을 때 사용합니다. 참고로 ~에게 잘 아는 거라면 It's familiar to me.처럼 with가 아니라 to를 사용하면 되겠죠.

나 아이폰 시리 기능 잘 알아.

I'm familiar with the function called Siri on the iPhone.

PATTERN DRILL

I'm familiar with	+ **this area.** 나 이 지역 잘 알아.
	+ **his work.** 나 그 사람 작품 잘 알아.
	+ **the process.** 나 그 과정 잘 알아.
	+ **this program.** 나 이 프로그램 잘 알아.
	+ **working this way.** 나 이렇게 일한 경험 있어서 잘 알아.
	+ **how to use this product.** 이 제품 어떻게 사용하는지 잘 알아.

A You're familiar with most of these products, right?

B Yes. But, it's still very hard to understand why we keep producing them. It's not worth it.

A 이 제품들 대부분을 잘 알고 계시겠군요, 그렇죠?

B 네. 그렇지만 왜 그것들을 계속 제작해야 하는지 이해하기가 여전히 힘드네요. 그럴 가치가 없는데 말이죠.

MP3-054

127

막 ~하려는 참이야, 막 ~하려고 해
I'm about to 동사원형

막 ~하려고 한다는 건 그 행동을 실제로 한 건 아니고 그 행동을 하기 직전까지의 상황을 나타냅니다. 이때는 'be동사 about to+동사원형'으로 표현해요. 과거에 막 ~하려고 했다는 건 I was about to ~라고 하면 되겠죠.

내가 깜박 잠이 들려고 하면 그게 음성 메시지를 보내.

When I'm about to fall asleep, it sends out a voice message.

PATTERN DRILL

I'm about to

+ **tell you a secret.**
  내가 너한테 막 그 비밀을 말하려고 하는 참이야.

+ **quit.** 내가 막 관두려고 하는 참이야.

+ **be a mother.** 내가 막 엄마가 되려고 한다고.

+ **change my mind.** 내가 막 마음을 바꾸려는 참이야.

+ **walk into a meeting.**
  내가 회의하러 막 들어가려는 참이야.

+ **go see a doctor.** 내가 막 병원에 가려고 하는 참이야.

A I am about to get married. I'm nervous.

B You should be happy. I think you will be much happier than you are now.

A 막 결혼하려고 하는 참인데 긴장돼.

B 행복할 거야. 지금보다도 훨씬 더 행복해질 수 있을 거라고 생각해.

MP3-055

~일 것 같은데   could possibly 동사원형

could만 써도 추측의 의미가 되지만 더 조심스레 추측할 때 possibly를 넣어 표현할 수 있어요. 물론, possibly 그 자체로도 추측할 때 사용 가능합니다. maybe, perhaps와 거의 비슷하나 약간 formal한 느낌이라 빈도는 높지 않 아요. could possibly는 평서문보다는 오히려 의문문 형태로 더 많이 쓰입니다.

언젠가 인공지능이 우리를 지배할 수도 있지 않을까?

Artificial intelligence **could possibly** reign over us one day.

PATTERN DRILL

What **could possibly** go wrong? 뭐 잘못되기야 하겠어?

Who **could possibly** take responsibility for this?
누가 이걸 책임지게 될까?

What **could possibly** be more important than family?
가족보다 뭐가 더 중요할 수 있을까?

What **could possibly** matter more than this?
이것보다 더 중요한 게 뭐가 있을까?

I'm doing the best I **could possibly** do.
내가 할 수 있는 모든 것에 최선을 다하고 있어요.

What **could possibly** motivate you to write a book?
도대체 뭐가 네가 책을 쓰게 동기 부여를 할 수 있을까?

A There's no way I could possibly forgive you.

B I know I did something wrong but I regret it. Please accept my apology.

   A 도대체 내가 너를 용서할 수가 없을 것 같아.

   B 나도 내가 잘못한 것 알아. 하지만 후회하고 있어. 내 사과를 받아 줘.

MP3-056

너 혹시 아이폰 쓰니?

영어로 어떻게 말하지?

 HOW CAN I SAY IN ENGLISH?

나 너 혹시 아이폰 쓰니?

너 왜? 나 작년까지 아이폰 썼어.
지금은 안드로이드 유저지만.

나 그럼, 아이폰의 시리 기능 잘 알겠네.

너 응, 그거 정말 편리해. 그게 AI 기반의
기술이라던데. 아, 아마존에서 나온
스피커도 그거 쓰는 것 같더라.

나 맞아. 우리 생활 속에 AI 기술이 점점 더
보편화되어 가고 있어. 내가 최근에 자동차를
샀는데, 심지어 그 차에도 AI 기술이
들어가 있더라.

너 좀 더 자세하게 설명해 봐.

나 내가 고속도로에서 주행 중에 깜박 잠이
들려고 하거나 너무 피로감을 느낄 때,
그걸 인식하고 음성 메시지를 보내더라고.

너 자동차가 네 운전 패턴을 인식한다고?

나 응, 그것뿐만이 아니야. 너 아마존에서 나온
알렉사 알아? 그 인공지능이 탑재된 똑똑한
스피커 말이야.

너 응, 내가 필요한 물품을 추천해 주기도 하고,
센서만 설치하면 TV랑 전등도 자동으로
켤 수 있더라.

나 세상 정말 편해졌어, 그렇지?

너 어쩌면 언젠가 인공지능이 우리를 지배할 수
도 있지 않을까 싶어.

SAY IT ENGLISH!

MP3-057

Me Do you use the iPhone, **by any chance**?

You Why? I used an iPhone until last year. Now I am an Android user.

Me Then you **are familiar with** Siri on the iPhone.

You Yes, it's really convenient. It's an AI based technology. Oh, the speakers from Amazon are probably also using it.

Me Yep. The AI technology is becoming more common within our daily lives. Recently I bought a car, and it also has built-in AI technology.

You Tell me more about it.

Me When **I'm about to** fall asleep or feel exhausted while driving on the highway, it detects and sends out a voice message.

You The car recognizes your driving pattern?

Me Yeah, and not only that; do you know Alexa from Amazon? The smart speaker with built-in AI.

You Yes, it recommends me products that I need, and by installing sensors it can automatically turn on the TV and lights.

Me The world has become ever so convenient, right?

You Maybe artificial intelligence **could possibly** reign over us one day.

131

너 혹시 아이폰 쓰니?

Do you use the iPhone, by any chance?

▶ 패턴

의문문, by any chance?: 혹시 ~이니?

by any chance의 위치가 자유롭기는 하지만 문장 앞에는 잘 사용하지 않는다는 것, 알아두세요.

Excuse me! Are you Luke, by any chance?
(길 가다 30년 전 고교 친구를 보고) 저기, 혹시 Luke 아니니?

왜? 나 작년까지 아이폰 썼어. 지금은 안드로이드 유저지만.

Why? I used an iPhone until last year. Now I am an Android user.

▶ 표현 　by vs. until (= till)

둘 다 한국말로 '~까지'여서 많이 헷갈려 하세요. 먼저, by는 책 반납, 지원서 제출, 숙제, 프로젝트 제출, 택배 도착 등에 많이 쓰여요. 왜냐하면 그 이전에 제출하거나 배달하면 되니까요.

I will be back by Monday.
나 월요일까지 돌아올 거야. (월요일까지 돌아오는데, 그 이전에 돌아올 수도 있음)

until은 그 뒤에 나오는 지점에서 상황의 전환이 일어난다고 생각하시면 돼요.

I will be away until Monday.
난 월요일까지 떠나 있을 거야. (월요일에 와.)

여기서 Monday까지 안 오는 것이니 화요일이 되어야 온다는 걸까요, 아니면 월요일에 돌아온다는 걸까요? until 뒤에 오는 지점에서 상황 전환이 일어난다고 했으니 Monday가 away(떠나 있는 상태)가 전환이 되는 시점을 말하는 거라서 결국 월요일에 돌아오는 것을 말합니다. 그래서 I danced till dawn.은 dawn(새벽)이 dance를 하다가 멈추는 지점이고, I can't start until Friday. 라고 하면 Friday가 can't start에서 start로 행동이 변하는 지점을 말하는 것이므로 Friday에는 시작할 수 있다가 되는 거예요. until 뒤에 날짜가 오면 그 날짜를 포함합니다.

You have to fill out this form until June 30th. 6월 30일까지 이 양식을 작성하셔야 합니다.

이 문장에서는 6월 30일을 포함해 그때까지 작성하면 괜찮다는 것이죠. 하지만, until의 의미 때문에 헷갈릴 수 있어서 이때는 좀 더 구체적으로 적는 것을 추천드려요.

You have to fill out this form up until and including June 30th.

= You have to fill out this form no later than June 30th.
6월 30일자까지 이 양식을 작성하셔야 합니다.

그래서 자신이 business trip(출장)을 가서 5월 3일에 돌아온다면, I will be away until May 3rd.보다 I will return on May 3rd.를 추천드립니다.

그럼 아이폰의 시리 기능 잘 알겠네.

Then you must be familiar with Siri on the iPhone.

▶ 패턴

be familiar with ~: ~을 알다
**　　　　　　　　　　 ~에 대한 경험이 있다**

A: Are you familiar with her? 너 쟤 알아?
B: Not really. 아니, 잘 몰라.

A: Are you familiar with this area?
(조수석에 앉아서) 너 이 지역 잘 알아?
B: Yeah. I came here last week.
응, 나 지난주에 여기 왔어.

이 must는 스피킹에서 '해야 한다'의 의미로는 많이 쓰이지 않아요. must be나 must have p.p로 쓰여 확실한 추측을 나타냅니다. 우리가 학교에서 '~임에 틀림없다', '~했었음에 틀림없다'로 배웠지만 사실 그렇게는 말 안 하잖아요. 그래서 '(현재) ~하겠구나, ~하나 보네'는 must be를, '(과거에) ~했겠다', '정말 ~했나 보네' 정도의 느낌이면 must have p.p를 사용하면 됩니다.

You must be tired.
(친구가 앉아서 꾸벅꾸벅 졸 때) 너 피곤한가 보다.

You must have studied abroad. (처음 만난 사람이 영어를 너무 잘할 때) 해외에서 공부하셨나 보네요.

응, 그거 정말 편리해. 그게 AI 기반의 기술이라던데. 아, 아마존에서 나온 스피커도 그거 쓰는 것 같더라.

동영상 034

Yes, it's really convenient. It's an AI based technology. Oh, the speakers from Amazon are probably also using it.

1. convenient: 유용한, 편리한 (= easy to use)

이 convenient를 '편안한'의 comfortable과 헷갈려 하는 분들이 많더라고요. 일단 comfortable은 우리 몸이 편하게 느낄(feel good) 씁니다. 반면, convenient는 우리가 원하고 필요한 것을 잘 채워 주고 있을 때 사용해요. 예를 들어, 사는 곳이 지하철 역과 가까우면 convenient한 거죠. 출퇴근을 빨리 하고 싶은 필요를 충족시켜 주니까요. 또 예전에는 유튜브에 올릴 영상 하나 촬영하려면 비디오 카메라 설치해야 하고 했지만, 지금은 스마트폰만 가지고 금방 촬영해서 바로 올릴 수 있으니 얼마나 convenient한가요? 예문으로 확인해 봐요.

My shoes are really comfortable.
신발이 진짜 편안해. (너무 푹신하고, 깃털처럼 가벼워요!)

Korean transportation is really convenient. 한국의 교통수단은 정말 편리해.

추가로 useful과 convenient를 헷갈리는 분들이 있는 것 같아요. useful은 '유용한'의 뜻으로 able to be used in several ways(여러 가지로 사용될 수 있는)의 의미입니다. English는 매우 useful한 언어죠. 인터넷의 다양한 콘텐츠를 접할 수 있고, 여행 갈 때도 사용하고, 승진할 때도 크게 영향을 미치니까요. 그래서 English is very useful but it may not be convenient to learn. (영어는 아주 유용하지만 배우기 녹록치 않을 수도 있다.)로 표현할 수 있습니다.

2. skill vs. technology: 기술

자, 둘 다 똑같은 기술인데요. skill은 인간이 뭔가를 배워서 얻는 기술이에요. technology는 말 그대로 우리가 사용하는 기계들에 들어간 기술을 나타냅니다. 보통 그런 기계들(technology)을 움직이는데 인간의 skill이 아직 필요하죠. 이 technology는 [텍날러지] 정도로 발음하고 [날]에 강세를 주세요!

▶ 발 음 Amazon

많은 분들이 유명한 브랜드 이름을 제대로 발음을 못하시더라고요. 영상을 보면서 우리가 흔히 듣는 벤츠, 아디다스, IKEA, 포르쉐, 샤넬, 루이비통 등의 원어민 정통 발음을 알아봅시다.

맞아. 우리 생활 속에 AI 기술이 점점 더 보편화되어 가고 있어.

동영상 035

Yep. The AI technology is becoming more common within our daily lives.

▶ 표현   common: 보편적인

'보편적인' 하면 한국 사람들은 prevalent, widespread 같은 어려운 표현을 생각하는데요, 그런 표현 사용해도 좋죠. 하지만 간단하게 common 같은 쉬운 표현을 사용해도 전혀 문제없습니다. 어려운 어휘 쓴다고 영어 스피킹 더 잘하는 거 아니에요. 제 유튜브에서 "영어스피킹 쉬운 말 사용하세요!" 영상을 보시고 꼭 깨닫기를 바랍니다.

내가 최근에 자동차를 샀는데, 심지어 그 차에도 AI 기술이 들어가 있더라.

동영상 036

Recently I bought a car, and it also has built-in AI technology.

▶ 발음   recently

이번에는 -tly, -tely 발음을 총정리해 볼 거예요. 이 발음은 [틀리] 라고 안 하게 주의하셔야 해요. shortly, instantly, lately, absolutely, definitely, unfortunately, completely 등의 발음도 영상을 보면서 연습해 보세요.

▶ 표현   built-in: 내장된

이건 만들 때부터 들어가 있는 걸 뜻해요. 예를 들어, 노트북에는 대부분 웹캠이 있잖아요. 우리가 따로 단 게 아니라 내장된 built-in webcam이 있는 거죠. 기계만 이런 게 아니에요. 미국이나 캐나다는 땅이 넓어서 built-in swimming pool이 있는 집도 많아요. 요즘 아파트를 보면 built-in closets, built-in cabinets가 기본이고 built-in fridge도 있다고 하는데요. '탑재된, 내장된'의 의미라고 보면 됩니다.

좀 더 자세하게 설명해 봐.

Tell me more about it.

▶ 표현   more: 더, 자세하게

'자세하게'라는 말에 기인해 in detail을 사용해서 Tell me in detail.이라고 해도 괜찮습니다. 단, Tell me more about it.이 훨씬 더 많이 사용하는 표현인 건 알아두세요.

내가 고속도로에서 주행 중에 깜박 잠이 들려고 하거나 너무 피로감을 느낄 때, 그걸 인식하고 음성 메시지를 보내더라고.

When I'm about to fall asleep or feel exhausted while driving on the highway, it detects and sends out a voice message.

▶ 패턴

be about to 동사원형 ~: 막 ~하려고 하다

▶ 표현

1. doze off vs. fall asleep vs. be drowsy

'졸다' 하면 주로 이 표현들을 생각하시는데, 차이점 정리해 드릴게요.

> **doze off**: 자신의 의도와 관계없이 조는 것
> **fall asleep**: '그냥 자다'라는 느낌이 더 강함
> (꾸벅꾸벅 조는 것도 포함)
> **be drowsy**: 반쯤 깨어 있는 상태
> **drowsy driving**: 졸음 운전

2. tired vs. exhausted: 피곤한

'피곤한' 이 말에 가장 먼저 생각나는 건 tired일 거예요. 그런데 이 tired를 좀 강조하고 싶을 때가 있잖아요. 그때 exhausted를 쓸 수 있어요. 그냥 피곤한 걸 넘어 '완전 피곤한' 걸 표현합니다. I'm exhausted.나 I feel exhausted.처럼 말이죠. 또 우리 몸에 있는 에너지가 다 타서 없어졌다는 의미에서 나온 burned out이란 표현도 많이 쓰입니다. 항상 피곤한 사람에게 번아웃증후군이란 말을 하잖아요. 이게 여기서 나온 표현이에요. 영어로는 Burnout syndrome이라고 합니다. 그리고 위의 것만큼은 아니지만 가끔 등장하는 I'm pooped.(녹초가 됐어.), I'm beat.(나 완전히 지쳤어.)도 알아두세요.

자동차가 네 운전 패턴을 인식한다고?
The car recognizes your driving pattern?

동영상 037

▶ 표 현   recognize: 인식하다

누군가의 얼굴을 알아볼 때 I recognized him.(나 걔 알아봤어.) 이렇게 말할 수 있죠. QR코드를 찍어 자세한 내용을 확인해 보세요. notice, realize와의 차이점도 자세하게 설명해 도움이 될 거예요.

응, 내가 필요한 물품을 추천해 주기도 하고, 센서만 설치하면 TV랑 전등도 자동으로 켤 수 있더라.
Yes, it recommends me products that I need, and by installing sensors it can automatically turn on the TV and lights.

▶ 표 현   recommend: 추천하다

recommend는 이렇게 사람이 주어가 되지 않아도 사용 가능해요. recommend를 강조할 때 highly나 strongly를 써서 highly recommend / strongly recommend라는 표현도 종종 씁니다.

I recommend this french fries. It's amazing.
(호프집 직원이) 이 감자 튀김 추천해요. 짱이에요.

세상 정말 편해졌어, 그렇지?
The world has become ever so convenient, right?

▶ 표 현   so vs. ever so: 정말, 아주

위의 문장에선 '정말, 아주 편리한'의 의미로 so convenient, really convenient, very convenient 식으로 해도 좋아요. 그렇지만 ever so 표현도 알려드리고 싶어요. ever so는 강조하기 위해 쓰는데, 원어민들이 많이 쓰는 표현으로 ever so grateful이 있습니다. grateful이 '고마워하는'인데, 상대방에게 정말 너무 고마울 때, I'm ever so grateful.이라고 할 수 있어요. 특히 I'm grateful. We're grateful.은 고마움을 표현하는 카드나 편지글에 사용합니다.

어쩌면 언젠가 인공지능이 우리를 지배할 수도 있지 않을까 싶어.

Maybe artificial intelligence could possibly reign over us one day.

▶ 패턴

could possibly 동사원형: 아마도 ~일 것 같은데

could possibly와 관련해서 What could possibly go wrong?이란 표현도 종종 등장하는데, "뭐 잘못되기야 하겠어?" 정도의 느낌이에요. 이 말을 하고서 실제로 결과가 잘못될 경우에 많이 씁니다. 소설이나 영화 같은 데서 많이 보거나 들을 수 있어요. 예를 들어, 어떤 영화에서 배우가 세상에서 가장 무섭다는 롤러코스터를 타면서 What could possibly go wrong?이라고 했는데, 사고가 나거나 기절하거나 하는 안 좋은 일이 발생한다든지 하는 걸 생각해 볼 수 있겠죠. 그러니까 한 마디로 말해, 믿지 못하는 상황을 말할 때 사용한다고 생각하시면 됩니다. 여기서는 평서문으로 쓰였지만, 주로 의문문으로 쓰인다는 것도 참고로 알아두세요.

What could possibly go wrong?
잘못되기야 하겠어? (잘못될 가능성은 없어)

Who could possibly do such a thing?
그런 걸 도대체 누가 하겠냐? (그런 걸 할 사람은 없지. 있으면 정말 쓰레기지.)

UNIT

10 유난히 회화를 타는 패턴

BOTOX

~하고 싶냐?

너 꼭 ~해야 한다

~는 어때?

나 ~할 계획이야

~하고 싶냐?　　Wanna 동사원형 ~?

원래 물어보는 문장을 말할 때 Do you ~?, Are you ~? 이렇게 하는 것이 정석이지만 실제 대화에서 원어민들은 Do나 Do you, Are을 빼고 말하는 경우가 많아요. 심지어 Do you want to ~?는 Do you를 빼고 want to를 wanna(워너)라고 발음하는 경우도 있어요. 물론 의문문이기 때문에 끝을 올려서 말해야 하고요, 격식을 갖춰야 하는 글에서는 이렇게 쓰면 안 됩니다.

비밀을 알고 싶니?

Wanna know the secret?

PATTERN DRILL

Wanna

+ **go there?** 거기 가고 싶어?

+ **take a break?** 쉬고 싶어?

+ **go out for dinner?** 저녁 외식하고 싶어?

+ **become faster than now?**
지금보다 더 빨라지고 싶어?

+ **find out if I'm just kidding?**
내가 그냥 농담하는 건지 알고 싶어?

+ **get something to eat?**
먹을 것 좀 사고 싶어?

A I heard that place serves great food. Want to go there?

B Let me check my schedule. Yeah. Let's go.

A 거기 음식이 아주 잘 나온다고 들었어. 거기 가고 싶니?

B 일정 좀 확인해 보고. 그래. 가자.

MP3-058

너 꼭 ~해야 한다
You gotta (= You've gotta = You have to) 동사원형

You have to를 말할 때 종종 You gotta라고도 하고, You've gotta라고도 하죠. 가장 편하게 말하는 대화체예요. 하지만 글을 쓸 때는 have to로 적어야 합니다. 강제의 의미가 많이 들어간, 꼭 해야 한다는 뜻이에요.

너 아무한테도 말 안 하겠다고 약속해야 해.
You gotta promise you won't tell anyone.

PATTERN DRILL

You gotta	
+	**be honest with me.** 너 나한테 솔직해야 해.
+	**fire him.** 너 그 사람 해고해야 해.
+	**talk to your mother about this.** 너 너희 어머니께 이거 말씀드려야 해.
+	**give me another chance.** 너 나한테 다른 기회를 줘야 해.
+	**calm down.** 너 진정해야 해.
+	**teach me how to control mind.** 너 나한테 마음 다스리는 법 가르쳐 줘야 해.

A I did something stupid this morning.

B You gotta tell me about it.

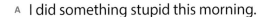

A 나 오늘 아침에 멍청한 짓 했다.
B 나한테 말해 줘야 한다.

MP3-059

139

어떤 것의 상태를 물어볼 때

~는 어때?   What's it like ~?

날씨를 물어볼 때 How is the weather?라고도 하지만 What's the weather like?라고도 하잖아요. What ~ like 는 간단히 말해 How의 뜻이에요. What's it like ~?에서 it은 ~ 자리에 오는 걸 받아요. What과 like 사이에 오는 표현이 너무 긴 걸 원어민들은 싫어해서 문장 뒤로 보낸답니다. 그래서 What's it like ~?처럼 표현합니다. 물론 What's it like?라고 단독으로 사용하면 it은 앞서 언급된 것에 대해 "그거 어떤데?" 정도의 의미가 되죠. 그때는 What's that like?라고도 많이 말해요.

그거 어때?
What's it like?

PATTERN DRILL

What's it like

+ **living in the States?** 미국에서 사는 건 어때?

+ **dating one of the hottest girls in the world?** 세계에서 가장 섹시한 여자 중 하나랑 데이트하는 건 어때?

+ **taking off your shoes and walking barefoot?** 신발 벗고 맨발로 걷는 건 어때?

+ **working for Google?** 구글에서 일하는 건 어때?

+ **when you see one of your books come to life in a film?** 네 책 중 하나가 영화로 나오는 걸 볼 때 어때?

+ **to be the most handsome guy on the planet?** 지구상에서 가장 잘생긴 사람으로 있는 건 어때?

A Hey, bro! What's it like placing first in this contest?

B First, I can't even believe I won the contest. I'm just beyond words right now.

A 어이, 친구! 콘테스트에서 1등한 거 어때?
B 우선, 내가 1등한 게 믿기지가 않아. 지금 당장 말로 표현을 못하겠어.

MP3-060

PATTERN 052 나의 계획을 말할 때

나 ~할 계획이야　I'm planning to 동사원형

I'm planning to는 I'm going to와 비슷하지만 확실성은 조금 떨어지는 느낌이에요. 예약을 잡거나 한 상황에서는 좀 더 확실한 I'm going to나 현재 진행시제를 쓰면 좋아요. 하나 더, 현재 원하긴 하지만 그냥 생각만 하고 있을 때가 있잖아요. 이때는 I'm thinking about을 쓰면 됩니다. 참고로, I'm planning on 다음에는 명사가 나온다는 것, 알아두세요.

나 내일 시술 받으러 갈 거야.

I'm planning to get a shot tomorrow.

PATTERN DRILL

I'm planning to	+ go on a business trip to India next month. 나 다음 달에 인도로 출장 갈 예정이야.
	+ propose to my girlfriend. 나 여자친구한테 청혼할 거야.
	+ get some rest once I'm done with this project. 일단 이 프로젝트 끝내고 나면 좀 쉴 거야.
	+ throw a big party for my father for his 70th birthday. 우리 아빠 이번 70번째 생신 때는 크게 파티를 할 거야.
	+ get my degree abroad. 나 외국에서 학위 받을 거야.
	+ go back to my hometown to help my parents. 부모님 도와드리러 고향으로 돌아갈 거야.

A What are you planning to do this summer?

B I'm planning to apply for an internship at Google.

A 이번 여름에 뭐 할 거야?
B 구글 인턴십에 지원할 거야.

MP3-061

비밀을 알고 싶니?

영어로 어떻게 말하지?

 HOW CAN I SAY IN ENGLISH?

나   아, 짜증나! 내 이마의 이 주름살 좀 봐 봐.
    나 아직 30살도 안 됐는데!

너   하하… 내 이마를 봐라! 어때?

나   정말 매끈하네. 부럽다!

너   비밀을 알고 싶니?

나   비밀? 무슨 비밀이 있어?

너   있지. 그렇지만 너 아무한테도 말 안 한다고
    약속해.

나   당연하지. 나 믿어. 뭔데?

너   나 3년 전에 보톡스 맞기 시작했어.

나   뭐? 보톡스? 정말? 어때? 그게, 나도 생각은
    했는데 너무 무서워서. 그거 어때? 아파?

너   하나도 안 무서워. 별로 아프지도 않고.
    우리 나이 대도 그거 하는 사람 엄청 많아.

나   모르겠다. 그래도 수술로 젊게 보인다는 게
    난 좀 그래.

너   뭐, 자연스럽게 늙는 것도 좋지만,
    요즘은 외모가 엄청 중요하잖아.
    연예인들도 다 하고. 심지어 보톡스보다
    더한 것도 하는데 뭐!

나   네 말 듣고 보니 일리가 있네.

너   나 사실 내일 보톡스 맞으러 가는데,
    너도 같이 갈래?

나   어, 내일? 그래, 갈게. 그럼 나도 한번
    맞아 볼까나.

SAY IT ENGLISH!

MP3-062

Me	Oh my god! Look at these wrinkles on my forehead! I'm not even 30!
You	Haha. What about my forehead? What do you think?
Me	It's so smooth. I'm jealous!
You	**Wanna** know the secret?
Me	Secret? Is there a secret?
You	Yeah, but **you gotta** promise you won't tell anyone.
Me	Of course. You can trust me. What is it?
You	I started getting Botox 3 years ago.
Me	What? Botox? Really? How is it? I mean, I've thought about it but I'm also super scared. **What's it like**? Does it hurt?
You	It's not scary at all! It's not even painful. There are tons of people our age who do it.
Me	I don't know. I'm still weirded out by surgery to look young.
You	Well, I mean, it's beautiful to grow old naturally but how you look is really important. Every celebrity does it. And they do way more than Botox!
Me	You got a point there.
You	**I'm** actually **planning to** get a shot tomorrow. You want to come along?
Me	Oh, tomorrow? Sure, I'll come along. Maybe I'll get something done.

143

아, 짜증나! 내 이마의 이 주름살 좀
봐 봐. 나 아직 30살도 안 됐는데!

Oh my god! Look at these wrinkles on my forehead! I'm not even 30!

동영상 038

▶ 표현

1. 영어의 감탄사

영어의 감탄사는 너무 많아서 사실 지면으로 설명하기가 쉽지 않아요. 그래서 제가 추가하는 영상을 함께 보면서 공부하는 것 잊지 마세요! Oh My God! 의 앞 글자만 따서 간단하게 OMG. 라고도 말해요. 이 외에 Oh my! Oh my gosh!, 아주 간단히 God! Gosh! 라고도 하죠. Gee, Geez, Damn, Darn도 역시 "제길", "우씨" 정도의 느낌으로 많이 쓰는 표현이랍니다.

2. not even: 전혀 ~ 않다, ~조차도 아니다

이걸 예문 없이 뜻만 외우는 건 바보 같은 공부법이에요. 예문 두 개 정도면 어떨 때 쓰는지 확실히 다 가옵니다.

(친구가 평소와 달리 너무 많이 먹는 상황)
A: Aren't you full? 너 배부르지 않니?
B: Not even close. 전혀 아냐. (간에 기별도 안 갔어.)

A: Son! You're not even trying.
아들! 넌 정말 노력조차도 안 하는구나!
B: I'm trying! 노력하는 중이에요!

하하… 내 이마를 봐라! 어때?

Haha. What about my forehead? What do you think?

▶ 표현

1. What about ~? : ~는 어때?

많은 한국 학생들이 What about과 How about 이 두 개가 똑같다고 알고 있는데, 항상 그렇지는 않아요. 이번에 확실히 알아두세요.

How about ~?은 '~는 어때?'로 제안(suggestion), 충고(advice), 추천(recommendation)할 때 써요.

How about working as a freelancer?
프리랜서로 일해 보는 건 어때?

What about ~?은 제안보다는 '~은 어떡하고?' 정도의 있음직한 문제를 상대방에게 제기할 때 많이 사용해요.

(엄마는 집에서 공부하라는데 친구랑 만나기로 약속된 상황)
Mom! What about the meeting with my friend? 친구랑 만나기로 한 건 어떡하고요?

하지만 상대방의 행동이나 감정을 물어볼 때는 What about you? How about you? 모두 사용할 수 있어요. 시험을 망친 것 같은데 친구는 어떤지 궁금할 때 '넌 어때?'의 의미로 How about you? What about you? 모두 사용할 수 있죠. 여기서도 지금 서로 주름살에 관해 이야기하니까 How about my forehead? What about my forehead? 모두 사용 가능해요.

2. What do you think? 어떻게 생각해?

'어떻게'를 How로 생각해서 How do you think ~? 하면 원어민 귀에 굉장히 어색하게 들려요. How 대신 What을 써야 합니다. 하지만 How do you feel about ~?으로 하는 건 괜찮아요. 그래서 "어떻게 생각해?"는 What do you think about ~?으로 기억해 주세요.

정말 매끈하네. 부럽다!

It's so smooth. I'm jealous!

▶ 표현   jealous: 부러운, 질투하는

정확하게 따져서 I envy you.는 내가 갖고 있지 않은 걸 갖고 있어서 네가 부럽다는 뜻이에요. 나보다 키가 큰 사람, 잘생긴 사람, 돈 많은 사람, 좋은 직장이나 학교에 다니는 사람을 우리는 부러워하죠(envy). 그게 정확한 표현이지만 실제 미국인들은 이 envy를 써야 하는 상황에서도 jealous를 쓰기 때문에 그냥 부럽고, 질투 나는 상황은 jealous로 가면 됩니다. 참고로 jealous를 jelly라고도 해서 "I'm so jelly." 표현도 가능합니다.

혹시 비밀을 알고 싶니?

Wanna know the secret?

▶ 패 턴
Wanna 동사원형 ~?: ～하고 싶니?

있지. 그렇지만 아무한테도 말
안 한다고 약속해.

Yeah… but you gotta promise you won't tell anyone.

동영상 039

▶ 패 턴
You gotta (= You've gotta = You have to)
동사원형 ~: 꼭 ～해야 한다

다음 문장을 봐 주세요. You gotta be kidding me! '너 장난하는 거지?'의 의미예요. must가 추측의 의미로 쓰이는 것처럼 gotta가 '～해야 한다'의 의미보다 추측의 뜻이 되어 '너 장난하는 거 맞지? 말도 안 돼. 이럴 리가 없어' 정도의 느낌인 거죠. 참고로 It can't be true. 표현도 있는데, Can't be는 '～일 리가 없어'로 It can't be true.는 '그거 사실일 리가 없어.'의 뜻입니다.

▶ 표 현   영어의 '약속'을 나타내는 말

한국말로 약속은 친구와의 약속, 저녁 약속 같은 것부터 아주 중요한 미팅 약속까지를 다 포함합니다. 하지만 영어는 아래처럼 다르게 쓰인답니다.

> **promise**: 명사로는 꼭 지켜야 하는 '약속'
> 동사로는 반드시 지켜야 하는 뜻의 '약속하다'
>
> **plan**: 친구와 만남 약속(plan을 단수로 쓰면 '계획'의 느낌이라 복수로 쓰는 걸 추천합니다. e.g. I have plans. 나 약속 있어.)
>
> **appointment**: 병원 의사와의 약속, 상담 예약, 고객과의 만남 약속
>
> **(prior) plans = prior/previous engagement**: 선약(formal한 느낌이며, 보통 plans라고 하면 OK)
>
> **meeting**: 회사나 일로 만나 논의하는 만남

I promise to help you after I'm done with this. 내가 이거 끝내고 너 정말 도와준다니까. 약속!

I'd like to make an appointment with Dr. Kim at 11 a.m. tomorrow. 내일 오전 11시에 김 박사님으로 예약하고 싶어요.

A: You wanna go see a movie tomorrow? 내일 영화 보러 갈래?
B: I've already made plans for dinner. 나 이미 저녁 선약이 있어.

▶ 발 음   won't vs. want vs. weren't

won't는 [우오운ㅌ] 정도에서 '오' 부분을 좀 강하게 발음해 주시면 됩니다. 영상을 보면서 비슷한 발음을 비교해 보세요.

나 3년 전에 보톡스 맞기 시작했어.

I started getting Botox 3 years ago.

▶ 발 음   Botox: 보톡스

[보톡스]가 아닙니다. Bo에 강세를 주어 [보우탁ㅆ] 느낌으로 발음하세요.

그게, 나도 생각은 했는데 너무 무서워서.

I mean, I've thought about it but I'm also super scared.

동영상 040

▶ 표 현

1. I mean

I mean은 영어만의 느낌이 있어서 한국말로 이게 딱 뭐라고 말할 만한 게 없어요. 대화 중간에 말 안 하고 멍하니 있으면 그러니까 원어민들이 공간을 채울 때 쓰는 말 가운데 하나로, 이런 말들을 filler words라고 합니다. 사실 filler words는 대화할 때 매우 유용하게 쓰이고, 적당히 사용하면 대화를 자연스럽게 하는 윤활유 역할을 하죠. 이 문장에서의 I mean은 '있잖아, 그게 말이야' 정도가 전체 문맥에서 가장 맞을 것 같습니다. 이 부분은 유튜브에 정리를 해 놓았으니 한번 보면서 확실히 해주세요.

2. super

super는 형용사나 명사 앞에 놓여 강조의 의미로 쓰입니다. 그냥 I'm scared. 라고 할 수도 있지만 super를 쓰면 무서워한다는 걸 더 강조할 수 있죠.

I'm super excited.
(첫 데이트를 앞두고 흥분될 때) 나 완전 흥분돼.

He's super rich. 그 사람 완전 부자야.

그거 어때? 아파?

What's it like? Does it hurt?

▶ 패 턴

What's+주어+like?: ~는 어때?

What's it like ~?: ~하는 건 어때?

A: What's your new house like?
너 새로 이사 간 집은 어때?

B: Not bad. It's specious and modern.
나쁘지 않아. 넓고, 현대식이야.

A: What's your new teacher like?
새로 오신 너희 선생님은 어때?

B: He's awesome! But, he's quite strict.
정말 최고야! 근데 꽤 엄하셔.

A: Have you tried that restaurant? What's it like? 너 그 음식점에서 음식 먹어 봤어? 어때?

B: Terrible. I've never had such a disgusting food.
최악이야. 그렇게 맛없는 음식은 먹어 본 적이 없어.

하나도 안 무서워. 별로 아프지도 않고. 우리 나이 대도 그거 하는 사람 엄청 많아.

It's not scary at all! It's not even painful. There are tons of people our age who do it.

▶ 표 현

1. tons of = a lot of

사실 전 강의할 때 학생들에게 그냥 '많은'은 a lot of를 쓰라고 해요. 단, 상대방이 a ton of, tons of, a load of, loads of, a host of, a bunch of 표현도 사용할 수 있으니까 알아들을 수 있게 알고 있으라고는 합니다. 스피킹은 자신이 좋아하는 표현을 모아 바로 튀어나오게 연습하는 게 더 효율적이에요.

2. my age, our age

이 표현은 '내 또래, 우리 나이대'의 뜻이에요. 그러니까 '네 또래'는 your age겠죠. 그래서 상대방에게 "나이 값 좀 해!"라고 할 때는 Act your age! 라고 말합니다. 그냥 "Grow up!" 이렇게 해도 비슷한 느낌이 전달됩니다.

A: How old are you, Erin? Erin 씨, 몇 살이에요?

B: I'm 32. 32살이에요.

A: Oh! You're my age! (= You're the same age.) 오, 제 또래네요.

모르겠다. 그래도 수술로 젊게 보인다는 게 난 좀 그래.

I don't know. I'm still weirded out by surgery to look young.

▶ 표 현

be weirded out: 너무 이상해서 불편해지다

weird는 '이상한'의 뜻이에요. 아무리 취향이라지만 맨날 똑같이 노란색 옷만 입는 애를 보면 좀 이상하잖아요. 그때 He's weird.라고 할 수 있어요. 그런데 여기선 weirded out이란 표현을 썼는데요. weird

@ out은 '너무 이상해서 @을 불편하게 만들다'는 뜻이에요. 그래서 be weirded out은 '불편해지다'가 되는 거죠.

He totally weirds me out.
그 사람, 정말 날 불편하게 해요.

I was weirded out by the way he behaved.
난 그 애가 하는 행동으로 참 불편해졌어.

물론 이런 뜻으로 weirded out만 쓸 필요는 전혀 없어요. 아래처럼 쉽게 쓸 수도 있죠. 단, 원어민들이 실제 대화해서 종종 사용하는 표현까지 알려주고자 하는 목적 때문에 이런 것들을 넣는 거랍니다.

I don't know. I'm still worried about surgery to make people look too young.
모르겠다. 너무 동안으로 보이게 하는 수술은 그래도 좀 염려스럽네.

뭐, 자연스럽게 늙는 것도 좋지만, 요즘은 외모가 엄청 중요하잖아.

Well, I mean, it's beautiful to grow old naturally but how you look is really important.

▶ 표현

1. well

well이 문장 앞에 뜬금없이 나오면, 한국어로 '어 그게 말이야' 정도의 느낌이에요. 학생들하고 스피킹 해 보면 많은 학생들이 맨 처음에 "어…" 심지어는 한국어로 "그…" 아니면 How can I say?라고 하는데요, 앞으로는 Well이라고 말하면 어떨까요?

2. how you look: 외모

how you look을 어떻게 해석할지 많이들 당황해 하는데, 간단히 말해 '외모'입니다. 외모는 '이것' 외에 looks, appearance, the way you look도 사용할 수 있어요. 참고로 looks는 주로 얼굴 생김새를 말하고, appearance는 외모 포함 머리 스타일, 옷 입는 스타일, 몸매 등 전체적으로 말할 때 씁니다.

연예인들도 다 하고, 심지어 보톡스보다 더한 것도 하는데 뭐!

Every celebrity does it. And they do way more than Botox!

▶ 표현

1. celebrity: 연예인

celebrity는 주로 유명 연예인을 말할 때 쓰지만, 트럼프, 오바마 같은 유명 정치가, 스포츠 스타를 다 아우릅니다. 간단하게 celeb이라고도 해요.

2. way

way는 특히 비교급 앞에서 강조할 때 많이 씁니다.

I'm way better than you. 내가 너보다 훨씬 나아.
He's way taller than her. 그가 그녀보다 훨씬 더 커.

네 말 듣고 보니 일리가 있네.

You got a point there.

▶ 표현   You got a point there. 일리가 있다

"일리가 있네."는 That makes sense. 라고도 해요. 이렇게 말하는 건 상대방 말에 설득당한 거잖아요. 그래서 동사 sell과 buy를 이용해 표현할 수도 있답니다. sell이 '팔다' 외에 '자기 의견으로 상대방을 설득하다'의 뜻도 있거든요. buy 역시 마찬가지로 상대의 의견이 그럴 듯하다고 믿을 때 사용할 수 있지요. 예를 들어, 차 세일즈맨(car dealer)이 설명을 잘 해서 차를 사기로 하면 I'm sold.라고 할 수 있어요. 그런데, 그걸 넘어서서 말도 안 되게 포장해서 설명하면 I don't buy that.(음, 못 믿겠는데요.)라고 말할 수 있는 겁니다.

나 사실 내일 보톡스 맞으러 가는데 너도 같이 갈래?

I'm actually planning to get a shot tomorrow. You want to come along?

▶ 패 턴
I'm planning to 동사원형: ~할 계획이다

▶ 표 현 　come along: 같이 가다

많이 쓰이는 영어 문장을 보면 along의 활용을 바로 이해할 겁니다.

Come along with me.
나랑 같이하자! (along with ~ : ~와 함께)

I'm walking along the beach. 해변가를 걷고 있어.
(이때 along은 '~을 따라서 쭉'의 뜻이에요. along the road, along the river, along the stream…)

Do you think he's been lying to me all along? 너 걔가 처음부터 나한테 쭉 거짓말했다고 생각해? (all along: 처음부터 쭉)

I'm getting along with my girlfriend. 나 내 여친과 죽이 잘 맞아. (get along: 잘 지내다, 죽이 잘 맞다)

어? 내일? 그래, 갈게. 그럼 나도 한번 맞아 볼까나.

Oh, tomorrow? Sure, I'll come along. Maybe I'll get something done.

▶ 표 현 　Maybe

원어민들은 자신의 의견을 확실하게 나타내지 않고 음… 그럴 수도 있다는 식으로 말할 때 문장 앞에 Maybe라고 던지고 말을 하는 경우가 많습니다.

A: Are you coming tomorrow?
너 내일 올 거야?

B: Maybe I can make it. 아마도 갈 수 있을 거야.

영어의 기초는
어떻게 잡을까요?

영어 스피킹을 늘리기 위해서 제가 가장 강조하는 건 기초입니다. 사실 스피킹을 하기 위한 기초는 그렇게 복잡하지 않습니다. 공부하는 데도 시간이 많이 걸리지 않고요. 그래서 저는 〈Grammar in Use〉를 기초 문법 다지기 용으로 추천합니다. 문법책은 이 책만 보세요. 문법은 책 한 권을 선택해서 한 번 읽고 자신이 부족한 부분만을 찾아 반복하는 것이 훨씬 더 유용합니다.

문법이 중요하냐, 중요하지 않느냐 이 문제는 영어를 잘하는 사람들 사이에서도 의견이 갈리는 것 같습니다만, 저는 청소년기를 지나서 영어를 공부하는 상황이라면 (아마 이 책을 읽는 분들 거의가 여기에 속하겠죠) 문법 공부를 추천하는 편입니다. 단!! 여러 권을 사서 또 보고 또 보고 하는 게 아니라, 한 권을 선택해서 빠르게 집중하여 한 번 읽으라는 것입니다. 직장 때문에 바쁘고, 학교 때문에 바쁘고 하겠지만, 아직까지 기초가 부족하거나 문장을 만들 때 머리가 하얘진다면 일단 1~2달 정도는 다른 것보다 일단 영어의 구조를 다진다는 생각으로 문법책(Grammar in Use)을 1~2회 정독하는 걸 추천합니다. 문법을 지나치게 강조하는 우리나라 영어 교육에 문제는 분명 있습니다. 하지만 문법 지식 없이 그냥 계속 듣고, 읽고 해서 자연스럽게 터득한다는 건 가능은 하지만 비효율적인 방법이라고 생각해요. 효율성을 위해서 일단 문법은 공부해야 한다는 것에 손을 들어주고 싶어요. 제가 말하는 건 동명사 용법, To부정사 용법, 이런 용법이 아니에요. 그래서 원서인 〈Grammar in Use〉 같은 교재를 추천하는 거고요.

일단 기초 문법이 잡히면 역설적이긴 한데 그 이후에는 문법을 놓아주세요. 사실 우리가 한국말을 할 때 문법을 생각하고 한국말을 하지는 않잖아요. 원어민들도 문법을 생각하고 영어를 하지 않아요. 사실 저도 문법을 생각하고 영어를 말하지 않고요. 그렇게 한다면 제가 영어로 유창하게 말할 수 없을 거예요. 왜냐? 말의 내용에 집중해야 하는데, '주어가 나왔으니 동사, 그 다음에는 목적어, 여기서는 something이 나왔으니 형용사는 뒤에서 꾸며야지' 이런 생각을 할 수 없잖아요. 그래서 문법은 일단 알고는 있어야 하지만, 말할 때는 버리려고 해야 해요. 그러면 이게 어떻게 가능하나? 사실 이 부분은 반복과 노력, 그리고 스스로 문장을 만드는 연습을 계속 할 수밖에 없어요. 계속 하다 보면 신기하게도 문법을 생각 안하고 영어로 말이 만들어지는 게 빨라질 거예요. 사실 패턴 문장들도 보면 다 기본적인 문법에 기반을 둔 것들이 많죠. 원어민이 사용하는 문장도 결국 분석해 보면 문법 뼈대에 살(단어, 표현)들이 붙여진 거고요. 시중에서 몇 개월 만에 원어민처럼 말할 수 있다는 것은 정말 그냥 개뻥이니까 믿지 마세요. 그 사람들, 분석해 보면 거의 6개월에서 1년 동안 잠자는 시간 빼고는 영어를 계속 듣고, 쓰고, 말하고 한 친구들이에요. 결국 그 사람들도 제가 언급했던 연습을 상당히 하고서 결과를 얻은 거죠. 솔직히 하루에 한 두 시간 연습, 심지어 주말에만 연습하고 영어가 안 는다고 하는 분들은 욕심쟁이에요. 노력 없이 얻어지는 결과는 없다고 전 생각합니다. 자신이 언어에 천재적인 감각이 없는 이상, 정말 노력뿐입니다. 물론 효율적인 방법으로 집중적으로 노력해야 하겠지만요.

WORKOUT

~니까 말인데

너 ~ 같아

~하는 건 어때?

내가 ~는 잘 못해

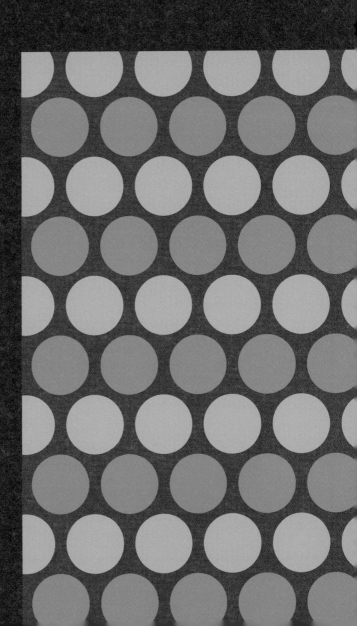

상대방이 한 말이 계기가 되어 어떤 걸 이어 갈 때

~하니까, ~니까 말인데   **Now that** 주어+동사

Because와의 차이점은, Now that은 그 동안 열심히 해서 이제 비로소 ~했으니 정도의 느낌이 있어요. 예를 들면, You should be a translator because you know English so well.과 Now that you know English so well, you should be a translator.에서 전자는 네가 영어를 잘하는 것만 보여주지만, 후자는 네 영어가 별로였지만, 노력해서 이제는 잘하니까의 느낌을 보여준다고 생각하면 됩니다.

네가 말했으니까 말인데 너 한 10키로 찐 것 같아.

Now that you mention it, you look like you put on 10 kilograms.

PATTERN DRILL

Now that

+ **I got a pretty decent job, I think I can start saving some money.**
내가 꽤 괜찮은 직장을 구했으니까 돈을 좀 모을 수 있을 것 같아.

+ **you know you want to be a doctor, you gotta start to study really hard.**
네가 의사가 되고 싶어 하니까 진짜 열심히 공부하기 시작해야 해.

+ **I have a kid, I should start making even more money than before.**
아이가 있으니까 전보다 훨씬 더 돈 많이 벌기 시작해야 해.

+ **we have some time to talk, I just want you to know I really care about you.** 우리가 얘기할 시간이 좀 있어서 말인데 내가 널 진짜 걱정하고 아낀다는 걸 네가 알아주면 좋겠어.

A   Now that I know she wants to go out with me, I will just give her a call to ask her out on a date.

B   That sounds great. Just do it!

    A 그 여자애가 나랑 사귀고 싶어 하는 거 내가 아니까 걔한테 전화해 데이트 신청해야겠어.

    B 좋아어. 그냥 그렇게 해.

MP3-063

너 ~ 같아   You look like (동)명사/주어+동사

지금 눈앞에 있는 상대방의 상태를 보고 얘기하는 거예요. look을 쓰면 단정지어 말하는 느낌을 주지 않기에 원어민들이 밥 먹듯 사용하는 패턴입니다. like가 왔다고 명사나 동명사만 쓰지는 않아요. 뒤에 문장이 오는 경우로도 엄청 많이 쓰입니다. 물론 You look tired.처럼 형용사가 바로 오면 like를 넣을 필요가 없겠죠.

너 한 10키로 찐 것 같아.

You look like you put on 10 kilograms.

PATTERN DRILL

You look like

+ **you're ready to have a great time.**
즐거운 시간 보낼 준비 다 된 것 같아.

+ **you've been super busy.** 너 진짜 바쁜 것 같다.

+ **you haven't even aged at all.**
넌 하나도 나이 안 먹은 것 같아.

+ **you've been working the whole day.**
너 하루 종일 일하고 있는 것 같다.

+ **you know what you're doing.**
네가 뭘 하고 있는지 너도 아는 것 같은데.

+ **you're getting excited.**
너 매우 신나 보여.

A You look like you're getting scared. What's going on?

B Actually, I have a job interview with Google, for my dream job.

A 너 겁먹고 있는 것 같아. 무슨 일이야?

B 사실, 내 꿈의 직장인 구글 입사 면접이 있거든.

MP3-064

~하는 건 어때?, ~해 봐
Why don't you (we) 동사원형 ~?

Why don't you를 쓸 때와 Why don't we를 쓸 때가 느낌이 살짝 달라요. 상대방에게 (너 혼자) ~하는 게 어떠냐고 말할 때는 Why don't you ~?를 쓰고요, 같이 하자고 권유할 때는 Why don't we ~?를 쓰면 돼요. 이 외에 How about ~?을 사용해도 같은 의미를 전달하죠.

운동 시작해 봐.
Why don't you start working out?

PATTERN DRILL

Why don't you	+	**get some sleep?** 잠을 좀 자 봐.
	+	**take a semester off to study English?** 영어 공부하게 한 학기 휴학해 봐.
	+	**relax and take a deep breath?** 마음을 편하게 하고 심호흡을 해 봐.
	+	**sit down and enjoy the meal?** 앉아서 밥 맛있게 먹어 봐.
	+	**take some notes so you can review later?** 나중에 복습할 수 있게 노트 필기를 해 봐.
	+	**stay here with me until you find your apartment?** 아파트 구할 때까지 나랑 여기서 지내면 어때?

A Why don't you get some rest? You look really tired.

B I wish I could but I have an essay due tomorrow.

MP3-065

A 좀 쉬는 게 어때? 너 진짜 피곤해 보여.
B 나도 그러고 싶지만 내일까지 내야 할 에세이가 있어.

내가 ~는 잘 못해   I'm bad at (= I'm not good at)

bad 대신 good를 쓰면 잘하는 걸 말합니다. at 뒤에는 과목이나 운동처럼 잘하는 것이 오고요, 명사나 동사 ing의 형태가 옵니다. bad 대신 poor를 써도 되지만 실제로 많이 사용하진 않아요. 원어민들이 ~을 잘 못한다고 할 때는 I'm not good at ~, I'm not good with ~로 더 많이 사용합니다.

내가 끈기 있게 하는 걸 잘 못해.

I'm bad at being consistent.

PATTERN DRILL

I'm bad at	+	**relationships.** 내가 인간관계를 맺고 유지하는 걸 잘 못해.
	+	**planning my future.** 내가 미래 계획 세우는 걸 잘 못해.
	+	**multitasking.** 내가 멀티태스킹을 잘 못해.
	+	**telling jokes.** 내가 농담을 잘 못해.
	+	**remembering people's names.** 내가 사람들 이름을 잘 기억 못해.
	+	**technology.** 내가 기술 방면 이런 걸 잘 못해.

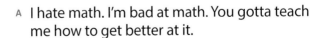

A I hate math. I'm bad at math. You gotta teach me how to get better at it.

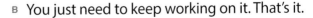

B You just need to keep working on it. That's it.

A 난 수학 싫어. 수학을 잘 못하거든. 수학 잘하게 되는 법 좀 가르쳐 줘야 한다.
B 그냥 계속 하는 수밖에 없어. 그게 다야.

MP3-066

너 한 10키로 찐 것 같아.

영어로 어떻게 말하지?

 HOW CAN I SAY IN ENGLISH?

나   이런! 나 좀 봐. 나 살 너무 많이 쪘어.

너   그러고 보니, 너 한 10키로 정도 찐 것 같다.

나   야! 놀리지 마. 그렇잖아도 그것 때문에
    정말 스트레스 받는다고.

너   운동 시작해 봐. 요즘 너 직장에서도 일찍
    나오잖아.

나   그래. 정말 그래야 할 것 같아. 근데 내가
    꾸준히 하는 걸 잘 못해서.

너   나도 알아. 몇 시간씩 러닝머신에서 뛰거나
    웨이트하는 게 그렇게 재미있지는 않지.

나   뭐 좋은 아이디어 없나?

너   어, 최근에 오픈한 실내 탁구장이 근처에
    있더라. 한번 가 볼까?

나   그래! 너 시간 있어?

너   어. 다행히 오늘 일 쉬는 날이야.
    가서 한번 체크해 보자고.

SAY IT ENGLISH!

MP3-067

Me	Oh my god! Look at me. I've gained so much weight!
You	**Now that** you mention it, **you look like** you put on 10 kilograms.
Me	Yo, stop making fun of me. I'm pretty stressed out about it.
You	Well, **why don't you** start working out? You've been getting off work early these days.
Me	Yeah, I really should. **I'm** just **bad at** being consistent.
You	I know. It's not that exciting going to run on a treadmill or lift weights for hours.
Me	Do you have any other suggestions?
You	Yeah… There's an indoor table tennis court nearby that recently opened up. Do you want to go and check it out?
Me	Yeah! Do you have time?
You	Yeah man! Luckily, I'm off today. Let's go check it out.

157

이런! 나 좀 봐. 나 살 너무 많이 쪘어.

Oh my god! Look at me. I've gained so much weight!

▶ 표현

gain weight: 살이 찌다(= put on weight)

정말 많이 사용하는 표현이죠. 여기서 '나 살이 좀 쪘어.'처럼 '좀'이라고 하고 싶으면 gain some weight나 gain a little bit of weight처럼 some이나 a little bit of를 넣으면 됩니다. 그런데 이 표현을 쓸 때 I've gained my weight.라고 하는 분들이 있어요. my weight로는 사용하지 않으니 주의하세요. 그럼 '살이 좀 빠지다'는 뭘까요? lose weight를 써서 I've lost some weight. I've lost a little bit of weight.라고 하면 됩니다.

살이 빠지면 날씬해지죠? 그때는 slim이란 표현을 사용하면 상대방이 좋아할 거예요. 참고로, 친구 사이에도 fat(뚱뚱한), overweight(과체중의), chubby(통통한) 같은 표현은 사용하지 마세요. curvaceous, curvy, voluptuous를 사용해 '글래머스러운' 매력이 있다고 말하면 좋아요. 참고로, 마른 사람에게 skinny(삐쩍 마른), bony(뼈만 남은) 같은 표현은 금물. 그냥 slim이 가장 적합해요.

그리고 보니, 너 한 10키로 정도 찐 것 같다.

Now that you mention it, you look like you put on 10 kilograms.

▶ 패턴

Now that 주어+동사 ~: ~하니까
　　　　　　　　　　　~니까 말인데

▶ 패턴

look like (동)명사/주어+동사: ~해 보이다
　　　　　　　　　　　　　~처럼 보이다

▶ 표현　Now that you mention it

이건 상대방이 하는 어떤 말을 듣고 갑자기 깨달은 것이나 인지한 것이 있을 때 사용하는 표현이에요. 모르고 있다가, 상대방이 살쪘다고 말하니까 그때서야 생각이 나서 반응한 거라서 이 표현을 썼습니다.

A: Have you noticed something different about me? 나 달라진 것 없어?

B: Not really. Oh, wait. Now that you mention it, your hair style has changed. 잘 모르겠네. 오! 잠깐, 그러고 보니, 너 머리 스타일 변했네.

'그리고 보니'를 사전에서 찾아보면 Come to think of it이라고 나와요. 이 Come to think of it은 어떤 상황에서 갑자기 뭔가 생각났을 때 '잠깐만!'의 느낌으로 많이 쓰이는 거라 위의 회화에서 쓰면 어색해요. Now that you mention it이 상대방의 말을 통해서 무엇이 생각날 때 쓴다면, Come to think of it은 자기가 어떤 이야기를 하다가 갑자기 관련된 뭔가가 생각났을 때 사용해요.

A: I'm hungry. Let's order some food. 아, 배고파. 우리 뭐 좀 시켜 먹자.

B: Let's have chicken. Oh. Wait! Come to think of it, I have leftover chicken in the fridge. Let's warm it up in the microwave. 치킨 먹자. 어 잠깐! 생각해 보니까 냉장고에 어제 치킨 남은 거 있거든. 그거 전자레인지에 데워 먹자.

야! 놀리지 마. 그렇잖아도 그것
때문에 정말 스트레스 받는다고.

Yo! Stop making fun of me. I'm pretty stressed out about it.

동영상 041

▶ 표 현

1. Stop making fun of me!
Don't make fun of me! 놀리지 마!

이건 살짝 화는 나지만 참고 장난삼아 친구 사이에
사용할 수 있는 표현이에요. 이 외에 Stop teasing
me!도 쓰죠. 표현에 나온 fun of me의 발음은 [f
ㅓ너미] 정도가 돼요. 영어에서 of는 발음을 아주 약
하게 해서 '어' 정도의 느낌으로 많이 하거든요. 영상
을 보면서 정리해 보세요.

2. stressed out vs. stressful

"아, 스트레스 받아!" 할 때 가장 많이 편하게 쓰는
표현이 바로 stressed out(스트레스 받는)이에요.
앞에 오는 동사로는 be동사나 get 둘 다 많이 사용
해요. 학생들이 스트레스 받을 때 I'm so stressful.
이라고 많이들 하는데, 이 stressful은 뭔가가 날 스
트레스 받게 하는 거예요. 그래서 It's so stressful.
This work is stressful. 이렇게 하는 게 맞아요. 또
는 It's stressing me out.이라는 표현도 사용할 수
있어요.

운동 시작해 봐. 요즘 너 직장에서도 일찍 나오잖아.

Well, why don't you start working out? You've been getting off work early these days.

▶ 패 턴
Why don't you 동사원형 ~?:
~하는 것은 어때?, ~해 봐

▶ 표 현

1. start working out / start to work:
운동을 시작하다

start 다음에는 to부정사나 동명사가 와요. 혹자
는 이 둘의 차이를 비교하지만, 실제로는 의미 차
이 없이 둘 다 많이 쓰입니다. 이렇게 to부정사, 동
명사 둘 다 올 수 있는 동사로 start 외에 begin,
continue가 있어요.

I began to learn English at 12.
난 12살에 영어 배우기 시작했어.

I began using this software in 2016.
나는 2016년에 이 소프트웨어를 사용하기 시작했어.

I continued to study with Luke.
난 계속 Luke랑 공부했어.

I continued going to his class to improve
my English.
난 내 영어 실력을 늘리려고 계속 그의 수업에 갔어.

2. work out: 운동하다

운동하러 주로 헬스클럽에 가잖아요. 영어로 헬스클
럽은 health club이 아니라 gym, fitness center,
fitness club이라고 합니다. 그리고 go to the gym
이라고 하지 go to gym이라고는 하지 않아요. go
to gym이라고 하면 gym 클래스에 간다라는 의미
가 됩니다. 마치 go to math가 math class를 들으
러 가는 것처럼요.

159

3. get off work / get off from work:
직장에서 끝나다

퇴근 관련 표현 정리해 드릴게요. 아주 유용하게 잘 활용하실 거예요.

> **get off work early**: (일이) 일찍 끝나다
> **get off work on time**: 정시에 끝나다
> **get off late**: 늦게 끝나다
> **work late**: 야근하다

그래. 정말 그래야 할 것 같아. 근데 내가 꾸준히 하는 걸 잘 못해서.

Yeah, I really should. I'm just bad at being consistent.

▶ 패턴
I'm bad at ~: 내가 ~는 잘 못해

▶ 표현

consistent: 지속적인 vs. persistent: 꾸준한

비슷해 보이지만 consistent는 꾸준함에 포커스가 있고, persistent는 힘들고 어려운 도전인데도 불구하고 그것을 극복하고 꾸준히 한다는 느낌이에요. 동기 부여 관련 영상을 보면 persistence 표현이 종종 나옵니다. 여기서는 매일 꾸준하게 하는 운동에 포커스가 있으므로 consistent라고 했어요. 운동을 규칙적으로 하는 것은 consistent이지만, 유혹을 이겨내며 운동하면서 몸무게를 줄이는 건 persistent를 쓸 수 있죠. 영어 공부도 consistent뿐만 아니라 persistent하게 하려는 노력이 중요하지 않을까 싶네요.

나도 알아. 몇 시간씩 러닝머신에서 뛰거나 웨이트하는 게 그렇게 재미있지는 않지.

I know. It's not that exciting going to run on a treadmill or to lift weights for hours.

▶ 표현

1. It's not that exciting의 that
이 문장에서의 that은 '그것'의 뜻이 아니라 '그렇게'로 상태를 강조하는 느낌이에요.
It's not that fun. 그렇게 재미있지는 않아.

2. run on a treadmill: 러닝머신에서 뛰다
'러닝머신'을 running machine이라고 하면, 미국 사람 귀에는 '작동하는 기계'로 들릴 수 있어요. 정확하게는 treadmill이라고 해야 합니다.

3. lift weights: 역기나 아령을 들다
체육관에서 역기(barbell)나 아령(dumbbell) 같은 무게가 나가는 기구를 드는 걸 보통 weight training이라고 하는데요, 동사로 표현할 때는 lift weights라고 합니다.

뭐 좋은 아이디어 없냐?

Do you have any suggestions?

▶ 표 현   suggestion: 제안 사항

suggestions 대신 ideas를 쓴 Do you have any ideas?도 상대방에게 다른 방법을 물어볼 때 사용할 수 있어요. Do you have any ideas of our next marketing strategy?(우리 다음 마케팅 전략에 대해 어떻게 해야 할지 생각하는 거 있어?)처럼요. 하지만, Do you have any idea?라고 ideas가 아닌 idea(단수)로 사용하면 그건 "너 알기나 해?" 정도 느낌의 표현이랍니다.

어, 최근에 오픈한 실내 탁구장이 근처에 있더라. 한번 가 볼까?

Yeah… There's an indoor table tennis court nearby that recently opened up. Do you want to go and check it out?

▶ 표 현

1. outdoor: 실외의 ↔ indoor: 실내의

이것을 응용한 표현을 정리합니다.

> **indoor swimming pool**: 실내 수영장
> **outdoor swimming pool**: 실외 수영장
> **outdoor table tennis court**: 실외 탁구장

indoor와 outdoor에 –s가 붙으면 각각 '안에서, 실외에서'의 뜻이 됩니다.

> **play indoors**: 안에서 놀다
> **play outdoors**: 바깥에서 놀다
> **go indoors**: 안으로 들어가다
> **go outdoors**: 바깥으로 나가다
> **stay indoors**: 안에 머물다

2. open up: 비즈니스를 시작하다

open 하면 (가게) 문 여는 것을 주로 떠올리는데요, 비즈니스를 새로 시작한다고 할 때에도 이 open을 사용합니다. '나 사업 오픈했어' 이렇게 말하잖아요. 비즈니스를 시작하다는 의미로 쓰인 좋은 예에요.

I recently opened up a new business.
나 최근에 새로 사업 시작했어.

3. Do you want to go and check it out?
한번 가 볼까?

재미있는 영화, 멋진 차, 맛있는 음식점 관련 얘기를 듣고서 "(얼마나 좋은지) 한번 가서 확인해 볼까?"의 의미로 아주 자주 쓰는 표현입니다. 이런 건 그냥 외웠다가 바로 쓰는 걸 추천합니다.

Check it out!
(새 차를 사고 나서 친구한테) 확인해 봐.

It was so good. You gotta check it out!
(영화를 보고 나서) 아주 좋았어. 너도 꼭 한번 봐 봐.

너 시간 있어?

Do you have time?

▶ 표 현

Do you have time? vs. Do you have the time?

이거는 영어 좀 한다고 하는 분들도 늘 헷갈리는 거니 꼭 알아두세요.

Do you have time? 시간 있어?

= Do you have free time?

= Do you have spare time?

Do you have the time? 지금 시간이 몇 시야?

= Do you know what time it is?

그런데, 다음 예를 보세요.

It would be great if someone takes on this project. Hey, Luke, do you have the time? 이 프로젝트를 누가 맡으면 좋겠는데. Luke! 자네 혹시 이거 할 시간 좀 있어?

여기서는 Do you have the time?이 "몇 시야?"가 아니잖아요. 말 그대로, 너 이 프로젝트 할 시간이 있느냐?(Do you have the time to do this project?)의 표현이에요. 항상 강조하는 것이지만, 문맥과 상황을 보지 않고 무작정 암기하는 식의 공부는 제발 하지 마세요!

어. 다행히 오늘 일 쉬는 날이야. 가서 한번 체크해 보자고.

Yeah man! Luckily, I'm off today. Let's go check it out.

▶ 표 현

1. I'm off today. 나 오늘 비번이야.

이렇게 해도 되지만, 더 쉽게는 I'm not working today.라고 할 수 있죠. 그럼, '나 오늘 일해.'는 어떻게 할까요? 아주 간단하게 I'm working today.라고 하면 됩니다.

2. go check it out: 가서 확인하다

원래는 go 뒤에 and를 써서 동사를 이어 주는 게 원칙이지만 실제 회화에서는 and 없이 go 뒤에 바로 동사를 붙여 사용합니다. come도 마찬가지로 뒤에 동사가 바로 나옵니다.

I'll go get it now. 가서 그거 가지고 올게.

Let's go play soccer. 가서 축구하자!

Why don't you go ask her?
가서 그녀한테 물어보지 그래?

Come pick me up!
(차가 있는 친구에게) 와서 나 좀 픽업해!

나 뭐 ~해야 해?　　**What should I** 동사원형 **~?**

가장 일반적으로 충고를 구할 때 많이 사용해요. 물론 What do I have to do?나 What would I do?도 비슷한 상황에서 사용되긴 합니다. 느낌의 차이가 있지만 말이죠. What do I have to do?는 What should I do?보다 더 구체적으로 특정 상황(구글에서 일하고 싶을 때처럼)에서 주로 사용하고, What would I do?는 어떤 상황에 있다면(직장을 잃는다면) 내가 뭐를 해야 하지?라는 의미를 나타내요.

그걸로 뭘 해야 할까?
What should I do with it?

PATTERN DRILL

What should I

+ **say?** 내가 뭐라고 말해야 해?

+ **wear to an interview?** 나 인터뷰에 뭐 입어야 해?

+ **study in college?** 나 대학에서 뭐 공부해야 할까?

+ **bring to his party?**
  나 걔 파티에 뭐 가져가야 하지?

+ **do with my free time?**
  나 여가 시간에 뭐 해야 할까?

+ **do with my life?**
  내 인생을 놓고 뭘 해야 할까?

A I'm not happy with my job. What should I do?

B I think you should take a vacation off work. Taking time for yourself can help you relieve stress.

　　A 나 내 일이 마음에 안 들어. 뭘 어떻게 해야 할까?

　　B 네가 휴가를 내고 쉬어야 할 것 같아. 혼자만의 시간을 보내는 게 스트레스 해소하는 데 도움이 될 거야.

MP3-068

~는 어때?   How about (동)명사/주어+동사?

Why don't we ~? Why don't you ~?와 의미가 상통해요. What about ~?과는 살짝 다른데요. How about ~?이 말하는 사람이 가장 좋은 방법이라고 생각하고 말하는 느낌인 반면, What about ~?은 다른 옵션이 이미 얘기되었는데 별로 진전이 없을 때, '이건 ~ 어때?' 정도의 느낌으로 많이 쓰입니다.

현금 상자는 어때?

How about a box full of cash?

PATTERN DRILL

How about

+ **starting a conversation with your parents?** 부모님이랑 대화를 시작해 보는 건 어때?

+ **exercise and meditation?** 운동이랑 명상은 어때?

+ **I teach you how to use this?**
너한테 이거 어떻게 쓰는 건지 가르쳐 주는 건 어때?

+ **getting some snacks?** 간식을 좀 사는 게 어때?

+ **meeting tomorrow to discuss this?**
이거 논의하게 내일 만나는 게 어때?

+ **I take you out for dinner?**
내가 너 저녁 나가서 사 주는 건 어때?

A I'm not good at math. What should I do?

B How about I teach you math and you teach me English?

A 나 수학을 잘 못해. 뭘 해야 할까?

B 내가 너한테 수학 가르쳐 주고 넌 나한테 영어 가르쳐 주는 건 어때?

MP3-069

165

무엇이 최고다라고 말할 때

～가 진리지　주어 is/are the way to go

the way to go를 영어 사전에서 찾아보면 'the best method for doing a particular thing'입니다. 결국 '최고의 방법'이라는 것이죠. 상황에 따라 과거형 was/were를 쓸 수도 있지만 여기서는 현재형으로 활용 연습을 해봅니다. 비슷한 표현으로 '… is a solid option', '… would be a good move', '… would be a smart idea' 정도가 자주 사용되죠.

현금이 진리지, 안 그래?

Cash is the way to go, right?

PATTERN DRILL

Maybe starting your YouTube channel 아마도 네 유튜브 채널을 시작하는 게 진리지.	+ **is the way to go**
I think green 내 생각에 초록색이 진리야.	+
Computer science major 컴퓨터 사이언스 전공이 진리지.	+
I think organic food 내 생각에 유기농 식품이 진리야.	+
In this environment, learning English 이런 경쟁이 심한 환경에서는 영어를 배우는 게 진리지.	+
I don't have any evidence that this 난 이게 진리다 하는 증거가 전혀 없어.	+

A　Obesity is a big problem in this country. What should we do?

B　I think all-natural foods are the way to go.

　　A 이 나라에서는 비만이 큰 문제야. 우리가 뭘 해야 할까?
　　B 내 생각에 모든 자연 식품이 진리지.

MP3-070

나 ~ 못 할 것 같아   I wouldn't be able to 동사원형

못 할 것 같다고 예상하고 가정하여 말할 때는 will not be able to (= won't be able to)를 쓰지 않고 wouldn't be able to를 사용합니다. 그리고 would는 가정에 사용하기 때문에 단순하게 '~ 못할 것 같다'고 하는 것이 아니라 어떤 조건이 있어야 한다는 것을 기억해 주세요!

우리 아이의 첫 월급이라 나 그것 못 쓸 것 같아.

I wouldn't be able to use it since it's my child's first paycheck.

PATTERN DRILL

I wouldn't be able to

+ **pass this test.** 나 이 시험 통과 못 할 것 같아.

+ **win the contest.** 나 콘테스트에서 우승 못 할 것 같아.

+ **get this done without you.**
나 너 없으면 이거 못 끝낼 것 같아.

+ **relax if my teacher were there.**
나 우리 선생님이 거기 계시면 마음 편히 못 있을 것 같아.

+ **get up that early in the morning.**
나 아침에 그렇게 일찍 못 일어날 것 같아.

+ **get there on time because I just got a new project.**
새 프로젝트를 막 받아서 제 시간에 거기 도착 못 할 것 같아.

A   Can you make it to my wedding?

B   I thought I wouldn't be able to make it, but I think I can make it.

   A 내 결혼식에 올 수 있어?
   B 나 못 갈 것 같다고 생각했거든. 그런데 갈 수 있을 것 같아.

MP3-071

~ 아닐 것 같아   I don't think 주어+동사

아마 이 패턴을 모르는 분은 없을 거예요. 직역하면 '~라고 생각 안 해'이지만 우리 그렇게 얘기 잘 안 하잖아요. '~할 것 같지 않아', '~은 아닌 것 같아'가 가장 자연스러운 우리말 표현입니다.

그분들이 돈 안 쓰실 것 같아.

I don't think they'll use the money.

PATTERN DRILL

I don't think

+ **I can do it well.**
  나 그거 잘 못할 것 같아.

+ **I can visit you this time.**
  나 이번에 너한테 못 가 볼 것 같아.

+ **I can work here anymore.**
  나 여기서 더 일할 수 없을 것 같아.

+ **you can handle this paper work.**
  네가 이 서류 작업 해낼 수 없을 것 같은데.

+ **you have a choice.**
  너한테 선택권이 없는 것 같은데.

+ **he deserves this.**
  걔가 이런 대접을 받을 만하지 않은 것 같은데.

A Can you give me a hand with this?

B I don't think I can. I'm tied up at the moment.

  A 이것 좀 도와줄 수 있어?
  B 못 도와줄 것 같아. 나 지금 일 때문에 매어 있거든.

MP3-072

아마 ~해도 될 것 같은데   Maybe you can 동사원형

원어민들 대부분이 상대방을 상당히 배려해 말하기 때문에 Maybe, Probably, Perhaps 같은 표현을 종종 사용합니다. 단순히 can만 쓰는 것보다 훨씬 더 공손하고 부드럽게 말하는 느낌을 주죠? you 대신 다른 주어를 넣어서도 얼마든지 활용 가능합니다.

그분들에게 상품권을 드려도 될 것 같은데.

Maybe you can give them a gift card.

PATTERN DRILL

Maybe you can

+ **give this to someone else.**
  너 이거 다른 사람한테 줘도 될 것 같은데.

+ **forgive him this time.**
  너 이번에는 걔 용서해 줘도 될 것 같은데.

+ **explain how to handle this problem.**
  너 이 문제 어떻게 해결하는지 설명해 줘도 될 것 같은데.

+ **watch my kids while I'm away.**
  나 나가 있는 동안 우리 아이들 좀 봐줘도 될 것 같은데.

+ **come visit Korea sometime.**
  언젠가 한번 한국에 방문하러 와도 될 것 같은데.

+ **help me. I'm looking for Luke.**
  나 좀 도와줘도 될 것 같아. 나 Luke 찾고 있거든.

A I think I lost my wallet. What should I do?

B Maybe I can help you find it.

MP3-073

A 저 지갑 잃어버린 것 같아요. 어떻게 해야 하죠?
B 제가 찾게 도와드릴 수 있을 것 같아요.

누가 첫 월급 받았다고 내의 사 드리니?

영어로 어떻게 말하지?

 HOW CAN I SAY IN ENGLISH?

나 나 첫 월급 탔다. 이걸로 뭐 할까?

너 부모님께 선물해 드려야지.

나 그래야겠지? 뭘 좋아하시려나?

너 내의? 영양제?

나 지금이 어느 땐데 누가 첫 월급 받았다고 내의를 사 드려! 우리 집에 넘쳐나는 게 영양제다. 유통기간 지나서 다 버려.

너 유통기한 지나기 전에 그런 건 바로바로 나한테 넘겨!

나 알았어. 그래서 뭘 사드려야 할까?

너 현금 상자 어때? 박스에 꽃이랑 돈이랑 포장해서 드리는 거야.

나 역시. 현금이 진리겠지?

너 돈 안 좋아하는 사람이 어디 있어! 그런데 아마 자식 첫 월급이라서 쓰지도 못 하실 거야.

나 맞아. 돈 드리면 안 쓰실 것 같아.

너 아니면 상품권을 드려도 괜찮아. 그건 어차피 안 쓰면 안 되는 거라서 괜찮을 것 같다.

SAY IT ENGLISH!

MP3-074

Me	I got my first paycheck. **What should I** do with it?
You	You should buy your parents a gift.
Me	I should, right? What would they like?
You	Underwear? Supplements?
Me	Who buys underwear with their first paycheck this day and age? Our house is overflowing with supplements. We throw most of them away because they expire.
You	You should send them my way before they expire!
Me	Alright. So, what should I get them?
You	**How about** a box full of cash? You can wrap a box with some flowers and cash.
Me	Absolutely. Cash **is the way to go**, right?
You	Who doesn't like cash? But they **wouldn't be able to** use it since it's their child's first paycheck.
Me	That's true. **I don't think** they'll use the money.
You	**Maybe you can** give them a gift card. It's something they have to use, so it should be OK.

나 첫 월급 탔다. 이걸로 뭐 할까?

I got my first paycheck. What should I do with it?

▶ 패 턴

What should I 동사원형 ~?: 뭘 ~해야 할까?

▶ 표 현   get a paycheck: 월급을 받다

보통 '받다'의 뜻으로 가장 많이 사용하는 게 get입니다. 그래서 '월급을 받다'는 get a paycheck인데, 정확히 따지면 paycheck은 사진처럼 회사에서 주는 수표(check)라고 생각하면 됩니다. 요즘은 통장으로 입금되니까 월급을 직접 받는 경우가 거의 없지만 예전에 쓰던 표현이 그대로 내려와 정형화돼서 쓰고 있는 거라고 할 수 있습니다. 이것과 관련한 표현 정리해 드릴게요.

---

paycheck: 주급, 월급
(**yearly**) **salary**: 연봉
hourly pay[rate]: 시급
weekly pay: 주급

A: How much is your weekly pay?
너 주급 얼마 받아?
B: I get $500 a week. 난 주급으로 500불 받아.

부모님께 선물해 드려야지.

You should buy your parents a gift.

▶ 표 현

1. You should 동사원형

should는 아주 약하게 발음하거나 빨리 말해서 뒤의 단어로 인해 should 끝의 d 소리가 없어지는 경우가 많습니다. You should는 부드럽게 충고할 때 많이 쓰는데, 이외에 You'd better, You gotta, You have to 등도 있습니다. 강도로 봤을 때 You should가 약하기는 하지만 실제로는 어감에 많이 좌우되니 수학 공식처럼 외우지 마세요.

2. buy: 사 주다

'사 주다'는 buy 외에 get을 써도 됩니다. buy 대신 purchase를 사용하는 분들도 있는데, 일단 ['펄체이ㅅ]가 아니라 [퍼ㄹ쳐ㅅ] 정도로 발음하셔야 해요. 이 purchase는 buy, get보다 약간 formal한 느낌이라서 좀 더 비싼 물건이나 비싼 것들(예, 부동산)을 구매한다는 느낌을 줍니다. 그런 것을 사는 경우는 그렇게 많지 않으니, 일반적으로 대화할 때는 그냥 buy, get 사용을 권합니다. 바꿔 써도 아무 문제 없는 부분입니다.

3. gift vs. present: 선물

'선물' 하면 이 두 개가 떠오릅니다. 둘 중에 뭘 써야 하지? 고민하는 분들이 많은데요, 그냥 쓰고 싶은 거 쓰셔도 전혀 문제 없습니다.

그래야겠지? 뭘 좋아하시려나?

I should, right? What would they like?

▶ 표현

1. 문장, right?

제가 리서치를 해보니 원어민들은 말을 하고서 습관적으로 right?을 붙일 때가 꽤 많아요. Okay, you know 표현도 마찬가지고요. 그렇다고 여러분이 따라 하실 필요는 없어요. You are coming, right?(너 오는 거지, 맞지?)처럼 right을 강하게 말해서 상대방에게 확인하려는 목적이 아니라면 이런 filler 단어는 많이 안 쓰는 게 좋아요.

2. What would they like? 뭘 좋아하실까?

여기서는 혼잣말하는 느낌입니다. 상대방의 대답을 원하지 않아요. 답을 정확하게 받으려면 What do you think they will like?라고 하면 되겠죠.

내의? 건강식품?

Underwear? Supplements?

▶ 표현

1. underwear: 속옷 (= underclothes)

'속옷'도 의외로 사용하기 쉽지 않은데 한번 정리할게요.

브래지어:	**bra**
여성용 팬티:	**panties** (꼭 복수형으로)
남성용 팬티:	**underwear** (panties는 절대 안 됨)
삼각팬티:	**briefs** (꼭 복수형으로)
트렁크 팬티:	**boxers** (헐렁함)
	trunks (약간 타이트함)

2. supplement: 영양제

supplement는 보통 우리 몸에 영양분을 공급하는 (supply) 영양제를 생각하시면 됩니다. 동사로 쓰이면 '보충하다'의 의미가 되죠.

I supplement my income by running a YouTube channel.
난 유튜브 채널을 운영해서 수입을 보충해요.

지금이 어느 땐데 첫 월급 받았다고 내의를 사 드려!

Who buys underwear with their first paycheck this day and age?

▶ 표현

1. Who 동사 ~?: 누가 ~하겠어?, 누가 ~할까?

의문사 Who 다음에 바로 동사가 오게 되면 '누가 ~했어?, 누가 ~하겠어?, 누가 ~할까?'로 상대방에게 물어볼 때 사용합니다. 어투와 어조에 따라 대답을 들으려고 말하기도 하지만, 상대방이 잘못 생각하고 있을 때 말할 수도 있습니다.

Who did it?
(지저분한 방을 보고 아이에게) 누가 이랬니?

Who needs it?
(장난감을 산 친구에게) 그런 걸 누가 필요로 해?

2. this day and age: 현재, 요즘

예전에 비해 요즘은 그렇다, 안 그렇다 라고 말할 때 종종 사용하는 표현이에요. 물론 these days, nowadays, at the present time 등으로 바꿔 쓸 수 있지만, this day and age는 예전과는 변했다는 것을 확실히 보여주고 싶을 때 사용한다고 생각하세요.

It's unbelievable you don't use smartphone this day and age.
요즘 같은 시대에 스마트폰을 안 쓰다니 안 믿긴다, 야.

우리 집에 넘쳐나는 게 영양제다. 유통기간 지나서 버려.

Our house is overflowing with supplements. We throw most of them away because they expire.

▶ 표 현

1. overflow: 넘쳐나다

overflow는 over(지나친!)+flow(흐르다)로 '지나치게 넘쳐서 바깥으로 흐른다'는 의미가 확장되어 '넘쳐나다'의 뜻으로 사용할 수 있어요. '많다'고 할 때 이렇게 overflowing(넘쳐나는)이라고 표현할 수 있지만, 이런 표현이 생각이 안 나면 그냥 Our house has a lot of supplements already.(우리 집에 이미 영양제 많아.) 정도로 쉽게 말해도 좋습니다.

My inbox is overflowing.
내 이메일 함이 (메일을 너무 많이 받아서) 넘친다.

2. throw away: 버리다

쓰레기 같은 쓸모없는 것을 버릴 때 이 throw away를 많이 사용합니다. 물론 throw out이라고 해도 좋아요.

Can you throw it away? 그거 좀 버려 주시겠어요?
Don't throw that way, please!
그거 버리지 마세요, 제발!

3. expire: 유통기한이 지나다, 기한이 만료되다

명사형은 expiration(만료, 만기)이에요. 그래서 expiration date는 '(식품의) 유통기한'을 뜻하기도 하고요. 여권이나 운전면허증 같은 서류나 증서의 '유효기간'을 뜻하기도 합니다. 여권을 보면 Date of Expiration이라고 적혀 있어요. 그리고 사진에 보는 것처럼 Best before이라고 적혀 있으면 이것 역시 유통기간이라고 생각하면 되죠.

Best Before End
`31.01.10 L2
91040952 08:47` 500g

유통기한 지나기 전에 그런 건 바로바로 나한테 넘겨!

You should send them my way before they expire!

▶ 표 현   send @ my way: ~을 나에게 보내다

이건 굉장히 캐주얼하게 쓰이는 표현으로 send @ to me와 같습니다. You should send them to me.라고 해도 좋아요.

If you have any good ideas, send them my way. 혹시 좋은 생각이 있으면, 제게 보내주세요.

알았어. 그래서 뭘 사드려야 할까?

Alright. So what should I get them?

▶ 표 현   Alright

Alright은 원래 All right으로 써야 하지만 이렇게 회화 문장을 적을 때는 Alright이라고도 많이 해요. 의미는 같습니다. 편안한 상대와의 대화에서 사용하고 Okay와 같은 뜻입니다. 상대방 말에 긍정적으로 반응할 때 고개를 끄덕이면서 말하세요. 문맥에 따라서 다양한 의미가 있지만 이 정도만 알아도 충분합니다.

현금 상자 어때? 박스에 꽃이랑 돈이랑 포장해서 드리는 거야.

How about a box full of cash? You can wrap a box with some flowers and cash.

▶ 패 턴
How about (동)명사/주어+동사?: ~ 어때?

▶ 표 현　　wrap: 포장하다

이 wrap이 들어가는 표현 중에 진짜 많이 나오는 게 바로 wrap up입니다. wrap up은 음식 등을 '싸다'의 의미로 쓰이기도 하지만, 가장 많이 쓰이는 뜻은 '(어떤 것을) 마무리하다'입니다.

Let's wrap up for today!
(수업 말미에 강사가) 오늘은 이걸로 마무리하죠.

I want to wrap it up.
(발표자가 발표 마무리할 때) 이것으로 마치겠습니다.

We gotta wrap it up soon.
(쇼 호스트가) 저희가 프로그램을 곧 마무리 지어야 합니다.

역시. 현금이 진리겠지?

Absolutely. Cash is the way to go, right?

동영상 042

▶ 패 턴
주어+be동사 the way to go: ~가 진리지
　　　　　　　　　　　　　　 ~가 최고다

이렇게 말고 단독으로 Way to go!라고 쓸 때도 있는데요, 이때는 상대방이 무엇을 정말 잘해서 격려할 때 또는 반대로 멍청한 행동을 해서 "그러면 그렇지"라고 빈정댈 때 사용합니다. 상황과 문맥이 중요한 어구입니다.

Way to go, Julia. I'm so proud of you.
(웅변 대회에서 1등한 딸에게) 잘했어, Julia. 아이고, 자랑스러운 내 딸. (+)

Way to go, Jayden. You just broke the window.
(놀다 창문 깬 아들에게) 잘한다 Jayden. 또 창문을 깼네. (-)

▶ 표 현
1. absolutely

상대방 말에 긍정할 때 원어민들이 가장 많이 사용하는 표현을 뽑으라면 전 Absolutely, Definitely, Totally, Exactly 정도를 뽑겠어요. 상대방의 말에 강하게 긍정할 때 많이 사용하고, 뒤에 not을 붙인 Absolutely not, Definitely not은 '절대 아니다'라고 할 때 많이 씁니다. 4가지 표현 모두 발음에 주의하세요! 영상을 보며 다시 한번 확인해 보세요.

2. '진리'는 truth인가?

앞 문장에서 '진리'라는 말이 나왔다고 Money is the truth. 라고 하면 안 돼요. 한국어 그대로 번역하면 이렇게 어색한 표현이 되니까 주의해야 합니다. 저는 개인적으로 "돈이 왕이다! (Cash is King.)"라는 표현을 생각했어요. 이건 어떨 때 사용할까요? 경제가 어려워서 주식도 떨어지고, 부동산도 떨어질 때는 현금을 보유하고 있는 게 매우 유리합니다. 그럴 때 Cash is King! 이라는 표현을 사용하면 돼요. 즉, 현금으로 갖고 있는 게 최고다라는 의미입니다. 돈과 관련해서 유용한 표현 하나 더 알려드리면, Money talks.도 있어요. 돈이면 다 된다는 '돈의 막강한 힘'을 나타낼 때 쓰는 표현입니다.

돈 안 좋아하는 사람이 어디 있어! 그런데 아마 자식 첫 월급이라서 쓰지도 못 하실 거야.

Who doesn't like cash? But they wouldn't be able to use it since it's their child's first paycheck.

▶ 패 턴
wouldn't be able to 동사원형: ~하지 못 할 거다

▶ 표 현　　Who doesn't like cash?

이건 '누가 돈을 좋아하지 않나?'라고 정말 돈 안 좋아하는 사람이 누군지 궁금해서 물어보는 문장이 아닙니다. '어느 누가 돈을 안 좋아하냐?' 즉, 모두가 다 돈 좋아한다는 걸 이렇게 반어적으로 표현한 거예요. 이런 걸 영어에서는 rhetorical question(수사의문문)이라고 합니다.

rhetorical question의 또 다른 예를 들어보면, 아이가 평소 때보다 2시간 늦게 밤 12시에 들어오자 아빠가 화가 나서 Do you know what time it is? (너 몇 신 줄 알아?)라고 물었어요. 그때 Yes, it's 12.라고 하면 안 되겠죠? 결국 아빠는 지금 시간이 궁금해서 물어본 게 아니에요. 대답을 기대하는 질문이 아닌 rhetorical question(수사의문문)인 것이죠. 문맥을 따라가면 정보성 의문문인지 수사의문문인지 알게 됩니다.

맞아. 돈 드리면 안 쓰실 것 같아.

That's true. I don't think they'll use the money.

▶ 패 턴

I don't think 주어+동사: ~ 아닐 것 같다

학생들에게 '~가 아닌 것 같아'와 관련된 문장을 작문해 보라고 하면 거의 대부분이 I think that ~ not ~처럼 I think 뒤의 문장을 부정문으로 만들더라고요. 이게 꼭 틀렸다라고 단정해서 말할 수는 없지만, 더 formal하고 영어다운 느낌을 주려면 I don't think ~처럼 앞을 부정문으로 말하고 뒤를 긍정문으로 가는 걸 추천합니다.

아니면 상품권을 드려도 괜찮아. 그건 어차피 안 쓰면 안 되는 거라서 괜찮을 것 같다.

동영상 043

Maybe you can give them a gift card. It's something they have to use, so it should be OK.

▶ 패 턴

Maybe you can 동사원형 ~:
아마 ~해도 될 것 같은데

▶ 표 현

1. a gift card, a gift certificate: 상품권

요즘은 a gift card 표현을 더 많이 사용해요.

2. It should be OK.의 should

여기서의 should는 '~해야 해'의 충고의 뜻일까요? 아니죠. 여기서의 should는 예상이나 추측을 나타내는 '(아마) ~일 것이다'의 의미예요. 늘 강조하지만, 모든 표현은 문맥에서 확인해야 하고 단편적인 뜻만 외워서는 절대 안 됩니다. 영상을 보며 should be의 두 가지 쓰임에 대해 확실히 정리하고 가세요.

13 경이로운 일상의 패턴

INTERNATIONAL SHOPPING

~이 됐다, ~인 (상태)였다   It's been

It's been은 It has been의 축약형이에요. 흔히 현재완료라고 하죠. 과거의 일만 딱 말하고 끝나는 게 아니라 과거의 일이 현재까지 어떻게든 영향을 미치고 있다고 생각이 들면 쓸 수 있어요. 듣는 입장에서도 그렇게 받아들이면 됩니다.

내가 그 가방 산 지 한 달이 지났어.

It's been a month since I bought the bag.

PATTERN DRILL

It's been	+	5 years now. 이제 5년이 됐어.
	+	a while since we met. 우리가 만난 후로 시간이 좀 됐네.
	+	tough several months around here. 여기 근처에서 몇 달간 꽤 힘들었어.
	+	a long time since I graduated from college. 나 대학 졸업 후 꽤 오래 됐어.
	+	busier than I've thought. 내가 생각했던 것보다 더 바빴어.
	+	crazy at work for the past few weeks. 지난 몇 주간 정말 일이 너무 바빴어.

A It's been just 10 years since I had my first job.

B Time flies. Maybe we could celebrate our 10-year anniversary.

A 첫 직장 잡은 지 딱 10년이 됐어.

B 시간 빨리 간다. 10주면 기념 축하할 수도 있겠는걸.

MP3-075

PATTERN 064   상대방에게 다음 내용을 확신하는지 물어볼 때

진짜 ~인 거야?   Are you sure 주어+동사?

상대방에게 어떤 내용을 듣고 다시 한 번 맞냐고 확인할 때 묻는 패턴입니다. Are you certain ~?도 사용하지만 조금 더 진지한 느낌이 강해요. 참고로, Are you 에서 Are를 빼고 You sure ~?라고도 많이 하죠. Are you okay?(너 괜찮아?)도 You, okay?라고 하는 것처럼요.

확실히 사기 아닌 거 맞아?

Are you sure it's not a scam?

PATTERN DRILL

Are you sure

+ **you don't want to go to college?**
  너 대학 가기 싫은 게 진짜야?

+ **you are done with eating?** 너 다 먹은 거 진짜야?

+ **you don't want something more?**
  너 더 원하는 거 없다는 거 진짜야?

+ **we should do this?** 우리가 이거 해야 한다는 게 진짜야?

+ **you're okay?** 너 진짜 괜찮은 거야?

+ **you haven't seen him?** 너 걔 본 적 없다는 게 진짜야?

A We haven't seen each other for more than a year. Are you sure you don't miss me?

B No way. I don't miss you at all.

A 우리 1년 넘게 서로 못 봤잖아. 너 나 안 보고 싶다는 거 진짜야?

B 그렇다니까. 너 하나도 안 그리워.

MP3-076

179

(진짜) ~가 확실하다고　I'm (pretty) sure (that) 주어+동사

pretty를 넣으면 좀 더 강하게 확신하는 느낌을 줘요. 물론 I'm certain that도 같은 의미지만 회화에서는 많이 사용하지 않아요. 단독으로 I'm pretty sure.라고 하면 '당연하지'의 의미라는 것도 참고로 알아주세요. I'm positive (that)이라는 표현도 쓰는데, 그 말은 I'm more certain으로 더 확실성을 강조하는 표현이에요.

사기 당한 거 아닌 건 확실하다고.

I'm pretty sure I wasn't ripped off.

PATTERN DRILL

I'm pretty sure (that)	+ **you can handle this well.** 네가 이거 잘 해결할 거란 거 확실해.
	+ **I locked the door.** 내가 문 잠근 거 확실하다니까.
	+ **he is not a doctor.** 걔 의사 아니라는 거 확실해.
	+ **it was an accident.** 그건 사고였어. 확실해.
	+ **I can make it to the final round of interviews.** 내가 최종 면접까지 갈 수 있다는 것 확실해.
	+ **she is cheating on her husband.** 그 여자가 남편 몰래 바람피우고 있다는 거 확실해.

A Are you sure you are gonna fight with that guy over there?

B I am pretty sure. He has been staring at me since we got here.

A 너 저기 있는 애랑 진짜 싸울 거야?

B 당연하지. 우리 여기 오고서부터 저 녀석이 나를 계속 쏘아보고 있잖아.

MP3-077

PATTERN 066 현재의 어떤 사실을 확신하며 말할 때

～이겠다   You must be

사실, must가 회화에서 '～해야 한다'의 뜻으로 쓰이는 경우는 많이 없어요. 주로 must be의 형태로 (자기 보기에) 현재의 확실한 추측을 나타내는 '～이겠다'의 의미로 주로 쓰입니다. 학교에서 '～임에 틀림없다' 이 뜻으로 배웠지만 우리 그렇게 말 안 하잖아요. '(확신을 담아) ～이겠구나'로 쓰시면 됩니다. 과거 상황을 추측한다면 must have p.p.(～했겠다)를 쓰세요.

너 진짜 걱정되겠다.

You must be worried sick.

PATTERN DRILL

You must be	+	**a new student here.** 너 여기 신입생이겠구나.
	+	**hungry.** 너 배고프겠구나.
	+	**pretty nervous about something.** 너 뭔가에 굉장히 긴장하는 것 같은데.
	+	**be joking.** 너 확실히 농담하는 것 같은데.
	+	**pretty upset.** 너 굉장히 화난 거 맞는 것 같은데.
	+	**out of your mind.** 너 진짜 제정신이 아닌 것 같구나.

A I have walked all the way home.

B Oh my gosh. You must be so tired. How about I take you out for dinner?

MP3-078

A 집까지 계속 걸어왔어.

B 어머나. 진짜 피곤하겠구나. 내가 너 데리고 가서 저녁 사 주는 건 어때?

181

PATTERN 067

메일 등에 ~라고 쓰여 있다고 말할 때

~라고 적혀 있어   It says 명사/It says (that) 주어+동사

메일이나 간판에 '~라고 쓰여 있다'라고 할 때 쓸 수 있는 패턴이 바로 It says that ~입니다. 책이나 영화에 나온 말을 하거나 정리할 때 역시 It says (that) ~라고 하면 되죠.

통관 어쩌고라고 적혀 있어.

It says something about customs.

PATTERN DRILL

It says	+ **NO SMOKING HERE.** 여기 금연이라고 적혀 있어.
	+ **honesty is the best policy.** 정직이 최상의 방책이라고 나와 있네.
	+ **you can master any language within 28 days.** 28일 안에 어떤 언어든 마스터할 수 있다고 나와 있어.
	+ **you should work in teams.** 팀으로 일해야 한다고 나와 있어.
	+ **here that the first meeting takes place on May 1st.** 여기에 첫 번째 미팅이 5월 1일에 열린다고 나와 있어.
	+ **customers are responsible for all damages.** 고객이 모든 손상에 책임이 있다고 나와 있어.

A Here it says "No outside food or drink allowed".

B Maybe we can hide food in the bag. I'm pretty sure we are safe.

A 여기에 '외부 음식이나 음료 금함' 이렇게 나와 있어.

B 그럼 가방에다 음식 숨기면 되겠네. 괜찮을 거야.

MP3-079

절대 하지 않을 일을 말할 때

나 절대 ~ 안 할 거야   I'm never 동사ing

현재진행형으로 미래의 의미를 표현할 수 있습니다. 여기에 never를 넣은 이 패턴은 '절대로 ~ 안 해!' 라고 강조할 때 사용할 수 있어요. 주의해야 할 것은 이 경우에 항상 I'm never -ing 형태를 써야 해요.

다시는 직구 절대 안 할 거야.

I'm never ordering from overseas again.

PATTERN DRILL

I'm never	+ **coming back ever again.** 나 절대 다시 안 돌아올 거야.
	+ **letting you do that again.** 나 다시는 너한테 그거 하게 안 할 거야.
	+ **going to tell your mom.** 나 절대 너희 엄마한테 말 안 할 거야.
	+ **having kids.** 나 절대 아이 안 가질 거야.
	+ **going back there ever again.** 나 절대 거기로 다시 돌아가지 않을 거야.
	+ **going to dance again.** 나 다시는 춤추러 안 갈 거야.

A I'm sorry, Mom. I'm never going to do that again.

B You said the same thing last time.

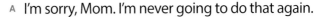

A 죄송해요, 엄마. 다시는 그거 절대 안 할게요.

B 너 지난번에도 똑같이 말했어.

MP3-080

183

유감스럽게도 ~야   I'm afraid (that) 주어+동사

afraid는 '두려운, 무서운, 질색인' 정도의 느낌이에요. 그런데 원어민은 '무섭다'의 의미일 때 I'm afraid보다 보통 I'm scared 표현을 더 좋아해요. I'm afraid는 약간 걱정되는 마음으로 '유감이지만, 미안하지만' 할 때 I'm sorry와 비슷한 느낌으로 뒤에는 안 좋은 의미의 내용이 나와요. 아래 예문처럼 I'm afraid가 두렵고 걱정된다고 할 때도 사용 가능합니다.

세관에 걸린 게 아닌가 싶기도 하고.

I'm also afraid that it was caught in customs.

PATTERN DRILL

I'm afraid (that)

+ **I can't go with you.** 나 너랑 못 갈 것 같아.

+ **I can't take this project for now.**
이번에는 이 프로젝트 못 맡을 것 같아.

+ **I'm gonna lose my job if I tell my boss about it.** 내가 그거 우리 부장님께 말씀드리면 나 일 잃을 것 같아.

+ **if I do, it's gonna fail.** 내가 하면 실패할 것 같은데.

+ **we're out of time.** 우리 시간이 없을 것 같아.

+ **I haven't seen it, so I can't say it.**
내가 그걸 본 적이 없으니 말할 수 없을 것 같아.

A I heard that you're good at designing websites. How about I hire you?

B I'm afraid I have to say no to that. I'm tied up with other projects.

A 네가 웹디자인 잘한다고 들었어. 내가 너 고용하면 어떨까?
B 거기에 '노'라고 해야겠는데. 내가 다른 프로젝트로 바빠서.

MP3-081

나 ~도 못해   I can't even 동사원형

I can't read this email.이 (나 이 이메일 못 읽어.)라면 여기에 even이 들어간 I can't even read this email.은 '나 이 이메일조차 못 읽어.'라고 강조하는 겁니다.

나 이 이메일도 못 읽는데.
I can't even read this email.

PATTERN DRILL

I can't even

+ **do this.** 나 이거도 못 해.

+ **imagine where I'm going to be in 5 years.** 내가 5년 뒤에 어디에 있을지도 상상 못하는데.

+ **think about what I'm going to say next.**
  내가 다음에 뭘 말해야 할지도 생각 못해.

+ **do one pushup.** 나 푸쉬업도 하나 못해.

+ **keep my eyes open.** 나 눈 뜨고 있는 것도 못해.

+ **remember my son's birthday.**
  나 우리 아들 생일도 기억 못해.

A This is too tight. I can't even open it.

B How about I help you with that? Let me open it for you.

A 이거 너무 꽉 잠겨 있는데. 열지도 못하겠다.
B 내가 그거 도와줄까? 내가 열어볼게.

MP3-082

나만 ~인 거야?   Am I the only one who ~?

남들 다 아는데 나만 모를 때 드는 느낌, 콕 집어 설명 안 해도 아실 거예요. 그때 사용하는 패턴입니다.

나만 그거 몰랐던 거야?

Am I the only one who didn't know about this?

PATTERN DRILL

Am I the only one who

+ **doesn't know about this whole thing?**
  나만 이거에 대해 모르는 거야?

+ **thinks he's handsome?**
  나만 걔가 잘생겼다고 생각하는 거야?

+ **watched that movie?** 나만 그 영화 본 거야?

+ **wants to work for Google?**
  나만 구글에서 일하고 싶어 하는 거야?

+ **wants to speak English fluently?**
  나만 영어 유창하게 하고 싶어 하는 거야?

A Am I the only one who smokes here?

B I think you are. You gotta stop smoking.

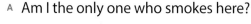
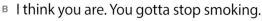

A 나만 여기서 흡연자인 거야?

B 그런 것 같아. 너 금연해야겠다.

MP3-083

섣불리 판단하는 상대방에게 따지듯이 말할 때

너 ~도 모르잖아   You don't even know

이 표현은 상대방이 섣불리 뭐라고 결론을 내리거나 판단하는 모양새가 보기 좋지 않아서 '넌 ~도 모르잖아' 라고 말할 때 사용할 수 있어요. 아니면, 서운함을 표현하면서 '내가 얼마나 ~한지 넌 그것조차 몰라' 정도의 느낌으로 사용 가능합니다.

너 내가 얼마나 걱정했는지도 모르잖아.

You don't even know how worried I was.

PATTERN DRILL

You don't even know

+ **me.** 너 나 (어떤 애인지도) 모르잖아.

+ **where you left your wallet.**
너 네 지갑 어디에 놨는지도 모르잖아.

+ **what to do right now.** 지금 뭘 해야 하는지도 너 모르잖아.

+ **what you're talking about.**
너 지금 네가 뭐에 대해 말하는지도 모르잖아.

+ **what you want.** 너 네가 원하는 게 뭔지도 모르잖아.

+ **what I've been through.**
너 내가 뭘 겪어 왔는지도 모르잖아.

A   I think you should stop working here. You're just not good at this.

B   Am I the only one who thinks it's unfair? You don't even know me that much.

    A 자네 여기서 그만 일해야 할 것 같네. 이걸 제대로 못해 내잖나.

    B 이거 저만 불공평하다고 생각하는 건가요? 저에 대해서 제대로 많이 알지도 못하시잖아요.

MP3-084

International Shopping **해외 직구**

내가 그 가방 직구한지 한 달이 지났어.

영어로 어떻게 말하지?

 HOW CAN I SAY IN ENGLISH?

나 나 이번에 직구로 가방 샀거든. (주문한지) 한 달이 됐는데 아직까지도 가방이 안 왔어.

너 제대로 된 사이트인 거야? 사기 당한 거 아니야?

나 아니야. 진짜 유명한 사이트야. 사기 당한 거 아닌 건 확실한데 아직도 안 오네.

너 정말 걱정이겠다. 구매한 웹사이트에 한번 연락해 봐.

나 나한테 이메일이 오긴 왔거든. 나 좀 도와줄래? 통관 어쩌고 하는데 다 영어라서 무슨 말하는지 하나도 모르겠어. 번역 앱도 돌려봤는데 정확한 건 아닌 것 같고.

너 통관? 이메일 나한테 한번 보내 봐. 내가 읽어 볼게.

나 야, 진짜 다시는 직구 안 해야지. 한두 푼도 아니고 의사소통이 안 되니까 답답해 죽겠어. 세관에 걸린 게 아닌가 걱정도 되고.

너 네 가방이 200불이 넘어서 개인통관번호를 보내달라네. 15일 내로 안 보내주면 반송 환불 처리한다는데?

나 앗, 그것도 모르고 난 왜 안 오나 꼬박 기다리기만 했네.

너 번호 나한테 줘. 내가 대신 이메일 써서 보낼게. 그리고 요즘 홈페이지 들어가 보면 톡으로 상담할 수 있어. 전화해 봐도 되고.

나 내 영어 실력으로? 지금 이 메일도 못 읽는데 무슨.

너 요즘 한국어로 톡 보내거나 Korean, please만 해도 한국인 상담사랑 연결해 준다니깐.

나 정말? 나만 그거 모르고 혼자 끙끙댄 거야? 아, 진짜 얼마나 마음 졸였는지 모를 거야. 고맙다!

영어로 이렇게 말해요!

 SAY IT ENGLISH!

MP3-085

Me I bought a bag from overseas. **It's been** a month and it still hasn't arrived yet.

You Is it a legit website? **Are you sure** it's not a scam?

Me No. It's a really famous website. **I'm pretty sure** I wasn't ripped off but it's not coming.

You **You must be** worried sick. Why don't you contact the website?

Me They did send me an email. Can you help me? **It says** something about customs but it's all in English, and I don't understand a single word. I tried using the translation app but I don't think it's accurate.

You Customs? Forward me the email. I'll read it over.

Me Ugh, **I'm never** ordering from overseas again. It's a lot of money and not being able to communicate gets me frustrated. **I'm** also **afraid that** it was caught in customs.

You Your bag was over $200 so they're asking for the Personal Clearance Code. If you don't send it in 15 days, they're going to return it to the seller.

Me Shoot, I had no idea and waited around wondering why it wasn't coming.

You Give me the number. I'll write them an email for you. And if you go on the website, you can chat with them online. You can also give them a call.

Me With my English? **I can't even** read this email.

You You can chat in Korean or just say 'Korean, please' and they will connect you to a Korean representative.

Me Are you sure? **Am I the only one who** didn't know about this? **You don't even know** how worried I was. Thank you!

나 이번에 직구로 가방 샀거든. (주문한지) 한 달이
됐는데 아직까지도 가방이 안 왔어.

I bought a bag from overseas. It's been a month and it still hasn't arrived yet.

▶ 패 턴

It's been ~: ～이 됐다, ～인 (상태)였다

▶ 표 현

1. '직구'는 direct purchase?

'직구'는 직접 구매니까 direct purchase가 떠오를
거예요. 그런데 이건 회사의 주식을 broker를 끼지
않고 바로 구매하는 것을 뜻합니다. 여기서 해외 직
구는 (사이트를 통해) 해외에서 물건을 직접 산다는
말이니까 그냥 buy @ from overseas 정도라고 하
면 됩니다.

I bought a bag from Amazon.
아마존에서 가방 직구했어.

Do you order stuff from overseas?
너 해외 직구하니?

2. overseas vs. abroad: 해외에서, 해외로

둘 다 의미는 같지만 쓰임새에 약간 차이가 있어요.
overseas는 국경을 넘는 느낌보다는 바다 건너 멀
리 갈 때 쓸 수 있어요. 말 그대로 sea(바다) over(넘
어서)입니다. 그리고 overseas는 형용사로 쓸 수 있
지만, abroad는 형용사로 쓸 수 없습니다.

overseas market 해외 시장
overseas customers 해외 고객들
(여기서는 abroad market, abroad customers라고 하면
안 돼요. abroad는 부사로만 쓰입니다.)

I've decided to study abroad.
= I've decided to study overseas.
나 해외에서 공부하기로 결정했어.
(이 둘은 같은 표현인데, abroad를 더 많이 사용합니다.
overseas는 국경을 넘는 느낌보다는 바다 건너 멀리 갈 때
사용할 수 있죠.)

3. not ~ yet: 아직 ~ 아니다

문장에서 녹여 쓰기도 하지만, 단독으로 Not yet!
이라고도 많이 사용합니다.

I haven't married yet. 나 아직 결혼 안 했어.

A: Have you finished your homework?
너 숙제 끝냈어?

B: Not yet. 아직.

제대로 된 사이트인 거야? 사기 당한 거 아니야?

Is it a legit website? Are you sure it's not a scam?

▶ 패 턴

Are you sure 주어+동사?: 진짜 ～인 것 맞아?

▶ 표 현

1. legit: 가짜 아닌, 괜찮은

매우 많이 나오는 표현이에요. 사전에는 '합법적인,
믿을 만한'의 뜻으로 나오지만, 대화에서는 real (not
fake), cool, awesome의 의미로 많이 써요.

Wow. These are legit. (선글라스를 이리저리 둘러
보고는) 와, 이거 진짠데. (이때는 real의 뜻)

This is not legit. I shouldn't have paid for
this. (광고 보고 등록했는데 효과가 없을 때) 이거 가짜네.
돈 내지 말았어야 했는데. (이때는 not fake의 뜻)

A: How was the party last night?
어젯밤 파티 어땠어?

B: It was legit. I had a lot of fun.
좋았어. 되게 재미있었어. (이때는 cool, awesome의 뜻)

2. scam/fraud/rip-off: 사기

남을 속이는 '사기'하면 많이 사용하는 표현들이 바
로 scam, fraud, rip-off입니다.

우리가 보통 원래 가격보다 훨씬 더 많은 돈을 지
불하면 '바가지 썼다'고 하잖아요. 그때 I got (was)
ripped off. 라고 할 수 있어요. "이거 완전 바가지
네!" 하면 "What a rip-off!" 라고 하면 되죠.

아니야. 진짜 유명한 사이트야. 사기 당한 거 아닌 건 확실한데 아직도 안 오네.

No. It's a really famous website. I'm pretty sure I wasn't ripped off but it's not coming.

▶ 패 턴

I'm pretty sure (that) 주어+동사 ~: ~가 확실하다

영어 고수를 위한 팁을 하나 더 추가로 말씀드리면 I'm positive 표현도 많이 쓰는데요. I'm really sure의 느낌이에요. 그래서 위의 I'm sure를 I'm positive라고 바꾸어도 뜻은 같습니다.

정말 걱정이겠다. 구매한 웹사이트에 한번 연락해 봐.

You must be worried sick. Why don't you contact the website?

▶ 패 턴

You must be ~: ~이겠다

▶ 표 현　　worried sick: 정말 걱정하는

그냥 걱정이 아니라 sick을 사용해 아플 정도로 걱정한다고 캐주얼하게 말할 때 사용할 수 있어요.

I was worried sick. Where have you been? It's so late. (딸이 밤늦게 들어오자) 정말 걱정했잖아. 어디 있었어? 이렇게 늦다니. (참고로 I was worried sick. 대신에 You had me worried sick.이라고도 해요. '너 나 정말 걱정하게 만들었어!' 이 정도 느낌으로 보시면 됩니다.)

나한테 이메일이 오긴 왔거든. 나 좀 도와줄래?

They did send me an email. Can you help me?

▶ 표 현　　3인칭 복수 대명사 they, their, them

보통 물건, 음식을 팔거나 서비스를 제공하는 곳을 지칭할 때 3인칭 복수 대명사인 they를 씁니다. 예를 들어, 친구에게 한 음식점을 얘기하면서 "거기 음식 정말 잘 나와!" 라고 할 때 They serve great food. 라고 말할 수 있죠. 여기서 they는 음식을 내놓는 식당을 가리킵니다.

통관 어쩌고 하는데 다 영어라서 무슨 말하는지 하나도 모르겠어. 번역 앱도 돌려봤는데 정확한 건 아닌 것 같고.

동영상 044

It says something about customs but it's all in English, and I don't understand a single word. I tried using the translation app but I don't think it's accurate.

▶ 패 턴

It says 명사/It says that 주어+동사 ~: ~라고 적혀 있다, ~라고 쓰여 있다

▶ 표 현

1. customs: 세관

customs는 해외에서 반입되는 물품을 검사하는 정부 기관인 세관을 말하거나, 그 세관을 통과하는 곳인 세관 통과소를 말합니다. 거기서 일하는 사람들은 customs officer라고 하고요. 이런 '세관에 신고하다'는 declare customs라고 하면 됩니다.

Customs officer: What's in your bag?
가방 안에 뭐가 들어 있죠?

Me: A new laptop I bought. I forgot to declare this. Sorry.
새로 산 노트북이요. 신고하는 걸 깜박했네요. 죄송합니다.

2. I don't understand a single word.
무슨 말인지 전혀 이해 못하겠어.

'전혀 이해 못하겠어'는 I don't understand it at all.이라고 하면 되는데 여기서는 이렇게 표현했어요.

single이 들어가면 강조하는 느낌이 있는데 몇 가지 예를 통해서 느낌을 잡아 보세요.

I literally work late every single day.
나 정말 매일 야근해. (여기서 literally도 강조할 때 매우 많이 사용하는 표현이에요. (영상에서 확인해 보세요.) 매일은 every day라고 하면 되는데 single을 써서 강조해 every single day라고 했습니다.)

This is what every single couple does.
이건 모든 커플이 하는 거예요. (간단하게 every couple이라고 해도 되지만 강조해서 every single couple)

Tourism is the single biggest industry in Thailand. 관광업은 태국에서 가장 큰 산업이에요.
(그냥 biggest industry라고 해도 되지만, single biggest라고 하면서 최상급을 강조)

3. try 동사-ing: 시험 삼아 해보다

'~하려고 노력하다'의 'try to 동사원형'은 아는데, 'try 동사ing'는 많이 모르시더라고요. 이건 '시험 삼아 시도해 보다'예요. 목숨이 위태위태한 그런 걸 시험 삼아 해보는 건 아니고, 어떤 결과가 나올지는 모르지만 해보는 게 아주 힘든 건 아니어서 그냥 한번 해볼 때 씁니다.

Try using your hands when speaking.
(영어로 힘들어 하는 학생에게) 말할 때 한번 손을 사용해 봐. (try 동사ing는 충고할 때도 사용할 수 있어요.)

(요리하는 상황)
A: What do you think? (맛이) 어때?
B: It's a bit tasteless. Try adding some salt.
약간 밍밍해. 소금 좀 한번 넣어 봐.

통관? 이메일 나한테 한번 보내 봐. 내가 읽어 볼게.

Customs? Forward me the email. I'll read it over.

▶ 표현
1. forward: 정보나 이메일 등을 보내다, 전달하다
forward는 내가 받은 메일을 다른 사람에게 전달하여 보낼 때 쓸 수 있어요. 그냥 Send me the email.로 쉽게 표현해도 좋습니다. Forward me the email.은 Forward the email to me. 라고 해도 돼요.

Flight times will be forwarded to you with your travel documentation.
여행 서류와 함께 비행 시간이 고객님께 전달될 거예요.

2. read @ over: 자세하게 @을 읽어 보다

read over에는 빠르게 그러면서 자세히 처음부터 끝까지 읽는다는 의미가 숨어 있어요. 여기서 @가 대명사가 아닌 그냥 명사라면 뒤로 보내도 됩니다.

I'll read over all the stuff you sent me.
네가 나한테 보낸 것 자세하게 읽어 볼게.

야, 진짜 다시는 직구 안 해야지. 한두 푼도 아니고 의사소통이 안 되니까 답답해 죽겠어. 세관에 걸린 게 아닌가 걱정도 되고.

Ugh, I'm never ordering from overseas again. It's a lot of money and not being able to communicate gets me frustrated. I'm also afraid that it was caught in customs.

▶ 패턴
I'm never 동사ing: 절대로 ~ 안 할 거다
▶ 패턴
I'm afraid (that) 주어+동사: ~이 두려워, 걱정돼, (유감이지만) ~한 것 같아
▶ 표현
1. gets me frustrated: 나를 답답하게 하다
(= stress me out)

여기서 get은 '~한 상태로 만들다'의 뜻입니다. 'get+목적어+상태 형용사' 형태는 매우 많이 쓰이는 구조예요. 참고로 이 frustrated는 일이 잘 풀리지 않거나 원하는 대로 안 돼서 답답할 때 사용해요. 열심히 공부했지만 성적이 안 나왔을 때 "I got frustrated." 또는 "It's frustrating."이라고 할 수 있지요.

Life gets me down. 인생이 날 우울하게 해.

It really gets me disappointed.
정말 그건 날 실망스럽게 한다.

참고로 제가 get도 썼다가 got도 썼다가 한 거 보이시나요? get의 과거형이 got이지만 원어민들은 get과 got을 같이 혼용해서 많이 씁니다. "너 엄마가 한 말 이해하니?"라고 할 때 Do you get it?이라고 할 수 있지만 Got it?이라고 해도 돼요. 그 질문에 "알았어요."라고 대답할 때 I get it.이라고 할 수도 있고, I got it.이라고도 할 수 있지요.

2. be caught in: ~에 딱 걸리다

catch(잡다)의 과거분사인 caught는 딱 걸려서 움직이지 못하는 느낌을 전합니다. 이게 확장이 되어서 다음에 나온 식으로 쓰입니다.

I got caught in a traffic jam. 교통 체증에 걸렸어.

I got caught by my mom.
(몰래 담배 피우다가) 나 엄마에게 딱 걸렸다. (이런 상황에서는 I got busted. 또는 Busted. 표현도 많이 써요.)

네 가방이 200불이 넘어서 개인통관번호를 보내달라네. 15일 내로 안 보내면 반송 환불 처리한다는데?

Your bag was over $200 so they're asking for the Personal Clearance Code. If you don't send it in 15 days, they're going to return it to the seller.

▶ 표현

1. ask for ~: ~을 요구하다, 부탁하다

Are you asking for 1 million dollars?
(투자자가) 당신이 요구하는 게 백만 불인가요?

I'm asking for 10 minutes.
(직장 상사에게) 저 10분만 시간 내주세요.

2. Personal Clearance Code: 개인통관번호

개인통관에 필요한 ID 같은 건데 한국에만 있는 것이니 원어민이 이 표현을 사용할 일은 특별히 없을 것 같네요.

앗, 그것도 모르고 난 왜 안 오나 꼬박 기다리기만 했네.

Shoot, I had no idea and waited around wondering why it wasn't coming.

동영상 045

▶ 표현

1. Shoot!: 이런, 제길!

실망, 짜증날 때 주로 사용한다고 생각하면 됩니다. 영화나 미드를 보면 욕이 많이 나오는데, 이 Shoot은 그 정도로 무례하게 들리진 않아요. Unit 10에서 감탄사를 동영상으로 정리했던 것 기억나시죠? 혹시 기억 안 나면 다시 영상을 보며 복습해 주세요.

Oh! Shoot! I got lost. 어, 이런! 길을 잃었잖아.

Oh! Shoot! I forgot to buy milk.
아이 참! 우유 산다는 걸 깜박했네.

참고로 Shit, Damn, Hell 이 표현들은 굉장히 무례하니 안 쓰는 게 좋습니다. 그렇지만 분명 많이 듣게 되는 표현이니 알고는 있어야 합니다.

2. I have no idea. 몰라요.

I have no idea는 I don't know(몰라요)를 더 강조해서 말하는 느낌이에요. 비슷한 말로 I have no clue.가 있는데, no를 강조하면 느낌이 더 살죠.

I have no idea how to get this to work.
이거 어떻게 작동시켜야 하는지 전혀 모르겠네.

I have no idea why you didn't tell me about it.
왜 네가 나한테 그 말을 안 했는지 전혀 모르겠다.

Customer: Do you know where I can buy a laptop? 노트북을 어디서 살 수 있는지 아세요?

Clerk: I have no idea. 모르겠네요. (여기서 점원이 I have no idea. 라고 하면 '내가 그걸 어찌 알겠냐? 나 방해하지 매'의 느낌이 들어 있다고 보면 됩니다. 그러니까 사용에 좀 주의하실 필요는 있어요. 그런데 New York 같이 바쁜 도시를 가면 이런 말 종종 들리니까 너무 정색하고 반응할 필요는 없겠죠.)

번호 나한테 줘. 내가 대신 이메일 써서 보낼게. 그리고 요즘 홈페이지 들어가 보면 톡으로 상담할 수 있어. 전화해 봐도 되고.

Give me the number. I'll write them an email for you. And if you go to the website, you can chat with them online. You can also give them a call.

▶ 표현 give @ a call = call @ = hit @ up on one's cell = hit the cell: @에게 전화하다

전화할 때 핸드폰으로 하죠? 하지만 핸드폰은 handphone이 아니에요. cell phone이라고 해야 합니다. cell phone에서 phone을 빼고 cell로만 말해도 핸드폰을 뜻하기도 해요. 요즘은 거의 smartphone을 사용하니 smartphone이나 그냥 phone이라고 해도 됩니다.

193

내 영어 실력으로? 지금 이 메일도 못 읽는데 무슨.

With my English? I can't even read this email.

▶ 패 턴
I can't even 동사원형 ~: 나 ~도 못해

요즘 한국어로 톡 보내거나 Korean, please만 해도 한국인 상담사랑 연결해 준다니깐.

You can chat in Korean or just say 'Korean, please' and they will connect you to a Korean representative.

▶ 표 현   representative: 고객 서비스 담당자

representative는 원래 '대표자'란 뜻이지만, customer service representative에서는 '고객 서비스 담당자'로 '담당자'의 뜻입니다. Korean representative는 한국어로 고객 담당하는 사람을 말하는 거예요.

정말? 나만 그거 모르고 혼자 끙끙댄 거야? 아, 진짜 얼마나 마음 졸였는지 모를 거야. 고맙다!

Are you sure? Am I the only one who didn't know about this? You don't even know how worried I was. Thank you!

▶ 패 턴
Am I the only one who ~?: 나만 ~인 거야?

▶ 패 턴
You don't even know ~ : 넌 ~도 모르잖아

Mom: Great job, son!
(발표를 잘한 아들에게) 정말 잘했어, 아들!

Son: You don't even know how nervous I was. I was shaking like crazy. 엄마는 내가 얼마나 긴장했는지 모를 거예요. 미치도록 온몸을 떨었어요.

UNIT

14 문득문득 쓰고 싶은 패턴

DAILY LIFE CONVERSATION
BETWEEN FRIENDS

나 ~하려고 했거든

나 ~할 것 잊어 버렸어

~할 걸 그랬어

처음엔 ~라고 생각했어

PATTERN 073 과거에 계획했지만 못한 일을 나타낼 때

나 ~하려고 했었거든 I was (just) going to 동사원형

과거에 자신이 하려고 계획했던 것을 이렇게 나타내요. 아직까지 실행에 옮기지 않았다는 의미가 되는 것이죠. 원어민들이 하는 발음을 들어보면 going to를 gonna라고 하여 I was gonna 식으로 축약해서 말을 합니다.

무료 체험 기간 동안 그거 보려고 했었지.

I was just going to watch it for the free trial month.

PATTERN DRILL

I was gonna	+	**stay up late and do this myself.** 내가 밤새서 이거 하려고 했었지.
	+	**give you a call last night but something came up.** 어젯밤에 너한테 전화하려고 했었는데 일이 생겼어.
	+	**sell it to another guy but if you want...** 다른 애한테 그거 팔려고 했었거든. 그렇지만 네가 원하면...
	+	**grab a bite to eat. You want some?** 나 한입 먹으려고 했었거든. 너도 먹을래?
	+	**ask you this question.** 나 너한테 이거 물어보려고 했어.
	+	**have you over to my party but it just got canceled.** 내가 너 파티에 오라고 하려고 했지만 그게 취소가 됐어.

A Where is your sister?

B I was gonna tell you earlier but you were so busy. Actually, she moved out.

A 네 여동생 어디 있어?
B 너한테 더 일찍 말하려고 했는데 네가 너무 바빴잖아. 사실, 걔 이사 나갔어.

MP3-086

나 ~할 거 잊어 버렸어   I forgot to 동사원형

이렇게 해야 할 일을 깜박하고 잊어 버릴 때는 forget을 사용하지만, 물건이나 돈을 잃어 버렸을 때는 lose를 사용합니다. 참고로 forget 다음에 동사ing가 나오는 경우가 있는데, 이때는 '과거에 했던 것을 잊다'의 뜻이에요. 사실, 회화에서는 forget 동사ing를 쓰는 경우가 많지 않아요.

구독 해지해야 하는 걸 잊어 버렸지 뭐야.
I forgot to cancel the subscription.

PATTERN DRILL

I forgot to	+ tell you something. 나 너한테 뭐 말해 준다는 걸 잊어 버렸네.
	+ bring my smartphone. 내 스마트폰 가져온다는 걸 깜박했네.
	+ change my clothes. 나 옷 갈아입는 거 깜박했네.
	+ give you a receipt. 너한테 영수증 주는 거 깜박했어.
	+ call you and tell you I wouldn't be able to make it to your wedding. 너한테 전화해서 나 네 결혼식에 못 갈 것 같다고 말하는 걸 깜박했네.
	+ say that children under the age of 14 must be accompanied by an adult. 14세 미만 아이들은 성인을 동반해야 한다고 말하는 걸 깜박했네.

A I forgot to tell you I need to drive tonight.

B I was gonna ask you out for a drink. That's okay. We can just have dinner.

A 나 오늘 차 운전해야 한다고 말하는 거 깜박했다.

B 너한테 한잔하러 나가자고 하려고 했는데. 괜찮아. 그냥 저녁 먹으면 되지.

MP3-087

197

~할걸 그랬어 I should have 과거분사 (p.p.)

정말로 많이 나오는 패턴이죠. 과거에 하지 않은 행동에 대한 후회를 나타내고요. 대개 should have가 should've로 축약되어 [슈ㄹv], [슈러] 정도로 약하게 발음됩니다. 뒤의 과거분사에 강세를 두는 것, 잊지 마세요. 반대로 과거에 한 행동을 후회할 때는 'shouldn't have+과거분사'를 쓰면 됩니다.

나 그거 할걸 그랬어.

I should have done that.

PATTERN DRILL

I should've	+ **done this a long time ago.** 오래 전에 이거 할걸 그랬어.
	+ **asked her out on a date back then, instead of waiting this long.** 이렇게 오래 안 기다리고 그때 그녀한테 데이트 신청할걸 그랬어.
	+ **taken care of my dog more carefully.** 우리 개를 좀 더 잘 돌볼걸 그랬어.
	+ **taken my father's advice and got that job.** 아버지 충고를 받아들여서 그 일 잡을걸 그랬어.
	+ **told you I was bringing my girlfriend.** 내가 여친 데려올 거라고 말할걸 그랬다.
	+ **turned down that offer.** 그 제안 거절할걸 그랬어.

A I almost forgot to tell you this. Your son is playing soccer with other kids.

B I shouldn't have let him out in the first place. He needs to study.

A 하마터면 이거 말하는 거 잊어 버릴 뻔했네. 네 아들 다른 애들과 축구하고 있어.

B 애초에 걔를 내보내지 말걸. 공부해야 하는데.

MP3-088

PATTERN 076 맨 처음 자신이 생각했던 걸 말할 때

처음엔 ~라고 생각했지   At first I thought 주어+동사

과거에 자신이 맨 처음 했던 생각을 얘기할 때 씁니다. 뒤에는 보통 반전이 되는 문장이 나오죠.

처음에 난 그냥 로맨스물이라고 생각했지.

At first I thought it was just romance.

PATTERN DRILL

At first I thought	+	he was smart, but he wasn't even able to solve a very simple question. 처음에는 걔가 똑똑하다고 생각했는데, 아주 단순한 문제도 해결을 못 하더라고.
	+	you were trustworthy, but then I realized you lied to me the whole time. 처음에는 네가 믿을 만하다고 생각했는데 그러고 나서 네가 나한테 내내 거짓말한 걸 알게 됐어.
	+	he was joking, but then I realized he was not. 처음에는 걔가 농담하는 거라고 생각했는데 그렇지 않다는 걸 깨달았지.
	+	it was useless, but then I realized it was very useful. 처음에는 쓸모없다고 생각했는데 아주 유용하다는 걸 알았어.

A At first, I thought it was too expensive, but now I see why.

B Thanks for saying that. I'm pretty sure this is the best in the market.

A 처음에는 너무 비싸다고 생각했는데 지금은 왜 그런지 알겠어.

B 그렇게 말해 줘서 고마워. 이게 시장에서 가장 좋은 거라는 거 확실해.

MP3-089

199

구독 해지해야 하는 걸 잊어 버렸지 뭐야.

영어로 어떻게 말하지?

 HOW CAN I SAY IN ENGLISH?

나   요새 뭐해?

너   평일에는 회사 갔다가 끝나고 헬스장 가.
주말에는 미국 드라마랑 유튜브 보고.

나   드라마 뭐 봐? 나 'How I Met Your Mother'
완전 팬이거든. 로맨틱 코미디야.

너   아, 나 한번 들어본 적 있어. 난 '위기의
주부들' 봐. 넌 영상 어디서 받아?

나   영상은 네이버나 구글에서 찾아봐. 넌?

너   나는 넷플릭스에서 보고 있어. 사실은,
그냥 무료 체험 기간 동안 보려고 했어.
그런데 서비스 이용 해지해야 하는 걸 잊어
버렸지 뭐야. 그래서 지금은 돈 내고 있어.

나   와, 나도 무료 시청 서비스 이용하고
싶었거든. 그런데 서비스 이용 해지하는 걸
잊어 버리면, 자동으로 돈이 빠지잖아.
별로인 것 같아서 이용 안 했어. 내 생각엔
무료 체험 서비스 때문에 꽤 희생자가
많을 것 같아.

너   나도 그럴걸. 내가 너무 멍청했지 뭐.
그런데 지금까지는 만족해. 더 빠르고 쉽게
많은 영상들을 볼 수 있잖아. 요즘엔,
엄격한 규제가 많아서 무료 영상을 찾기가
힘들더라고.

나   맞아. 나도 보고 싶은 걸 찾을 수가 없어.
그런데 '위기의 주부들'은 재미있어?

너   처음엔 그냥 로맨스인 줄 알았는데 아니야.
로맨틱 스릴러물이야.

나   뭐? 그런 이야기인 줄 전혀 몰랐는데.

너   맞아. 나도 완전 놀랐어. 엄청 흥미로워.
보고 싶으면 우리 집으로 와. 같이 보자.

나   그래, 내가 간식 가져갈게.

! SAY IT ENGLISH!

MP3-090

Me	What have you been up to these days?
You	On weekdays I go to work and hit the gym after. On weekends I watch American TV series and YouTube videos.
Me	Which TV series do you watch? I'm a fan of 'How I Met Your Mother'. It's a romantic comedy.
You	Oh, I've heard of it once. I watch 'Desperate Housewives'. Where do you get your videos from?
Me	For videos I search on Naver or Google. What about you?
You	I watch videos on Netflix. Honestly, **I was just going to** watch it for the free trial month. But **I forgot to** cancel the subscription, so now I'm paying for it.
Me	Wow, I wanted to try the free trial service too. But if you forget to cancel the subscription, payments are made automatically. I didn't like that, so I ended up not subscribing. I think quite a lot of people fall victim to the free trial service.
You	**I should have** done that. I was too stupid. But I enjoy it so far. You can watch a lot of videos quicker and easier. Nowadays there are many strict regulations, so it's hard to find free videos.
Me	Yeah. I can't find what I want to watch. By the way, is 'Desperate Housewives' a good show?
You	**At first I thought** it was just romance. But it isn't. It's a romantic thriller.
Me	What? I never knew that.
You	It is, and I, too, was surprised. It's really interesting. If you want to watch it, come over to my house. We'll watch it together.
Me	Sure, I'll bring snacks.

요새 뭐해?

What have you been up to these days?

▶ 표 현

What have you been up to? 어떻게 지냈어?

이 표현은 What have you been doing since last time we met? 정도의 의미라고 보시면 돼요. 그러니 처음 만난 사람에게는 쓸 수 없죠. 상대방이 어떻게 지냈는지 관심을 보이며 생동감 있게 말하는 게 중요해요. 친구에게, 직장 동료에게, 혹은 선생님이 학생들에게 What have you been up to? 라고 말할 수 있습니다.

What have you been up to? 대신 What are you up to? 표현도 많이 사용해요. 전자가 과거부터 현재까지 어떻게 지내고 있느냐고 묻는 표현이라면, 후자는 What are you doing? 또는 What are your plans?의 의미로 '뭐 할 거야?, 계획이 어떻게 돼?' 정도의 느낌을 전해요.

A: What are you up to? 뭐 할 거니?

B: Oh, not much, you? 어, 별 거 없어. 넌? (= Oh, nothing much, what about you?) (not much/nothing much는 특별할 게 없다는 말을 할 때 사용해요. 쉽게 말하면 Nothing much is happening. Not much is happening.을 간단하게 말한 거예요.)

평일엔 회사 갔다가 끝나고 헬스장 가. 주말엔 미국 드라마랑 유튜브 보고.

On weekdays I go to work and hit the gym after. On weekends I watch American TV series and YouTube videos.

동영상 046

▶ 표 현

1. on weekdays: 평일에
   on weekends: 주말에

'주말에'는 on weekends 외에 on the weekends, over the weekends 모두 사용할 수 있습니다. 영국영어는 on 대신 at을 쓰기도 합니다. 여기서 여러분 마음에 드는 걸 사용하면 되고요. 다만 리스닝 때문에 다양한 것을 알고 있어야 해요.

2. hit the gym: 헬스장에 가다

여기서 hit은 '들르다'의 의미예요. hit the gym 자체가 '운동하러 가다'의 뜻으로 매우 많이 사용되니 암기하고 넘어가세요. hit가 '들르다'의 의미로 쓰인 표현 몇 개 소개합니다.

Let's hit the road!
가자. (여행이나 어디 떠날 때 많이 사용해요.)

Let's hit the bars! 술집에 가자!

Let's hit the town! 시내로 놀러 가자!

▶ 발 음   series vs. serious vs. theories

영상을 보며 발음 차이를 확실히 알아두세요.

드라마 뭐 봐? 나 'How I Met Your Mother' 완전 팬이거든. 로맨틱 코미디야.

Which TV series do you watch? I'm a fan of 'How I Met Your Mother'. It's a romantic comedy.

▶ 표 현

1. What TV series do you watch?

여기서 Which 대신 What을 넣어 What TV series do you watch? 라고 해도 큰 문제는 없어요. 단, What이라고 하면 정해진 TV series 중에서라는 느낌은 아니에요. Which TV series라고 해야 정해진 몇 개 중에서라는 느낌이 더 강하죠.

What university are you going to apply?
(대학 가려는 친구한테) 너 무슨 대학에 지원할 거야?

Which university are you going to apply?
(친구가 가고 싶은 대학을 알고 있는 상황에서) 너 무슨 대학에 지원할 거야?

2. a fan of ~: ~의 팬

보통 앞에 big이나 huge를 넣어 '~의 광팬'의 느낌으로 많이 써요.

I'm a big fan of Luke. 나 Luke 완전 팬이야.

I'm a big fan of your work. 전 선생님 작품 아주 좋아해요. (= I'm a big fan of yours.)

I'm a huge fan of Korean food.
나 한국 음식 완전 좋아해.

아, 나 한번 들어본 적 있어. 난 '위기의 주부들' 봐.
넌 영상 어디서 받아?

Oh, I've heard of it once. I watch 'Desperate Housewives'. Where do you get your videos from?

▶ 표 현   hear of vs. hear about

I've heard of는 쉽게 말해 무엇인가의 존재를 알고 있다(be aware of)의 의미예요. 이건 about과 of의 느낌을 알면 더 잘 이해할 수 있어요. 일단 about은 주변을 생각하시면 돼요. 예를 들어, I heard about Tom. 하면 Tom과 관련된 모든 것인 생김새, 말투, 성격 등을 들어봤다는 거예요. 반면에 of는 뒤에 오는 대상에 대해서만 집중해서 생각하면 되죠. 그래서 I heard of Tom. 하면 그냥 그 사람 얘기를 들었다는 것만 나타내요. 다음 예문으로 확인해 보세요.

I've heard of LukeLukeEnglish.
나 룩룩잉글리시 들어보긴 했어. (그래서 알긴 해.)

I've heard about LukeLukeEnglish.
나 룩룩잉글리시 들어봤어. (그리고 룩룩잉글리쉬 사이트랑 콘텐츠도 봐서 좀 알아.)

A: Have you heard about ABC restaurant?
ABC 식당 얘기 들으셨어요? (여기서는 ABC 식당에 대한 소식을 묻는 거죠. = Have you heard the news about ABC restaurant?)
B: Yes, I heard they serve great food!
네, 음식이 아주 잘 나온다고 들었어요.

A: Have you heard of ABC restaurant? ABC 식당 들어봤어요? (= Do you know the ABC restaurant?)
B: Yes, it is famous for its fried chicken.
네, 프라이드치킨으로 유명하잖아요.

영상은 네이버나 구글에서 찾아봐. 넌?

For videos I search on Naver or Google. What about you?

▶ 표 현   on+영상 플랫폼 이름

on YouTube(유튜브에서), on Twitter(트위터에서), on Google(구글에서), on Naver(네이버에서), on Netflix(넷플릭스에서)처럼 우리가 아는 플랫폼 앞에는 on을 써 주세요. 그냥 암기하시면 됩니다.

나는 넷플릭스에서 보고 있어. 사실은 그냥 무료 체험 기간 동안 보려고 했어.

I watch videos on Netflix. Honestly, I was just going to watch it for the free trial month.

▶ 패 턴
I was (just) going to 동사원형 ~:
(그냥) ~ 하려고 했었어

참고로 I was about to+동사원형은 I was gonna 와 비슷하지만, 일단 '막' 하려고 했다는 느낌 차이가 있어요. I'm about to ~는 '막 ~하려고 하는데'의 현재를 말하고, I was about to ~는 '막 ~하려고 했었던' 과거의 상태를 나타내요.

I was about to go to bed.
막 잠자리에 들려고 했어.

I was about to give you a call.
막 너에게 전화하려고 했어.

▶ 표 현
1. honestly: 솔직히

'솔직히' 표현 중에서 원어민이 가장 좋아하는 것은 honestly인 것 같아요. 물론 frankly, candidly 또는 뒤에 speaking을 붙여서 frankly speaking, candidly speaking이라고도 말하지만, 원어민들이 많이 사용하는 honestly, to be honest 표현도 잘 활용해 주세요.

2. free trial (service): 무료 사용 서비스

유료 앱을 보면 보통 한 달 무료 서비스를 제공하면서 신용카드 정보를 요구합니다. 한 달 내에 해지하면 요금 부과가 안 된다고 하면서요. 이 무료 서비스를 free trial (service)라고 해요. free는 '무료의'라는 뜻이고 trial은 어떤 것이 자신에게 적합한지 알아보는 test의 의미가 있어요. 이걸 하게 되면 해지 시점을 꼭 기억하고 계셔야 해요.

We offer a **30-day** free trial to all new members.
우리는 모든 새 회원에게 30일 무료 서비스를 제공합니다.

그런데 서비스 이용 해지해야 하는 걸 잊어 버렸지 뭐야. 그래서 지금은 돈 내고 있어.

But I forgot to cancel the subscription, so now I'm paying for it.

▶ 패 턴

I forgot to 동사원형 ~: ~할 걸 잊어버렸어

이렇게 맨날 깜박하는 사람에게는 '~하는 거 잊지 마'라고 알려줘야 합니다. 그때는 Don't forget to+동사원형 ~ (~하는 것 잊지 마)라고 말해 주세요.

Don't forget to take a wallet with you.
지갑 챙기는 것 잊지 마.

Don't forget to call me.
나한테 전화하는 거 잊지 마.

▶ 표 현 **subscription: 구독**

이 subscription과 관련한 유용한 표현을 정리해 드립니다.

> **cancel one's subscription**: 구독을 취소하다
> **renew one's subscription**: 구독을 연장하다
> **pay a subscription**: 구독료를 내다
> **I've already subscribed to the channel.**: 이미 그 채널 구독했어.

와, 나도 무료 시청 서비스 이용하고 싶었거든. 그런데 서비스 이용 해지하는 걸 잊어 버리면, 자동으로 돈이 빠지잖아. 별로인 것 같아서 이용 안 했어. 내 생각엔 무료 체험 서비스 때문에 꽤 희생자가 많을 것 같아.

동영상 047

Wow, I wanted to try the free trial service too. But if you forget to cancel the subscription, payments are made automatically. I didn't like that, so I ended up not subscribing. I think quite a lot of people fall victim to the free trial service.

▶ 발 음 **automatically**

강세에 주의해야 하는 단어죠. 끝이 -cally로 끝나는 technically, basically, practically, dramatically 등의 발음을 영상을 통해 확인하세요. 실제로 스피킹에서 빈도가 매우 높은 단어들을 선정하고 의미까지 설명했으니 도움이 될 거예요.

▶ 표 현

1. payments are made: 돈이 지불되다

make a payment는 '(사람이) 지불하다'의 뜻이에요. 하지만 '돈이 지불되다'의 뜻일 때는 payment가 주어로 쓰이면서 수동태가 됩니다. 이건 문법 설명보다는 표현 자체를 외워 주세요.

2. end up 동사ing ~: 결국 ~하게 되다

end up은 '(결국) ~하게 되다'의 뜻이에요. 뒤에 동사가 나오게 되면 ing형으로 사용합니다. 이 패턴은 자기 의도와는 관계없이 '(의도치 않았지만) 결국 그렇게 되다'의 뉘앙스가 있다는 걸 기억하세요. end up과 같은 뜻으로 wind up도 있는데요. wind up은 주로 부정적인 결과가 나올 때 사용합니다. 대화에서는 긍정, 부정 관계없이 편하게 end up을 쓰시면 돼요.

end up 다음에는 -ing형 외에 명사, 형용사, 전치사+명사도 나올 수 있어요. 몇 가지 원리를 알려드리면 end up with+[사람·사물], end up in+[장소·a situation]으로 기억하면 된답니다. 하지만 스피킹할 때는 end up -ing로 연습하면 더 편할 거예요.

I never thought I would end up (being) rich. 난 내가 부자가 될 거라곤 생각도 못했어. (형용사)

How did I end up here?
내가 어떻게 여기에 오게 되었지? (장소)

I got into a fight with him and ended up in a hospital.
나 걔랑 싸워서 결국 병원에 갔어. (전치사+명사)

I tried really hard on this, but it ended up with nothing. 정말 이것에 노력을 많이 했는데 물거품이 되었어. (전치사+명사)

3. quite a lot of people: 많은 사람들

a bit(약간), a few(좀), a lot(많이)이 서로 다른 느낌이니 앞에 quite가 붙은 quite a bit, quite a few, quite a lot 역시 의미가 다를 것이라고 생각하는 분들이 많더라고요. 단도직입적으로 말하자면 앞의 세 표현 모두 '꽤 많은'의 뜻입니다. 영영 사전을 보면 'a large amount, but not a very, very large amount'라고 나와 있어요.

There are quite a few handsome men around here. 여기 잘생긴 남자들이 꽤 있어.

I have quite a bit of debt. 나 꽤 많은 빚이 있어.

A: Do you come here a lot? 여기 자주 와요?

B: Quite a lot. 꽤 자주 오죠.

4. fall victim to ~: ~의 희생자가 되다

직역하면 '~에 희생자로 떨어지다'니까 '희생자가 되다'의 뜻입니다.

I don't want to end up falling victim to this stupid way of English education. 난 이런 말도 안 되는 영어 교육의 희생자가 되고 싶지 않아요.

There's too much information around us. So, we often fall victim to information overload. 요즘은 주변에 정보가 너무 많아. 그래서 우리는 종종 정보 홍수의 희생자가 되기도 하지.

나도 그럴걸. 내가 너무 멍청했지 뭐. 그런데 지금까지는 만족해. 더 빠르고 쉽게 많은 영상들을 볼 수 있잖아. 요즘엔, 엄격한 규제가 많아서 무료 영상을 찾기가 힘들더라고.

동영상 048

I should have done that. I was too stupid. But I enjoy it so far. You can watch a lot of videos quicker and easier. Nowadays there are many strict regulations, so it's hard to find free videos.

▶ 패 턴

should have 과거분사: ~했어야 했어, ~할 걸

그럼, 과거에 '~하지 말걸' 하고 한 행동을 후회할 때는 어떻게 할까요? 그때는 shouldn't have+과거분사로 표현합니다. 원어민들이 하는 말을 들어보면

상당수가 shouldn't have를 [슈드너], [슈너] 정도로 빠르게 발음합니다. 이 부분 역시 영상으로 정리를 해 놨으니까 아주 도움이 될 거예요.

▶ 표 현   strict regulations: 강한 규제들

regulations 대신에 rules를 쓰면 안 되냐고 물어본 학생이 있었습니다. 가능은 한데요, rules는 regulations 만큼 강하지가 않아요. rules를 어기는 사람을 강제적으로 punish(벌하다)할 수는 없지만 regulations는 강제성이 강해서 punish할 수 있습니다.

맞아. 나도 보고 싶은 걸 찾을 수가 없어. 그런데 '위기의 주부들'은 재미있어?

Yeah. I can't find what I want to watch. By the way, is 'Desperate Housewives' a good show?

▶ 표 현

1. by the way: 아참, 그런데

어떤 말을 하다가 갑자기 뭔가가 생각이 났을 때 주로 사용해요.

A: I just got a promotion. 나 이번에 승진했어.

B: Congrats! By the way, how much more are you getting? 축하해! 참. 그런데 연봉은 얼마나 올랐어? (Congratulations를 줄여 Congrats! 라고 해요.)

이 by the way와 anyway의 차이점에 대해 질문을 종종 받는데요, 일단 by the way는 갑작스럽게 뭔가가 생각이 났을 때 사용해요. 반면에 anyway는 대화의 방향을 딴 데로 돌릴 때 주로 사용하죠. 해석은 "어쨌거나, 그건 그렇고" 정도가 가장 비슷한 것 같아요. 위 상황에서는 "그건 그렇고"라고 해석해도 자연스러우니 Anyway를 써도 됩니다. 또 anyway는 대화를 마무리 지을 때도 많이 사용해요. Anyway, I've gotta go. I have to catch the plane.(어쨌든 나 가 봐야 해. 비행기 타야 하거든.) 처럼요.

A: What subject do you like the most? 너 무슨 과목 제일 좋아해?

B: Math. By the way, when is our math test? 수학. 아참. 그런데 우리 수학 시험 언제냐?

A: I'm not sure. Anyway, I have to get a good score this time. 잘 모르겠네. 어쨌든, 이번에 점수 잘 나와야 하는데. (anyway 뒤에 나오는 것이 앞에서 말한 것보다 더 중요하다고 말하고 있죠.)

2. show

show는 TV에서 방영되는 대부분을 다 포함하는 개념이에요. 예능, 드라마, 코미디, 시트콤 모두 다요. 유명한 Friends도 결국 TV Show의 일종이고, 구체적으로 말하면 sitcom이라고 하는 것이죠.

처음엔 그냥 로맨스인 줄 알았는데 아니야. 로맨틱 스릴러물이야.

At first I thought it was just romance. But it isn't. It's a romantic thriller.

▶ 패 턴
At first I thought ~: 처음에는 ~라고 생각했어

뭐? 그런 이야기인 줄 전혀 몰랐는데.

What? I never knew that.

▶ 표 현
I never knew that. 그거 전혀 몰랐어요.
(= 새로운 것을 배웠네요.)

I never knew that 뒤에 주어+동사를 놓아서 '~한 내용인지 전혀 몰랐어요'의 뜻으로도 쓸 수 있어요.

I never knew that there are more Chinese speakers than English speakers in the world. 난 중국어를 말하는 사람들이 영어를 말하는 사람들보다 많은지 전혀 몰랐어요.

I never knew that you can speak four languages. 난 네가 4개 국어를 하는지 전혀 몰랐어.

맞아. 나도 완전 놀랐어. 엄청 흥미로워. 보고 싶으면 우리 집으로 와. 같이 보자.

It is, and I, too, was surprised. It's really interesting. If you want to watch it, come over to my house. We'll watch it together.

▶ 표 현
1. It's interesting.: 흥미로워.

이 interesting 표현에 대해 원어민 친구가 이렇게 말을 했어요. "Interesting is usually when something makes you think or want to learn more about it. (뭔가 생각나게 하거나 더 알고 싶

게 만드는)"으로요. 결국 interesting은 관심을 끌게 하고, 알고 싶어 하는 뭔가를 말할 때 사용한다는 거죠. '흥미롭다' 하면 사실 interesting 외에 exciting도 떠오를 거예요. exciting은 그 순간 뭔가를 즐길 때 사용할 수 있는 표현이라고 생각하시면 돼요.

That's interesting.
(영어 꼴찌가 유명 통역사가 된 소식을 접하고) 재미있네.

It was really exciting.
(놀이동산에 가서 정말 재미있었을 때) 완전 신났어.

This is exciting.
(번지점프하기 전에 흥분하면서) 이거 짜릿한데.

2. come over to+집: ~네로 놀러 오다

이건 주로 Come over to my house [my apartment]로 쓰이며, "우리 집으로 놀러 와." 라는 말이에요. 친구 사이에 Come over, bro! 하면 "야! 놀러 와!" 이 정도 느낌이 되겠죠. come over 대신 come이라고만 해도 괜찮아요.

그래, 그러면 내가 간식 가져갈게.

Sure, I'll bring snacks.

▶ 표 현   snack: 간식

snack은 우리가 보통 아침, 점심, 저녁이 아닌 중간에 먹는 간식이라고 생각하면 돼요. 과자뿐만 아니라 떡볶이, 어묵, 순대, 과일, 햄버거 모두 다 snack이라고 할 수 있어요.

UNIT 15 써야 할 근거가 확실한 회화 패턴

FINE DUST

~라고
누가 생각이나 했겠어?

제일 먼저 ~하는 건 ...야

~해져 가고 있다

나 ~인 줄 몰랐어

~라고 누가 생각이나 했겠어?
Who would have thought (that) 주어+동사?

예전에는 생각지도 못했던 걸 현재에 하고 있을 때 쓸 수 있는 패턴입니다. would have 과거분사니 가정법이니 이런 건 머리만 복잡하게 합니다. 이 패턴 자체를 통으로 기억하세요.

이런 날씨를 그리워할 줄 누가 생각이나 했겠어?
Who would have thought that I would miss such weather?

PATTERN DRILL

Who would have thought (that)	+ **learning a new language could be so much fun?** 새로운 언어를 배우는 게 그렇게 재미있을 수 있다고 누가 생각이나 했겠어?
	+ **all those student loans could ruin my life?** 그 모든 학생 대출이 내 인생을 망칠 거라는 걸 누가 생각이나 했겠니?
	+ **this little guy would become a world champion?** 이 꼬마 녀석이 세계 챔피언이 되리라고 누가 생각이나 했겠어?
	+ **marijuana could be used as a painkiller?** 대마초가 진통제로 쓰일 수도 있다는 걸 누가 생각이나 했겠어?

A Who would have thought YouTube would become this popular?

B You don't even know how fast this world is changing. It's just crazy.

A 유튜브가 이렇게 인기 있게 될 거라고 누가 생각이나 했겠냐?

B 너 요즘 세상이 얼마나 빨리 변하고 있는지 통 모르는구나. 진짜 미칠 지경이라니까.

MP3-091

제일 먼저 ~하는 건 ...야   The first thing ~ is

The first thing is ~ 식으로도 나올 수 있지만, 구체적으로 누가 ~하다 라는 것을 집어넣어 앞부분에 The first thing I did, The first thing I have to do, The first I want to do 식으로 형태를 변형해서 사용할 수 있어요. 그리고 나서 뒤에 be동사를 사용해서 서술해 주시면 돼요.

내가 아침에 제일 먼저 하는 건 미세먼지 지수 확인이야.

The first thing I do in the morning is to check the fine dust index.

PATTERN DRILL

The first thing

+ **you should do to pass this test is to not miss class.**
  네가 시험에 합격하기 위해 제일 먼저 해야 할 거는 수업에 빠지지 않는 거야.

+ **I'm gonna do once I go to France is visit Eiffel Tower.**
  일단 내가 프랑스 가면 제일 먼저 할 거는 에펠탑에 가 보는 거야.

+ **you would do is bond with your roommates.**
  네가 앞으로 제일 먼저 하게 될 것은 룸메이트와 유대감을 쌓는 거지.

+ **I'm gonna do is unpack our stuff and go for a walk.** 내가 제일 먼저 할 것은 짐을 풀고 산책하러 가는 거야.

A What are you gonna do first once you are selected as a lottery winner?

B The first thing I want to do is buy a house in Seoul.

A 복권 당첨자가 되면 넌 제일 먼저 뭘 할 거야?

B 네가 제일 먼저 하고 싶은 건 서울에다 집을 사는 거야.

MP3-092

209

~해져 가고 있다　It's getting

get은 참 다양한 의미로 쓰이는데요, 여기서는 '~한 상태가 되다'의 의미입니다. 뒤에 상태를 나타내는 형용사가 오지요. 의외로 많이 나오는 패턴이면서 활용도가 굉장히 높습니다. 참고로 뒤에 '비교급+비교급' 형태가 되면 '점점 더 ~하게 되다'의 의미가 됩니다.

해가 갈수록 더 심각해지네.

It's getting worse every year.

PATTERN DRILL

It's getting

+ **dark.** 날이 어두워지고 있네.

+ **better and better.** 상황이 점점 더 좋아지고 있어.

+ **closer.** (목적지까지 거리가) 더 가까워지고 있어.

+ **stronger and stronger.**
  점점 더 강해져 가고 있어.

+ **pretty serious.** 진짜 심각해지고 있어.

+ **pretty complicated at this point.**
  이 지점에서 정말 꼬여가고 있네.

A　I think I gotta go. It's getting late.

B　It's a shame you have to go. How about I drive you home?

MP3-093

A 나 가야겠어. 정말 너무 늦은 시간이야.

B 가야 한다니 안타깝다. 내가 집까지 태워다 주면 어때?

자신이 뭔가를 깨닫지 못했을 때

나 ~인 줄 몰랐어   I didn't realize (that) 주어+동사

매우 많이 나오는 패턴으로, realize가 '깨닫다'의 뜻인데요, realize를 기준으로 전과 후가 변화가 있는 거예요. I realize X를 축으로 그전에는 몰랐다가(I don't know X) 그 후에는 알게 되는(I know X) 거죠. realize는 보통 남들이 말한 것을 배우는 것이 아니라, 스스로 생각하고 고민해서 몰랐던 것을 알게 됐을 때 씁니다.

미세먼지가 그렇게 심한지 몰랐어요.
I didn't realize the fine dust was so bad.

PATTERN DRILL

I didn't realize

+ **you wanted to get some advice from me.** 네가 나한테서 조언을 받고 싶어 하는 줄 몰랐어.

+ **how late it was.** 시간이 벌써 이렇게 됐는지 몰랐어요.

+ **you were going to be here.** 네가 여기 올 거라는 걸 몰랐어.

+ **I hurt you that much.** 내가 널 그렇게 많이 상처 준지 몰랐어.

+ **I didn't lock the door.** 내가 문 안 잠갔는지 몰랐어.

+ **you were the mayor of the city.** 당신이 그 도시 시장인 줄 몰랐어요.

A I'm getting hungry. I didn't realize I was awake for 24 hours without a single meal.

B Let's go get some pizza. Then you gotta get some sleep for sure.

A 배고파지네. 한 끼도 안 먹고 24시간 내내 깨어 있는 줄 몰랐네.

B 가서 피자라도 좀 먹자. 그러고 나서 너 잠 좀 꼭 자야 해.

MP3-094

이런 날씨를 그리워할 줄 누가 생각이나 했겠어?

영어로 어떻게 말하지?

 HOW CAN I SAY IN ENGLISH?

나   이런 좋은 날씨 너무 오랜만이야!

너   이런 날씨를 그리워할 줄 누가 생각이나 했겠어?

나   난 아침에 깨면 제일 먼저 하는 게 미세먼지 농도 확인하는 거야.

너   아, 정말 슬픈 현실이야. 해가 갈수록 더 심각해지는 것 같아.

나   지난달에 미세먼지가 그렇게 심한지도 모르고 공원에서 산책했거든. 그날 기관지염에 걸렸는데 굉장히 오래 가는 거야. 너무 고생했어.

너   비 오면 학교에서 소풍 취소해 가지고 교실에서 점심 먹은 것 기억나? 요즘은 미세먼지 때문에 소풍을 취소한다네.

나   아이들이 불쌍해. 밖에서 노는 거 좋아하는데 미세먼지가 정말 심한 날은 외출도 삼가야 하니까.

너   실내에서도 공기청정기 틀어 놓고 황사 마스크도 쟁여 놔야 하고. 신경 쓸 게 한두 가지가 아니야.

나   기관지염 걸린 후로는 나도 가방에 항상 황사 마스크 가지고 다녀. 물도 많이 마시고.

너   언제쯤 미세먼지 걱정 없이 밖에 나가서 깨끗한 공기 마실 수 있을까?

SAY IT ENGLISH!

MP3-095

Me	It's been so long since we had such great weather!
You	**Who would have thought that** I would miss such weather?
Me	**The first thing** I do when I wake up in the morning **is** to check the fine dust index.
You	Man, that is a sad reality. I think **it's getting** worse every year.
Me	Last month, **I didn't realize** the fine dust was so bad and I went for a walk around the park. I ended up getting bronchitis that day, and it lasted so long. I had such a hard time.
You	Remember when it rained, the school canceled field trips so we had to eat lunch in the classroom? Nowadays, they cancel field trips because of the fine dust.
Me	Poor kids. They like to play outside but they have to refrain from going out when the fine dust gets really bad.
You	You need to have an air purifier indoors and stock up on dust masks. There are so many things you need to care about.
Me	Since I had bronchitis, I always carry a dust mask in my bag. I also drink lots of water.
You	When will we be able to go outside and breathe in clean air without worrying about fine dust?

이런 좋은 날씨 너무 오랜만이야!

It's been so long since we had such great weather!

▶ 표현

1. It's been ~ (since) ...: … 이래로 ~다

뒤의 since ~는 상황에 따라 말을 안 하는 경우도 많아요. 보통 아래처럼 쓰이죠.

It's been a week. 일주일이 됐어.

It's been 10 years. 10년이 됐어.

It's been tough. 힘들어. (보통 뒤에 시간이나 기간이 나오는데 이렇게도 많이 쓰입니다.)

2. such great weather: 이런 좋은 날씨

보통 강조할 때 so, such를 사용합니다. 'such (a) 형용사+명사! So+형용사' 이런 식으로 정리되는데 전 개인적으로 이렇게 품사를 집어 넣어 외우는 것을 추천하지 않아요. 문장 몇 개만 감정을 제대로 넣어 읽어 보는 걸 추천합니다

Such great news! (내년 경기가 좋을 거라는 뉴스에) 정말 좋은 뉴스네. (news는 셀 수 없어요. 그래서 a를 붙이지 않아요. weather처럼요.)

This has become such a massive hit.
(유명 미드 시리즈를 얘기하며) 이거 정말 대박 히트했죠.

You're such a great host. You'll be great.
(중요한 회사 행사 진행을 앞둔 동료에게) 넌 정말 대단한 진행자야. 잘할 거야.

이런 날씨를 그리워할 줄 누가 생각이나 했겠어?

Who would have thought that I would miss such weather?

동영상 049

▶ 패턴

Who would have thought (that) 주어+동사 ~?:
~라고 누가 생각이나 했겠어?

Who would have thought ~에서 would have 는 [우르v], [우러] 정도로 약하게 발음됩니다. thought에 강세 넣는 것 잊지 마시고요. 이것도 영상을 보면서 확인하세요.

난 아침에 깨면 제일 먼저 하는 게 미세먼지 농도 확인하는 거야.

The first thing I do when I wake up in the morning is to check the fine dust index.

▶ 패턴

The first thing ~ is ...:
제일 먼저 ~하는 건 …이다

▶ 표현

1. wake up vs. get up

이 둘은 약간 의미가 다르긴 합니다. wake up은 눈을 뜨고 잠에서 깨는 걸 말하고요, get up은 말 그대로 침대에서 일어나는 것이죠. 사실 wake up해서, 한동안 침대에 깨어 있는 상태로 있는 사람들도 있잖아요. 하지만 보통은 일반적으로 같이 쓰이긴 합니다. 그래도 차이점은 알아두세요.

A: When did you get up this morning?
오늘 아침에 언제 일어났어?

B: I got up at 10. 10시에 일어났어.

A: You slept at 10 last night. So you slept for 12 hours.
너 어젯밤에 10시에 잤구나. 그러니까 12시간을 잔 거네.

B: No. I actually woke up at 9, but I just stayed in bed.
아니, 사실 나 9시에 깼는데 그냥 침대에 누워 있었어.

2. fine dust: 미세먼지

사실 '미세먼지'라고 하면 micro dust, fine dust, yellow dust 표현을 보통 쓰지만, 한국에 안 사는 원어민들은 잘 모를 수 있어요. 이럴 때는 그냥 쉽게 air pollution(대기 오염), air pollutants(대기 오염 물질)을 사용해서 설명하는 것도 요령입니다.

3. index: 지수

index가 어떻게 사용되는지는 다음 예를 보면 쉽게 알 수 있어요.

> **happiness index**: 행복 지수
> **inflation index**: 물가 상승 지수
> **Dow Jones Index**: 다우 존스 지수
> **the cost of living index**: 생활비 지수
> **house price indexes**: 주택 가격 지수

아, 정말 슬픈 현실이야. 해가 갈수록 더 심각해지는 것 같아.

Man, that is a sad reality. I think it's getting worse every year.

▶ 패 턴

It's getting 형용사 ~: ~해져 가고 있다

▶ 표 현   **every year : 매년(= each year)**

의미를 강조하기 위해 each and every year 또는 every single year라고도 합니다. 따라서 '매일 매일'은 every day, each day, each and every day, every single day, day in day out으로 표현할 수 있어요.

지난달에 미세먼지가 그렇게 심한지도 모르고 공원에서 산책했거든.

Last month, I didn't realize the fine dust was so bad and I went for a walk around the park.

▶ 패 턴

I didn't realize (that) 주어+동사 ~:
나 ~인 줄 몰랐어

A: What happened? 무슨 일 있어?

B: I got laid off yesterday. 어제 해고당했어.

A: Oh, my… I'm so sorry. I didn't realize you got laid off. I wouldn't have told you if I had known it. 오, 이런. 미안해. 나 너 잘린지 몰랐어. 알았으면 말 안 했을 텐데.

A: Wow! Are you Paul? What are the odds? What are you doing here?
왜! 너 Paul이야? 아니, 이럴 수가! 여기서 뭐 하는 거야? (What are the odds?는 가능성이 희박한 일이 일어났을 때 종종 사용하는 표현이에요.)

B: I live here. I got a job here a couple of years ago.
나 여기 살아. 2, 3년 전에 여기서 직장 잡았거든.

A: Really? I didn't realize that you got a job here. 정말? 여기서 직장 잡았는지 몰랐어.

▶ 표 현

1. 이번, 지난, 다음+시간 명사

지나간 시간, 현재 시간, 다가올 시간 표현을 깔끔하게 정리해 드립니다.

> **the month before last**: 지지난 달
> **the week before last**: 지지난 주
> **last month**: 지난 달
> **last week**: 지난주
> **this month**: 이번 달
> **this week**: 이번 주
> **next month**: 다음 달
> **next week**: 다음 주
> **the month after next**: 다다음달
> **the week after next**: 다다음 주

2. go for a walk: 산책하다

go for 뒤에 다른 단어를 넣어 응용도 가능합니다.

> **go for a run**: 조깅하러 가다
> **go for a drink**: 술 마시러 가다
> **go for a coffee**: 커피 마시러 가다
> **go for a ride**: 드라이브하러 가다

그날 기관지염에 걸렸는데 굉장히 오래 가는 거야. 너무 고생했어.

I ended up getting bronchitis that day, and it lasted so long. I had such a hard time.

▶ 표 현

1. bronchitis: 기관지염

솔직히 '기관지염' 같은 어려운 영어 표현이 잘 생각 안 나면 그냥 풀어서 sore throat라고 해도 됩니다. 잘 생각 안 나는 표현을 쉽게 풀어서 말하는 습관, 영어 스피킹에 아주 도움이 됩니다.

2. I'm having a hard time ~: ~하느라 어려움을 겪다, 어려운 시간을 보내다

현재 자신이 뭔가를 하느라 힘든 시간을 보내고 있음을 말하는 표현입니다. 매우 유용하고 많이 써요.

I'm having a time speaking English.
영어 말하는 게 힘들어.

I'm having a hard time paying off the debt.
빚 갚느라고 힘들다.

a hard time이 들어가는 표현 중 give @ a hard time(~를 힘들게 하다)도 많이 쓰여요.

You're giving me a hard time. 넌 날 힘들게 해.

Don't give me a hard time! 나 힘들게 하지 마!

비 오면 학교에서 소풍 취소해 가지고 교실에서 점심 먹은 것 기억나? 요즘은 미세먼지 때문에 소풍을 취소한다네.

Remember when it rained, the school canceled field trips so we had to eat lunch in the classroom? Nowadays, they cancel field trips because of the fine dust.

▶ 표 현

1. field trip: 소풍

field trip은 학교에서 떠나는 소풍, 극기 훈련, 현장 학습, 수학 여행 등 모두를 통칭하는 표현입니다.

2. they cancel field trips에서 they의 정체

they는 복수잖아요. 그런데 분명히 the school을 받고 있는데 왜 복수형 they를 썼을까요? 사실, 이렇게 남성, 여성의 구분이 없는 음식점, 학교, 학원, 직장 등을 받을 때는 they라고 종종 말합니다.

I had dinner at the Chinese restaurant around exit 9, Gangnam Station. They serve great food. 나 강남역 9번 출구 근처에 있는 중국집에서 저녁 먹었거든. 정말 음식 끝내 주더라.

아이들이 불쌍해. 밖에서 노는 거 좋아하는데 미세먼지가 정말 심한 날은 외출도 삼가야 하니까.

Poor kids. They like to play outside but they have to refrain from going out when the fine dust gets really bad.

▶ 표현

1. poor: 불쌍한

poor는 '가난한'의 뜻 외에 '불쌍한, 안타까운'의 의미도 있어요. 참고로, 이렇게 '불쌍한, 안타까운'의 의미로 쓰일 때는 Oh, poor you! Oh, poor him. 처럼 앞에 위치합니다.

Poor you! You're bleeding into your head.
(죽어 가는 사람을 보면서) 이리 안타까울 수가! 머리로 피가 나고 있어.

Oh! Poor boy!
(7살짜리 아이가 뭔가를 팔 때) 아이고, 안 됐어라!

2. refrain from 동사ing: ~을 삼가다

refrain from 동사ing은 '어떤 행동을 삼가고 하지 않다'의 뜻이에요. They have to refrain from going out.의 경우는 굳이 이 표현을 쓰지 않더라도 They should stay inside. They are not allowed to go out. They are kept inside. 등으로도 표현 가능합니다.

Please, refrain from smoking in this area.
여기서 담배는 삼가세요.

Please, refrain from touching that.
그거 만지지 말아 주세요.

실내에서도 공기청정기 틀어 놓고 황사 마스크도 챙겨 놔야 하고. 신경 쓸 게 한두 가지가 아니야.

You need to have an air purifier indoors and stock up on dust masks. There are so many things you need to care about.

▶ 표현

1. indoors: 실내에서

---

indoors: 실내에서　　**indoor**: 실내의
outdoors: 실외에서　　**outdoor**: 실외의
Stay indoors! 실내에 있으세요! (실내에서)
I want to play outdoors. 바깥에서 놀고 싶어요. (실외에서)
indoor swimming pool: 실내 수영장 (실내의)
Everyday, we're doing different outdoor activities. 우리는 매일 다른 야외 활동을 해요. (실외의)

참고로 the (great) outdoors는 '시골, 자연과 더불어 사는 곳'의 의미가 있어요. 영영 사전에 the countryside far away from buildings and cities라고 나와 있지요.

I love the outdoors. I love picking a spot and going. 난 자연이 있는 야외를 좋아해요. 그냥 장소를 정하고 가는 것을 좋아하죠.

2. stock up on ~: ~을 저장하다, 비축하다

보통 전쟁이 난다고 하면 사람들이 라면이나 건빵, 물 등의 구호물품을 사다가 저장해 놓잖아요. 그런 걸 바로 stock up on food라고 합니다. 꼭 전쟁 시에만 쓰이는 건 아니고요, 사서 비축해 놓다의 의미일 때 많이 써요.

I have to stock up on a lot of snacks for the party. 파티용으로 스낵을 많이 사 놓아야 해요.

3. care about ~: ~에 마음을 쓰다
~에 관심을 가지다

I really care about you.
(사랑하는 사람에게) 나 너 정말 아낀다고.

You shouldn't care about how others
think of you. (남 눈치를 보는 친구에게) 남들이 어떻
게 생각하는지 신경 쓰지 마!

If you really care about your health, work
out every day! 정말 건강을 생각한다면, 매일 운동해!

기관지염 걸린 후로는 나도 가방에
항상 황사 마스크 가지고 다녀.
물도 많이 마시고.

동영상 050

**Since I had bronchitis,
I always carry a dust mask in my
bag. I also drink lots of water.**

▶ 표 현   carry: 가지고 다니다

bring, carry, take의 차이를 정리합니다. 더 자세한
내용은 QR코드를 찍어서 확인하세요.

> **carry**: 일반적으로 몸에 지니고 다니다
>
> **bring**: 뭔가를 듣는 사람 쪽으로 가지고 오다
>
> **take**: 듣는 사람과는 먼 곳으로 뭔가를 가지고 가다
>
> **come**: 화자 쪽으로 오다
>
> **go**: 화자에서 떨어져 다른 곳으로 가다

I will bring him once he shows up.
걔 오면 바로 선생님께 데려갈게요. (듣는 선생님께 가까이
가는 것이니 bring을 사용).

I'm coming! (친구가 파티에 얼른 오라고 할 때) 지금
가. (듣는 친구와 가까워지니 go가 아니라 come 사용)

영어 스피킹을
비약적으로 향상시킬 수 있는
최고의 방법

영어 스피킹을 늘릴 수 있는 가장 좋은 방법은 자신이 영어로 말하는 것을 동영상으로 촬영하는 거예요. 예전에 서포터즈들과 함께 했던 프로젝트가 있는데 그게 바로 매일 자기가 영어로 말한 것을 동영상으로 찍어 다른 서포터즈들과 공유하는 거였어요. 자기가 말하는 영상을 보는 것 자체도 곤욕일 텐데 영어로까지 말을 해야 하니, 그것도 상대방이 있는 것도 아니고 스마트폰을 보고 말을 하는 것은 큰 고통이죠. 하지만 모든 것이 그렇든 맨 처음부터 쉬운 것은 없습니다. 영어도 마찬가지인 것 같아요. 맨날 편안하게 책에 있는 대화만 암기하고 그냥 앵무새같이 말해서는 발전이 없죠. 영어가 늘려면 어느 정도의 불편함을 감수해야 한다는 거예요. 많은 학생들이 제 수업을 들으러 와서 느끼는 것이 실제 원어민들이 보는 영상으로 수업을 하니 너무 힘들다고 합니다. 그래서 포기하고, 천천히 또박또박 말해 주는 영어, 제가 소위 말하는 배려 영어로 돌아가죠. 안타까운 것은 그런 편안함이 오히려 장기적으로 보면 발전을 저해하는 독이 되어 돌아온다는 것이죠. 그래서 전 항상 조금 어렵고 힘들더라도 열정, 인내심을 가지고 지속하라고 해요. 그리고 인내를 가지고 지속하는 분들은, 쉬운 것을 열심히 한 분들보다 훨씬 더 많이 향상하게 됩니다.

자! 다시 동영상 촬영으로 돌아가 보죠. 사실 1:1로 대화할 상대가 있으면 더 좋을 수 있어요. 요즘은 1:1로 원어민과 대화하면서 그들과 하는 대화 자체가 자동으로 녹화가 되

어 그것을 다운 받을 수도 있어요(e.g. 캠블리). 하지만 일단 비용이 나가고, 원어민 앞에서 말하는 게 아직 부담이 된다면 이렇게 자신이 영어로 말하는 모습을 스마트폰으로 촬영하고 그것을 유튜브에 날짜, 주제를 적어서 올리면 자신의 영어가 발전하는 모습을 볼 수 있어요. 이렇게 하지 않으면 사실 자신이 평소에 실수하는 것들, 그리고 잘못된 발음 등을 발견하기가 쉽지 않죠. 그래서 더더욱 동영상 촬영이 매우 중요한 이유에요.

하는 방법은 제가 유튜브 영상으로 직접 설명하는 게 좋을 것 같네요. 앞 페이지의 QR코드를 연동하면 쉽게 접근할 수 있게 만들어 놓았으니 꼭 한번 따라 해 보세요.

UNIT

16 한번은 알아둬야 할 회화 패턴

RECYCLING

~하지 않기로 결정했다

저 보고 ~하라는 거예요?

~라고 하잖아요

이게 ~랑 무슨 상관이
있어요?

~하지 않기로 결정했다   주어 **decided not to** 동사원형

decide는 '결정하다'의 의미로 뒤에 to+동사원형 형태가 옵니다. 이 to부정사 앞에 not을 쓰면 '~을 안 하기로 결정하다'의 뜻이 되지요. 과거에 결정을 내려서 현재까지도 계속 그 마음이 변함없다는 걸 나타낼 때는 과거시제 대신 현재완료시제(have/has decided ~)를 써도 좋습니다.

그 사람들이 스티로폼 수거하지 않기로 했대요.

They **decided not to** collect Styrofoam.

PATTERN DRILL

I	+	**decided not to**	+	**call my parents.** 나 우리 부모님께 전화 안 하기로 했어.
I	+		+	**go there.** 나 거기 안 가기로 했어.
I	+		+	**make fun of him.** 걔 안 놀리기로 했어.
We	+		+	**dress up.** 우리 옷 차려 입지 않기로 했어.
We	+		+	**fire him.** 우리 그 사람 해고 안 하기로 했어.
They	+		+	**sell this item any more.** 그들은 그 물품 더 안 팔기로 했어.

A At first I thought he was a cool guy who I can joke with. But, he wasn't.

B I knew that already. That's why I decided not to joke in front of him.

A 처음에는 걔가 내가 농담도 걸 수 있는 쿨한 애라고 생각했거든. 그런데 아니었어.

B 난 진작 알고 있었지. 그래서 내가 걔 앞에서 농담 안 하기로 한 거야.

MP3-096

나에게 말도 안 되는 것을 기대하는 상대에게 말할 때

저 보고 ~하라는 거예요?
Are you expecting me to 동사원형 ~?

Do you want me to+동사원형 ~?과 같은 느낌이지만 좀 더 강해요. 기대(expectation)는 바람(want)보다 상대방에게 부담을 더 주는 거니까요. 이 부분은 약간 화난 투로 말을 하는 게 맞겠죠?

저 보고 이거 다 하라는 거예요?

Are you expecting me to do all this?

PATTERN DRILL

Are you expecting me to

+ **go there?** 저 보고 거기 가라는 거예요?

+ **sing?** 저 보고 노래하라는 거예요?

+ **explain this?** 저 보고 이걸 설명하라는 거예요?

+ **stay home and just wait for the result?**
  저 보고 집에 남아서 그냥 결과를 기다리라는 거예요?

+ **talk with Indian accent?**
  저 보고 인도 악센트를 넣어서 말하라는 거예요?

+ **quit this?** 저 보고 이걸 관두라는 거예요?

A Are you expecting me to kneel down and beg? I told you "I'm sorry."

B I got the feeling that your apology was not sincere.

MP3-097

A 나 보고 무릎 꿇고 빌라는 거야? 내가 "미안해"라고 말했잖아.

B 네 사과가 진심이라는 느낌이 안 들었거든.

223

일반 사람들이 말하는 내용을 전할 때

~라고 하잖아요　**They say** 주어+동사

내 생각이 아니라 다른 사람들이 하는 말을 전할 때 쓰는 패턴이에요. They 대신 People을 쓸 수도 있어요. As they say 표현도 사용하는데, 주로 속담이나, 많은 사람들이 알고 있는 내용을 말할 때 문장 앞이나 뒤에 씁니다. No pain, no gain, as they say. (고통 없이 얻는 건 없다고 사람들은 말하죠.)처럼요.

미니멀 라이프가 대세라고 하잖아요.
They say the minimal life is the way to go.

PATTERN DRILL

They say	+	**money can't buy happiness.** 돈으로 행복 못 산다고 하잖아요.
	+	**just create content and people will come.** 콘텐츠만 만들어라, 그러면 사람이 올 것이다라고 하잖아요.
	+	**you shouldn't judge a book by its cover.** 겉만 보고 판단하지 말아야 한다고 하잖아요.
	+	**the degree opens the door to experience, knowledge and opportunities.** 학위가 경험과 지식, 기회의 문을 열어준다고 하잖아요.

A　I think we should get back together. I can't even breathe without you.

B　I'm not sure. They say you can't put the genie back in the bottle.

A 우리 다시 재결합해야 할 것 같아. 당신이 없으니까 숨도 제대로 못 쉬겠어.
B 글쎄. 지니를 램프 안에 다시 넣을 수는 없다고들 하잖아.

MP3-098

이게 ~랑 무슨 상관이 있어요?
What does this have to do with ~?

have to do with ~는 '~와 상관있다, 관계가 있다'는 표현이죠. 이것을 응용한 What does this have to do with ~?는 '도대체 이게 ~랑 무슨 상관이 있는데?' 라고 약간 따지듯이 말할 때 사용할 수 있습니다. 문맥, 상황에 따라서 황당하고, 이해가 안 될 때도 '이게 ~랑 무슨 상관인데요?'처럼 사용할 수 있죠.

이게 생활비랑 무슨 상관이 있니?
What does this have to do with living expenses?

PATTERN DRILL

What does this have to do with	+ **me?** 이게 나랑 무슨 상관이 있어요?
	+ **your performance?** 이게 실적이랑 무슨 상관이 있나?
	+ **the law?** 이게 법이랑 무슨 상관이 있어요?
	+ **Google?** 이게 구글이랑 무슨 상관이 있어요?
	+ **his background?** 이게 그 사람 배경이랑 무슨 상관이 있어요?
	+ **getting more subscribers?** 이게 구독자수를 더 늘리는 거랑 무슨 상관이 있어요?

A I don't get it. What does this have to do with me?

B It's because you are his best friend.

A But, that doesn't mean I did commit a crime with him.

A 이해가 안 가. 이게 나랑 무슨 상관이 있다고?

B 그게 다 네가 걔 절친이라서 그래.

A 그렇지만 그게 내가 그 녀석이랑 범죄를 저질렀다는 의미는 아니잖아.

MP3-099

225

미니멀 라이프가 대세라고 하잖아요.

영어로 어떻게 말하지?

 HOW CAN I SAY IN ENGLISH?

나   아들, 오늘 분리수거하는 날인데 저녁 먹고 부탁한다.

너   네. 지난주에 관리실 아저씨가 스티로폼은 이제 재활용 안 된다고 하셔서 그건 일반 쓰레기봉투에 담아야 해요.

나   스티로폼이 재활용 안 된다고? 말도 안 돼. 마트에서 포장돼 오는 게 다 스티로폼인데.

너   사람들이 음식물을 제거하지 않고 버리니까 수거하지 않겠다고 했나 봐요.

나   관리실에 한번 연락해 봐야겠네.

너   분리수거할 게 왜 이렇게 많아요? 저 보고 이거 다 하라는 거예요?

나   인터넷으로 물건 몇 개 주문했거든. 별로 많이 산 것 같지도 않은데 박스가 엄청 많네.

너   미니멀 라이프가 대세라고 하잖아요. 너무 많이 사는 거 아니에요? 그러면서 맨날 생활비 적다고 불평하시고.

나   인터넷으로 사는 게 얼마나 훨씬 저렴한데. 그리고 이게 생활비랑 무슨 상관이야?

너   그래도 이건 아니네요. 박스가 베란다에 가득 차 있으니. 우리 환경도 생각하면서 살아요.

! SAY IT ENGLISH!

MP3-100

Me Son, today is recycling day, so can you take care of that after dinner?

You Sure thing. The security guard told me last week that Styrofoam can't be recycled anymore so I need to put it in the regular trash bag.

Me They don't recycle Styrofoam? That's insane. Every packaging from the market is Styrofoam.

You People throw them out without removing the food particles, so they **decided not to** collect them.

Me I think I should call the management office.

You Why do we have so many things to recycle? **Are you expecting me to** go back and forth to do all this?

Me I ordered some stuff online and I didn't think that I bought that much stuff but there are so many boxes.

You **They say** the minimal life is the way to go. Aren't you buying too much stuff? Then you always complain about not having enough money to cover your living expenses.

Me Shopping online is so much cheaper. And **what does this have to do with** living expenses?

You Either way, this is out of control. The boxes are filling up the balcony. Let's think about the environment too.

아들, 오늘 분리수거하는 날인데 저녁 먹고 부탁한다.

Son, today is recycling day, so can you take care of that after dinner?

▶ 표 현

1. 원어민들의 호칭

원어민들은 아들, 딸은 물론 교수님이나 선생님, 직장상사들도 이름을 부르는 게 흔합니다. 그리고 가끔 아빠나 할아버지가 아들, 손자한테 친근하게 Buddy라고 할 때도 있죠.

2. take care of ~: 다루다, 처리하다

take care of를 '~을 돌보다, 챙기다'의 뜻으로 많이 쓰지만 여기서는 '다루다, 처리하다'의 뜻으로 쓰였어요. 중요한 표현이니 예문으로 확인하세요.

It takes a lot of money to take care of kids.
아이들 돌보는데 돈이 많이 들어가요.

I will take care of the new students. Please see me after class.
(새로운 학생들이 수업 들으러 왔을 때 선생님이) 제가 새로 온 학생들을 도와드릴게요. 수업 끝나고 저 좀 보시죠.

A: Let me get you some coffee.
제가 커피 살게요.

B: Oh, I already took care of it. Let me go get them.
아, 제가 이미 처리했답니다. 제가 커피 가지고 올게요.

It's (been) taken care of.라는 표현도 종종 등장하는데 '이미 해결되었어. 처리되었어.' 정도로 기억하시면 됩니다. 위 대화에서 B가 I already took care of it.이라고 했는데 It's (been) taken care of.라고 해도 좋습니다. All taken care of.도 많이 등장하는데, "다 처리했어."의 뜻이에요.

네. 지난주에 관리실 아저씨가 스티로폼은 이제 재활용 안 된다고 해서 그건 일반 쓰레기봉투에 담아야 해요.

Sure thing. The security guard told me last week that Styrofoam can't be recycled anymore so I need to put it in the regular trash bag.

▶ 패 턴

주어 decided not to 동사원형 ~:
~하지 않기로 결정했다

▶ 표 현

1. Sure thing.: 그러죠. 네.

상대방 부탁에 오케이하며 해주겠다고 할 때 쓸 수 있고요. Sure. Of course. Certainly와 비슷한 느낌의 캐주얼한 표현이에요. 그럼, 직장상사처럼 손윗사람에게 사용해도 될까요? 편안하게 first name(이름)을 부르는 가까운 경우라면 사용해도 큰 문제는 없을 듯해요. 정 그렇다면 Certainly.나 그냥 Yes.라고 하면 되겠죠.

Customer: Can I get a glass of water?
물 한 잔 주시겠어요?

Barista: Sure thing! 네

2. security guard: 관리실 아저씨

우리의 관리실 아저씨, 경비 아저씨와 비슷한 개념이 janitor, security guard 정도예요. 우리 경비 아저씨와 관리 아저씨는 janitor(주로 청소 및 잡역 담당)와 security guard(건물 경비 담당)의 일을 모두 하죠. 그래서 딱 이거다 하기는 애매해요. 참고로, 한국에 사는 제 캐나다 친구 Trevor는 경비 아저씨가 유니폼을 입고 있으니 security guard라고 부를 거라고 하네요.

3. tell: 말하다

'말하다'와 관련된 다양한 동사, 정리해 드립니다.

> **say**: (누군가가 말한 것을 인용해) 말하다
>
> **tell**: (뒤에 말을 듣는 상대방이 나와서) ~에게 말하다
>
> **speak**: 언어를 말하다(능력의 뉘앙스 포함), (발표, 강의에서) 강연하다 *일방적으로 누구에게 말하는 느낌이 강하며 일상회화에서는 잘 쓰이지 않음.
>
> **talk**: 상대방과 대화하다 (= have a conversation)

My mom said, "You need to take care of your brother!"
우리 엄마가 "네가 동생을 보살펴야지!" 하셨어.

My mom told me that I need to take care of my brother.
엄마가 나한테 동생을 보살펴야 한다고 말씀하셨어.

Can you speak English? 영어 할 수 있어요?

Dr. Kim will speak about the future of A.I.
(Dr. Kim이 발표를 하는 상황) Kim 박사님이 인공지능의 미래에 관해 말씀하시겠습니다.

Let's talk about it. 그거에 대해 얘기 좀 하자.

스티로폼이 재활용 안 된다고? 말도 안 돼. 마트에서 포장돼 오는 게 다 스티로폼인데.

They don't recycle Styrofoam? That's insane. Every packaging from the market is Styrofoam.

▶ 표 현

1. That's insane. 말도 안 돼. 미쳤나 봐.

insane은 사전적으로는 crazy의 의미가 있어요. 그런데 회화에서는 상황을 강조하고, 놀람의 느낌을 나타내는 데도 많이 사용해요. 상황을 통해 알아보시고 꼭 반복해서 익혀 두세요.

(물건 흥정하고 있는 상황)

Me: How much is this? 이거 얼마예요?

Sales clerk: 20,000 bucks.
2만 불이요. (bucks = dollars)

Me: That's insane. 미친 가격이네요.

We're meant to be together. It's insane.
우리는 정말 천생연분이야. 아주 정말.

I'm insanely in love with you.
나 정말 너랑 사랑에 빠졌어.

That idea is absolutely insane.
그 아이디어는 정말 완전 말도 안돼.

2. market: 마트, 시장

'마트'는 mart, market 또는 grocery store라고 해요. '장 보러 간다'고 할 때 go shopping이라고 하는데 보통 go shopping은 장 보러 가는 게 아니라 옷이나 신발 등을 사러 가는 거예요. I'm going grocery shopping.이라고 해야 장 보러 간다는 의미입니다.

사람들이 음식물을 제거하지 않고 버리니까 수거하지 않겠다고 했나 봐요.

People throw them out without removing the food particles, so they decided not to collect them.

▶ 표 현

1. throw out: ~을 버리다

throw away냐 throw out이냐 너무 깊이 들어가는 경향이 있는데요, 둘 다 비슷한 느낌이에요. away도 떨어지는 느낌이고, out도 바깥으로 나가는 느낌이죠. throw는 던지는 거고요. 보통 쓸데 없는 것을 버린다고 할 때, throw away, throw out을 사용합니다. get rid of도 종종 사용하고요. 하나 더, toss out도 비슷한 의미예요.

2. particle: 입자, 작은 물질

여기서 말하는 food particle은 사진에 보이는 이런 것들을 나타냅니다.

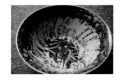

관리실에 한번 연락해 봐야겠네.

I think I should call the management office.

▶ 표 현   I think의 매력

그냥 I should만 쓰는 것보다 그 앞에 I think를 붙이면 덜 직접적이고 좀 더 부드러운 표현이 된다고 생각하면 될 것 같아요. 상대방인 you에게 말할 때도 I think you should ~라고 하면 더 조심스럽고 정중하게 충고하는 느낌이 듭니다.

I think I should ask her out on a date.
그녀한테 데이트 신청해 봐야겠어.

I think I should go to see a doctor.
병원에 진찰 받으러 가 봐야겠어.

I think you should apologize.
너 사과하는 게 좋을 것 같아.

Hey! That guy is mean. I think you should stay away from him.
야, 그 사람 정말 못됐어. 너 걔 멀리하는 게 좋을 것 같아.

분리수거할 게 왜 이렇게 많아요? 저 보고 이거 다 하라는 거예요?

Why do we have so many things to recycle? Are you expecting me to go back and forth to do all this?

▶ 패 턴

Are you expecting me to 동사원형 ~?:
저 보고 ~하라는 거예요?

expect를 '기대하다'로 많이 알고 있는데, 사실 expect는 '예상하다'에 더 가까워요. 영영 풀이로는 "regard something as likely to occur or to happen"이고요. 예를 들어, I'm expecting (a baby).는 아이를 기대한다는 희망이 아니라 임신을 해서 아이를 출산할 예정이라는 말입니다. 그래서 '~을 기대하다'는 I'm looking forward to+명사 ~, I can't wait to+동사원형/I can't wait for+명사 ~, I'm excited about ~ 표현을 쓰는 게 좋아요. 참고로 look forward to보다는 can't wait이 좀 더 informal하고 더 excited한 느낌이 들어요. 자신이 구독하는 유튜브 채널 진행자에게 '새 영상 기대하고 있어요'라며 I expect new videos from you.라고 하면 약간 강하게 요구하는 느낌이 들기 때문에 상대가 기분이 안 좋을 수도 있어요. 이때는 I'm waiting for new videos. I'm looking forward to new videos. I can't wait for new videos. I'm excited about new videos.라고 해 주세요. 훨씬 부드러운 느낌을 전하게 됩니다. 참고로 자녀에게 I expect you to do better next time.이라고 하면 약간 고압적으로 다음엔 잘해야 한다고 강하게 요구(demanding)하는 느낌이에요.

▶ 표 현   go back and forth: 왔다 갔다 하다
짜증나는 것을 좀 더 강하게 표현하기 위해, 이거 왔다 갔다 하면서 다 치우라는 거예요? 정도의 느낌을 나타내고 싶었어요.

인터넷으로 물건 몇 개 주문했거든. 별로 많이 산 것 같지도 않은데 박스가 엄청 많네.

I ordered some stuff online and I didn't think that I bought that much stuff but there are so many boxes.

▶ 표 현

1. stuff

stuff는 딱 집어서 이름을 말하기 뭐할 때 쓰는 표현이에요. 단수와 복수 형태가 똑같고요, many stuff, much stuff, a lot of stuff 다 가능해요. 전 개인적으로 a lot of stuff를 사용합니다.

There's some sticky stuff here.
여기 좀 뭐 끈적한 게 있는데.

Put your stuff in here. 네 물건 여기다 집어 넣어.

I've got a lot of stuff to do this weekend.
나 이번 주말에 할 게 많아.

I want to go to movies, go to a coffee shop, and stuff like that.
나 영화 보고, 커피숍도 가고, 그런 거 하고 싶어. (and stuff like that은 문장 뒤에 붙어 '그런 거 말이야' 정도의 느낌을 추가해요. 한국말로 번역해서 생각하진 마세요.)

2. online: 온라인으로, 인터넷으로

'온라인으로 주문하다' 할 때 많은 분들이 '온라인으로'를 through online 또는 via online으로 하는데 그냥 online이라고 하면 됩니다.

3. that much: 그렇게나 많이

여기 much 앞의 that은 '그렇게나'의 의미로 뒤의 much를 강조해요.

I didn't know that the situation was that bad. 난 상황이 그렇게 안 좋은지 몰랐어.

미니멀 라이프가 대세라고 하잖아요. 너무 많이 사는 거 아니에요? 그러면서 맨날 생활비 적다고 불평하시고.

They say the minimal life is the way to go. Aren't you buying too much stuff? Then you always complain about not having enough money to cover the living expenses.

▶ 패 턴
They say 주어+동사 ~: ~라고 하잖아요

▶ 표 현
cover the living expenses: 생활비를 충당하다
cover는 '~하는 데 돈이 충분이 되다'의 뜻입니다.

I can cover my tuition fee.
나 수업료 충당할 수 있어.

인터넷으로 사는 게 얼마나 훨씬 저렴한데. 그리고 이게 생활비랑 무슨 상관이야?

Shopping online is so much cheaper. And what does this have to do with living expenses?

▶ 패 턴
What does this have to do with ~?:
이게 ~랑 무슨 상관이 있어요?

참고로 '상관있다'로 It matters, '상관없다'로 It doesn't matter.를 쓰기도 합니다. matter 자체가 '중요하다'의 의미가 있어요.

It doesn't matter what major my son chooses. It's up to him.
아들이 무슨 전공을 해도 상관없어. 걔가 결정할 일이야.

물론 '난 상관 안 해'는 I don't care.라고도 표현할 수 있습니다.

I don't care if I fail. 나 실패해도 상관 안 해.
I don't care if you cry. 네가 울어도 난 상관 안 해.

(친구에게 소개팅을 주선하면서)
A: He's super rich. You're gonna love him.
걔 대박 부자야. 너 걔 완전 좋아하게 될 거야.

B: I don't care if he's rich. I care about personality.
나 걔 부자인 건 상관 안 해. 성격을 상관하지.

▶ 표 현   much, a lot, far, way+비교급
비교급 앞에 much, a lot, far, way 등을 놓으면 '훨씬'의 의미로 비교급을 강조하게 됩니다. 이 중에서 마음에 드는 걸 쓰면 되고요.

This laptop is way better than previous models. 이 노트북이 이전 모델보다 훨씬 더 좋아요.

Wow! This place is a lot cheaper than Korea. 왜 여기가 한국보다 훨씬 저렴하네.

그래도 이건 아니네요. 박스가 베란다에 가득 차 있으니. 우리 환경도 생각하면서 살아요.

Either way, this is out of control. The boxes are filling up the balcony. Let's think about the environment too.

▶ 표 현
1. Either way: 이거나 저거나
앞에 나온 얘기가 맞든 틀리든 상관없다는 느낌을 전할 때 씁니다.

(교통체증 때문에 인터뷰에 늦은 상황)
A: Do you think it's better to walk?
내려서 걸어가는 게 좋을까?

B: Either way, you're gonna be late.
여기 있거나 걸어가거나 늦을 걸.

A: There's a service that helps increase YouTube subscribers. Should I try?
유튜브 구독자를 늘려 주는 서비스가 있는데, 해볼까?

B: Either way, it'll take forever to get 100,000 subscribers. 그거 하거나 말거나. 10만 구독자 되려면 아직 멀었다. (It'll take forever는 그만큼 오래 걸릴 거라는 걸 강조하는 표현이에요.)

2. out of control: (통제) 불능의 상황인

통제가 안 되는 상황을 말할 때 많이 쓰는 표현이에요. 비슷한 표현으로 out of hand도 자주 쓰이니 같이 알아두세요. hand를 이용해서 여러 일을 하는데 손을 벗어났다는 건 통제 불능의 상황인 거죠.

Things got a little out of hand and I don't know what to do. (이혼 상황까지 간 남편이) 상황이 좀 심각해졌어. 어떻게 해야 할지 모르겠어.

I just can't pay off my debt. Things got out of control.
더 이상 빚을 갚을 수가 없어. 정말 상황이 통제 불능이야.

3. fill up ~: ~을 채우다

보통 fill up은 주유소(gas station)에 가서 주유할 때 많이 사용해요. Fill up the tank, Fill up the car 이렇게요. 또, 유명한 맛집은 손님이 많아서 자리가 빨리 차잖아요. 이때 '자리가 차다'도 이 fill up을 활용해 It's filled up fast. 라고 할 수 있습니다.

UNIT

17 징하게도 많이 쓰이는
회화 패턴

CHARACTERISTICS
OF KOREANS

난 ~ 믿지 않아

설령 ~라 하더라도

~인 것 같아

~하는 한 말이지

자신이 믿지 않는 것을 말할 때

난 ~ 믿지 않아   I don't believe in

believe는 '~을 믿다'의 뜻이에요. 그런데 이렇게 believe 뒤에 in을 쓸 때와 쓰지 않을 때의 차이가 있어요. believe in은 '~의 존재를 믿다, 능력이나 가치를 믿다'의 뜻이고요, believe 뒤에 사람이 나오면 '그 사람이 하는 말이 사실, 진실이라고 믿다'의 뜻이 됩니다.

난 결혼이라는 것의 가치를 믿지 않아.
I don't believe in marriage.

PATTERN DRILL

I don't believe in	+ **private education.** 난 사교육의 가치를 믿지 않아.
	+ **hitting kids.** 난 아이를 때리는 것의 가치를 믿지 않아.
	+ **fate.** 난 운명이라는 걸 믿지 않아.
	+ **true love.** 난 진실한 사랑 따위는 믿지 않아.
	+ **miracles.** 난 기적이라는 게 있다는 걸 믿지 않아.
	+ **selling things I have never used.** 난 내가 한 번도 써 본 적 없는 걸 파는 걸 믿지 않아.

A I don't believe in luck.

B Yeah. All the successful people I've met have put lots of efforts into what they do.

A 난 운 같은 것 안 믿어.

B 그래. 내가 만나 본 성공한 사람들 모두가 자신이 하는 일에 엄청 노력을 많이 하더라고.

MP3-101

PATTERN 086

설령 ~한다 해도처럼 가정해서 말할 때

설령 ~하더라도   even if 주어+동사

even if 하면 even though가 떠오릅니다. 느낌은 비슷하지만 용법은 약간 달라요. 'Even if+가정/Even though+사실'입니다. 그래서 해석을 할 때 Even if는 '설령 ~더라도', Even though는 '~이지만'으로 해석하면 헷갈리지 않을 거예요.

설령 결혼하더라도 아이는 안 낳고 싶어.

Even if I do get married, I don't want any children.

PATTERN DRILL

Even if	+ **you work out every day, it does hurt if you sit more than 8 hours.** 네가 매일 운동을 해도 8시간 이상 앉아 있으면 몸이 정말 상하게 된다고.
	+ **I get this job, I'm worried that I might not like it.** 내가 이 일을 얻는다 해도 그 일을 맘에 들어 하지 않을까 봐 걱정이네.
	+ **it rains tomorrow, I will go out for a walk.** 설령 내일 비가 와도, 난 산책 나갈 거야.
	+ **I fall in love with someone, I won't forget you.** 설령 내가 누군가와 사랑에 빠진다 해도 너를 잊지 않을 거야.

A Let me give you some advice. Even if you're nervous, just go for it.

B Do you think it's worth giving it a shot? If I don't stand a chance, then why even try?

A 내가 조언을 좀 해줄게. 긴장되더라도 힘 내.

B 시도해 볼 만한 일인 것 같아? 가능성이 없다면 뭐 하러 시도해?

MP3-102

내 눈에 ~인 것처럼 보일 때

~인 것 같아, ~처럼 보여
주어 seem 형용사, to부정사/It seems like 주어+동사

seem은 뭔가를 짧게 경험하고서 자신의 인상, 느낌을 표현할 때 사용합니다. look도 seem과 비슷한데, seem이 feeling(느낌, 인식)에 초점이 있다면 look은 visual(시각적)인 것에 초점이 있어요. 우리가 음식을 보고 It looks delicious. 라고 하지 It seems delicious. 라고 하지 않잖아요. 살찐 친구를 보고 It looks like you've gained weight. 라고 하지 It seems like you've gained weight. 라고는 잘 안 하죠.

그 사람들 모두 그렇게 행복해 보이지는 않아.

They don't seem all that happy.

PATTERN DRILL

You + **seem** + **really sad.**
너 정말 슬픈 것 같아.

You + + **a little too young to be married.**
너 결혼하기엔 좀 너무 어린 것 같아.

You + + **to know it better than I do.**
네가 나보다 그걸 더 잘 아는 것 같아.

It seems like + **a lot of people spend too much in front of screens.** 많은 사람들이 스크린 앞에서 너무 많이 보내는 것 같아.

+ **you were born yesterday.** 네가 어제 태어난 것 같은데.

+ **you're getting stronger and stronger every year.** 해가 갈수록 네가 더 강해져 가는 것 같아.

A You look toned. It seems like you're very motivated to work out.

B Even though I'm busy these days, I try to work out every single day.

A 몸매가 탄탄해 보여. 너 정말 운동하려는 동기가 확실한 것 같다.

B 내가 요즘 바쁘긴 하지만 매일 운동하려고 해.

MP3-103

PATTERN
088
~하는 한이라고 한정을 지어 말할 때

~하기만 한다면, ~하는 한　as long as 주어+동사 (A), B ~

A이기만 하면 B라는 결과를 내거나 A 조건만 맞으면 B하겠다는 걸 말할 때 씁니다. 문장 앞이나 뒤에 자유롭게 나올 수 있어요. 참고로, as long as를 발음할 때 앞의 as는 매우 약하게 발음되고 long에 강세를 올립니다.

한국에서 사는 한 그것에서 완전히 자유로울 수는 없을 거야.

You will never be free from that **as long as** you live in Korea.

PATTERN DRILL

As long as

+ **you're here with me, I'm okay.**
네가 나랑 여기 있기만 하면 난 괜찮아.

+ **you read this book from cover to cover, you will see why I recommend it.**
네가 이 책을 처음부터 끝까지 읽기만 한다면 내가 왜 그걸 추천하는지 알게 될 거야.

+ **you promise to keep it to yourself, I will tell you what happened.**
네가 그걸 비밀로 하겠다고 약속해 주기만 한다면 무슨 일이 있었는지 말해 줄게.

+ **you keep working on it, you can master anything.**
네가 그걸 계속 꾸준히만 해나간다면 넌 뭐든 마스터할 수 있어.

A I'm about to go on the stage. I'm so nervous.

B No worries. As long as you stay focused, you will be fine.

A 나 막 무대에 올라가려고 하는데 말이야. 너무 긴장돼.

B 걱정하지 마. 집중하기만 한다면 괜찮을 거야.

MP3-104

237

결혼해도 아이는 안 낳고 싶다고.

영어로 어떻게 말하지?

 HOW CAN I SAY IN ENGLISH?

나　하여간 우리나라 사람들 오지랖 떠는 것
　　정말 싫어.

너　왜 그래?

나　내가 비혼주의자고, 설령 결혼하더라도
　　아이는 안 낳고 싶다니까 막 나한테 뭐라고
　　비난하는 거야.

너　그냥 인생을 더 살아 본 선배로 조언하는
　　거겠지.

나　아니, 누가 물어봤어? 내가 조언해 달라고
　　했냐고? 왜 그렇게 남의 개인사에 감 놓아라
　　배 놓아라 하는지 모르겠어.

너　결혼해 아이 낳고 사는 게 그 사람들한텐
　　좋은가 보지.

나　아닌 것 같아. 그렇게 남일에 참견하는
　　사람들 보면 다 그렇게 행복해
　　보이지도 않아. 자식들 때문에 속 썩는 것
　　같기도 하고.

너　나만 당할 수 없다, 너도 당해 봐라
　　이런 마음일까?

나　제발 남이 뭘 하든 이러쿵저러쿵 하지
　　않으면 좋겠어.

너　아마 한국에서 사는 동안 그런 간섭에서
　　완전히 자유로울 수는 없을 거야.
　　그냥 한 귀로 듣고 한 귀로 흘려.

! SAY IT ENGLISH!

MP3-105

Me Man, I hate it when Korean people get so nosy.

You What's wrong?

Me Everybody was on my case when I told them **I don't believe in** marriage, and **even if** I do get married, I don't want any children.

You They're just giving you some advice as someone who has more experience.

Me Who asked them? Did I ask for their advice? Why do they care so much about other people's lives?

You Maybe they are happy with their marriage and children.

Me I don't think so. If you look at those people who butt into people's business, they don't **seem** all that happy. Their kids are giving them a hard time too.

You Maybe they are thinking 'I'm not going to go down alone, I'm taking you with me'?

Me I just want them to stay out of people's business.

You You will never be free from that **as long as** you live in Korea. Just let it go in one ear and out the other.

하여간 우리나라 사람들 오지랖 떠는 것 정말 싫어.

Man, I hate it when Korean people get so nosy.

▶ 표 현

1. Man!: 아, 정말!

man은 "아, 정말!" 정도의 짜증나서 말하는 느낌이에요. 앞에 Oh를 붙여 Oh Man!이라고도 합니다. 감정을 넣어 말하는 게 중요해요.

2. nosy: 코를 갖다 대는, 참견하는

상대방이 nose(코)를 갖다 대고 킁킁거리면서 뭐를 막 알려고 하는 것, 정말 짜증나죠? 그렇게 남 일에 참견하는 걸 nosy라고 합니다. 이런 오지랖 넓은 사람(nosy person)에게 할 수 있는 "참견 마!" "신경 꺼!" 표현, 아래에 정리합니다.

참견 마, 신경 꺼!

(It's) none of your business.
Mind your business.
Stay out of it!
Keep out of it!
Stop being so nosy!
Was I talking to you? 내가 너한테 말했냐?
(왜 상관이야?)

왜 그래?

What's wrong?

▶ 표 현　What's wrong? 무슨 일 있어?

상대방이 약간 아파 보이거나, 시무룩해 보이거나, 무슨 문제가 있는 것 같을 때 What's wrong? What's the matter? What happened? What's going on? 이렇게 많이 말을 해요.

What's wrong with your voice? (전화 목소리가 평소와 다를 때) 무슨 일 있어? 목소리가 왜 그래?

What's wrong?
(밥 먹으려는데 빤히 쳐다볼 때) 왜 그래?

내가 비혼주의자고, 설령 결혼하더라도 아이는 안 낳고 싶다니까 막 나한테 뭐라고 비난하는 거야.

Everybody was on my case when I told them I don't believe in marriage, and even if I do get married, I don't want any children.

▶ 패 턴
I don't believe in ~: ~의 가치를 믿지 않다

▶ 패 턴
even if 주어+동사 ~: 설령 ~하더라도

▶ 표 현

1. on one's case: 누구 일에 간섭하는

남일에 간섭하고 귀찮게 하는 사람을 표현할 때 쓸 수 있는 유용한 표현이에요.

Hey, dad! Why are you always on my case?
아빠! 정말 왜 이렇게 제 일에 항상 간섭이에요?

2. believe vs. believe in vs. trust

---

believe+사람: 그 사람이 하는 말이 사실, 진실이라고 믿다

believe in: ~의 존재를 믿다, 능력이나 가치가 있다고 믿다

trust: 그 사람의 성격, 인격을 믿다 (뒤에 사람과 물건이 올 수 있음)

I believe you. 나는 네가 한 말을 믿어. (사실)
I believe in ghosts. 난 귀신이 있다고 믿어. (존재)
I believe in you.
난 네가 능력이 있어서 잘해 낼 거라고 믿어. (능력)
We believe in the product.
우리는 이 제품이 가치가 있다고 믿어. (가치)
I believe Luke.
난 Luke를 믿어. (Luke가 말하는 것이 사실이라는 것을)
I believe in Luke. (O) 난 Luke가 잘해 낼 거라 믿어.
I trust Luke. (O) 난 Luke의 인격을 믿어. (신뢰)
I trust my car. (O)　I believe my car (X)
(내 차가 고물이기는 하지만 목적지까지 잘 갈 거라고)
난 내 차를 믿어.

그냥 인생을 더 살아 본 선배로 조언하는 거겠지.

They're just giving you some advice as someone who has more experience.

동영상 051

▶ 표현

1. just: 그냥, 단지

한국어에서 '그냥 (단지) ~하는 거야'에서 '그냥, 단지'는 just입니다

I just care about you. (남친의 호의를 간섭으로 여기는 여친에게) 난 단지 널 아끼는 거야.

I'm not saying it was a bad movie. I'm just saying, you know, it was hard to follow.
이게 거지 같은 영화라는 게 아니라 그냥 이게 좀 이해하기 어려웠다는 거야.

2. advice: 충고

advice는 셀 수 없는 거라서 some advice나 a piece of advice로 많이 사용하는데 그냥 some advice를 쓰시길 권합니다. 발음도 편하고요. 참고로 ad로 시작하는 admit, adjust, adventure, advantage는 ad가 점 찍듯이 발음되고 뒤에 강세가 갑니다. Unit 7에서 한번 정리했지만 영상을 보면서 다시 한번 복습해 보세요.

Please give me some advice!
나한테 조언 좀 해 줘.

It's probably not my place, but can I give you some advice? (약간 껄끄러운 말을 해야 할 때) 이 말 해도 되는 상황인지 모르겠는데, 내가 충고 좀 해도 될까? (It's not my place.: 내가 나설 자리가 아니야.)

아니, 누가 물어봤어? 내가 조언해 달라고 했냐고? 왜 그렇게 남의 개인사에 감 놓아라 배 놓아라 하는지 모르겠어.

Who asked them? Did I ask for their advice? Why do they care so much about other people's lives?

▶ 표현

1. ask for ~ : ~을 요구하다, ~을 요청하다

I always ask an extra shot in my coffee.
난 항상 커피에 샷 추가해 달라고 요청해요.

I'm asking for your help.
저 도움 요청하는 거예요. (I'm demanding your help.는 어색해요. Ask for는 부탁의 느낌이지만 demand는 강하게 명령하는 느낌이라서요.)

2. care about ~: ~에 대해 신경 쓰다, 아끼다

우리말의 감나라 배나라는 남의 일에 엄청 간섭하고 신경 쓰는 사람을 부정적으로 표현하는 건데요, 감이라고 persimmon, 배라고 pear를 써서 ask for persimmons and pears라고 쓰면 진짜 완전 웃긴 상황이 됩니다. 이때는 care about을 쓰면 OK.

결혼해 아이 낳고 사는 게 그 사람들한텐 좋은가 보지.

Maybe they are happy with their marriage and children.

▶ 표현 maybe, perhaps, probably

문장 앞에 이 표현을 쓰면 '아마도 ~인가 보지'의 느낌을 살릴 수 있어 매우 유용하게 쓰입니다. I think, I guess를 앞에 사용해도 비슷한 느낌을 줄 수 있어요. 한국어를 쉽게 풀어 설명하면 많이 쉬워요.

아닌 것 같아. 그렇게 남일에 참견하는 사람들 보면 다 그렇게 행복해 보이지도 않아. 자식들 때문에 속 썩는 것 같기도 하고.

I don't think so. If you look at those people who butt into people's business, they don't seem all that happy. Their kids are giving them a hard time too.

▶ 패턴

주어+seem ~

It seems like ~: ~처럼 보여, ~인 것 같아

▶ 표현

1. butt into ~: ~을 방해하다, 참견하다
(= butt in = be nosy)

위의 문장 those people who butt into people's business를 those nosy people로 간단히 줄여 말할 수도 있어요.

2. all that: very, really, truly

It's not all that difficult. 그렇게 어렵지 않아.
I'm not all that rich. 나 그렇게 부자는 아니야.

3. give ~ a hard time: ~를 힘들게 하다
타인이나 어떤 일 때문에 힘들 때 유용하게 활용할
수 있는 표현입니다. 비슷한 표현으로 have a hard
time이 있습니다.

I'm not trying to give you a hard time.
널 힘들게 하려는 거 아냐.

Don't give me a hard time! 날 힘들게 하지 마.

I had a hard time saving some money.
나 돈 모으느라 정말 힘들었어.

나만 당할 수 없다, 너도 당해 봐라 이런 마음일까?
Maybe they are thinking 'I'm not going to go down alone, I'm taking you with me'?

▶ 표현　I'm not going down alone.

이 표현은요, 예를 들어 내가 누구랑 짜고 사기를 쳤
는데 내가 잡힌 거예요. 그런데 이 공범이라는 놈이
자기는 안 했다고 나한테 덤터기를 씌우네요. 그래
서 '나 혼자 죽지는 않아. 너도 꼭 벌 받게 할 거야.'
할 때 이 표현을 사용할 수 있습니다.

제발 남이 뭘 하든 이러쿵저러쿵 하지 않으면 좋겠어.
I just want them to stay out of people's business.

▶ 표현

1. I want @ to 동사원형: @가 ~하면 좋겠어

사실 이 문장은 아랫사람에게 말하는 듯한 느낌이
들어서 사용에 주의하셔야 해요. 정중하게 말하려
면 I'd like @ to+동사원형 ~이나 Can you ~?,
Could you ~?, Would you ~?를 사용하면 좋아
요. 상대가 누군지에 따라서 내가 쓰는 표현이나 패
턴이 무례하게 들릴 수도 있고 그렇지 않을 수 있다
는 것을 기억하세요!

I want you to get this done by Friday.
(상사가 부하 직원에게) 이거 금요일까지 끝내도록 하지.

I want you to hand in your homework by next Monday.
(선생님이 학생에게) 이 숙제 다음 주 월요일까지 제출해.

2. stay out of people's business:
남 일에 상관 안 하다

"참견 마!" 표현 공부할 때 Stay out of it! 있던 거,
기억나시죠? 또 It's none of your business.에서
business 생각나시죠? 그것을 결합한 이 표현 stay
out of one's business는 '남 일에 상관 안 하다'의
뜻입니다.

아마 한국에서 사는 동안 그런 간섭에서 완전히 자유로
울 수는 없을 거야. 그냥 한 귀로 듣고 한 귀로 흘려.
You will never be free from that as long as you live in Korea. Just let it go in one ear and out the other.

▶ 패턴
as long as 주어+동사 ~: ~하는 한
　　　　　　　　　　　　　　　～하기만 한다면

▶ 표현　let it go: 내버려두다, 그쯤 해두다

과거에 대해 집착하지 말고 '잊어버려다. 화내지 않
다'의 느낌이에요.

Let it go! You have a great job and you have a family who loves you.
(주식으로 망해 식음을 전폐한 친구에게) 그쯤 해둬. 너 좋
은 직업도 있고 널 사랑하는 가족도 있잖아.

Just let it go! There are plenty of fish in the sea. (여친한테 차여 슬픔을 주체 못하는 친구에게) 그만
잊어버려. 세상에 여자가 얼마나 많은데.
(plenty of fish in the sea는 바다에 물고기가 많은 것처럼
남자도 여자도 많다는 의미로 실연한 친구한테 쓰기 좋은
표현이죠. 참고로 fish는 복수형도 fish!)

UNIT 18 쓸수록 이득인 회화 패턴

YOUTUBE

나 ~하는 데 최선을 다했어

나 ~하는 데 심혈을 기울였어

~하는 데 시간이 얼마나
걸려?

예전에는 ~했어

~을 (더) 잘하게 됐어요

어째서 ~야?

내 생각에는 ~인 것 같아

~하는 게 더 나아

최선을 다했다는 걸 표현할 때

나 ~하는 데 최선을 다했어   I tried my best to 동사원형

do my best나 try my best나 '열심히 노력한다'는 의미인데, do my best가 좀 더 결과에 대한 확신과 자신감에 찬 느낌을 줍니다. try my best는 과정에는 최선을 다하겠지만, 결과까지는 잘 모르겠다는 느낌이라고나 할까요? 하지만 굳이 이렇게 구별할 필요는 없습니다.

항상 그 사람들하고 진지하게 소통하려고 최선을 다했어.
I always **tried my best to** communicate with them sincerely.

PATTERN DRILL

I tried my best to

+ **be a good teacher.** 난 좋은 선생님이 되려고 최선을 다했어.

+ **think about the pros and cons of the issue.** 난 그 문제의 찬반양론에 대해 생각하려고 최선을 다했어.

+ **stay away from hanging out with bad guys.** 난 질 나쁜 녀석들과 어울려 다니지 않으려고 최선을 다했어.

+ **raise my kids as best as I can.**
난 우리 아이들을 할 수 있는 한 최고로 키우려고 최선을 다했어.

+ **be nice to my students.**
우리 학생들에게 잘해 주려고 최선을 다했어.

+ **break it down and explain easily.**
그걸 쪼개서 쉽게 설명해 주려고 최선을 다했어.

A I've always tried my best to be the best student.

B Even though you did something stupid once, I admit you have been one of my best students.

A 전 최고의 학생이 되려고 늘 최선을 다했어요.
B 네가 어리석은 짓을 한 번 하기는 했지만 네가 가장 우수한 내 학생들 중 하나였다는 건 인정한다.

MP3-106

뭔가에 심혈을 기울였음을 말할 때

나 ~하는 데 심혈을 기울였어
I put my best efforts to 동사원형

put 대신 make를 써도 되고, 〈put[pour] blood, sweat and tears into+명사〉도 자주 쓰이니 알아두세요.

영상의 질을 최대한 높이려고 심혈을 기울였어.
I put my best efforts to improve the quality of my videos.

PATTERN DRILL

I put my best efforts to

+ **develop my skills.** 기술을 연마하는 데 심혈을 기울였어.

+ **guide you to the right direction.**
너를 옳은 방향으로 인도하려고 심혈을 기울였다.

+ **take care of your kids as much as I can.**
내가 할 수 있는 한 네 아이들을 돌보는 데 심혈을 기울였어.

+ **follow your instruction.**
네 지시대로 따르려고 심혈을 기울였어.

+ **get this project done by tomorrow.**
내일까지 이 프로젝트 마치려고 심혈을 기울였어.

A I heard that Mark Cuban is going to be in town next month. Can you bring him on the show?

B I put my best efforts to bring him on the show.

A 다음 달에 Mark Cuban이 이 마을에 온다고 들었어. 네가 그 사람 쇼에 출연시킬 수 있겠어?

B 그 사람 쇼에 출연시킬 수 있게 내가 노력해 보지 뭐.

MP3-107

~하는 데 시간이 얼마나 걸려?
How long does it take to 동사원형 ~?

take는 '~에 시간, 돈, 노력이 들다' 라고 할 때 유용하게 사용할 수 있는 동사예요. 이 패턴에 대한 대답은 〈It takes 시간.〉으로 하면 되겠죠.

영상 한 편 만드는 데 어느 정도 걸리냐?
How long does it take to make one video?

PATTERN DRILL

How long does it take to

+ **get there?** 거기 가는 데 시간이 얼마나 걸려?

+ **learn a new language?**
새로운 언어를 배우는 데 시간이 얼마나 걸려?

+ **get to your workplace by bus?**
버스 타고 직장까지 가는 데 얼마나 걸려?

+ **complete the work?** 그 일 마무리하는 데 얼마나 걸려?

+ **create one YouTube video?**
유튜브 비디오 영상 하나 만드는 데 얼마나 걸려?

+ **get my phone fixed?** 내 폰 수리하는 데 얼마나 걸려?

A How long does it take to feel comfortable in your class?

B It usually takes 3 months as long as you keep following my instruction.

A 선생님 수업이 (어렵지 않고) 편안하게 느낄 수 있을 때까지 얼마나 걸려요?

B 내가 하라는 대로 계속 잘 따라오기만 한다면 보통 3개월 정도 걸리지.

MP3-108

과거에는 그랬지만 지금은 그렇지 않은 걸 설명할 때

예전에는 ~했어   주어 **used to** 동사원형

그냥 과거형이랑 used to+동사원형이랑 차이가 뭔지 궁금해하는 분들이 계세요. 과거형은 말 그대로 과거에 있었던 사실을 나타냅니다. 점을 콕 찍어서 말하는 느낌이랄까요? used to+동사원형은 과거에 어느 정도 지속된 행동이나 상태지만 현재는 그렇지 않다는 느낌을 줍니다. 물론 would도 과거 습관을 나타낼 때 사용하지만 현재는 안 하고 있다는 느낌까지 전달하진 않죠.

예전에는 거의 하루 종일 걸렸어.
It used to take me almost all day.

PATTERN DRILL

I used to
+ **live here.** 나 예전에 여기 살았어. (지금은 안 살아.)
+ **play soccer on a professional team.**
  나 예전에 프로 팀에서 축구했어. (지금은 아니야.)
+ **eat a ramen a day.** 나 예전에 하루에 라면 한 개씩 먹었어.
+ **smoke a lot.** 나 예전에 담배 많이 피웠어.
+ **volunteer at a nursing home.**
  나 예전에 양로원에서 자원봉사했었어.
+ **go to church every Sunday.**
  나 예전에 매주 일요일마다 교회 다녔어.

A I can't believe you're an English teacher.
B I used to hate English, but for some reason,
I started to like it so much.

A 네가 영어 선생님이라니 안 믿긴다, 야.
B 내가 예전에 영어 엄청 싫어했잖아. 그런데 뭔 이유로 영어를 굉장히
좋아하기 시작했어.

MP3-109

247

PATTERN 093   더 잘하게 되는 것을 말할 때

~을 (더) 잘하게 됐어요   I got good/better at

good의 비교급이 better고요. 처음부터 잘한 게 아니라 시간이 지나면서 혹은 노력을 통해 잘하게 됐을 때 이렇게 표현합니다. 뒤에 동명사 형태를 놓아 잘하는 걸 표현하기도 하죠. I got good at ~과 I got better at ~의 의미상 차이가 약간 있는데요. 전자는 현재 잘하는 느낌이 들고, 후자는 예전보다 잘하는 것을 전달할 뿐, 현재 잘한다는 것까지는 전달하지 않아요.

시간이 지나니까 더 잘하게 되더라고.

I got better at it as time passed.

PATTERN DRILL

I got better at	+ **remembering the names of my students.** 우리 학생들 이름을 더 잘 외우게 됐어.
	+ **speaking English over the years.** 몇 년에 걸쳐 영어를 더 잘 말하게 됐어.
	+ **programming.** 프로그래밍을 더 잘하게 됐어.
	+ **keeping track of money.** 돈 흐름을 더 잘 파악하게 됐어.
	+ **running my own company over time.** 시간이 지나면서 내 회사를 더 잘 운영하게 됐어.
	+ **choosing the right content to present to the audience.** 관객들에게 발표할 적절한 콘텐츠를 더 잘 선택할 수 있게 됐어.

A It's amazing you've improved a lot since I met you.

B I put my best efforts into this. That's why I got better at it.

> **A** 내가 너 만난 이후로 네가 이렇게 많이 향상됐다니 놀랍다.
> **B** 내가 심혈을 기울였지. 그래서 더 잘하게 된 거야.

MP3-110

어째서 ~인지 따져 묻고 싶을 때

어째서 ~야?　　How come 주어+동사 ~?

How come은 why와 비슷한 의미이기는 하지만 why보다는 덜 쓰입니다. '어째서 ~' 정도의 느낌을 살리면 될 것 같아요. 뒤에 주어, 동사의 순으로 나오는 것에 주의해 주세요.

어째서 난 구독자가 늘어나지를 않지?

How come I'm not getting more subscribers?

PATTERN DRILL

How come	+ **you didn't show up the other day?** 어째서 지난번에 (모임 등에) 안 왔어?
	+ **you didn't hand in your work?** 어째서 네 작업물을 내지 않았어?
	+ **I am so nervous whenever I see her?** 어째서 나는 그녀를 볼 때마다 그렇게 긴장하는 거지?
	+ **you're not paying me back?** 너 어째서 나한테 돈 안 갚고 있는 건데?
	+ **nobody told me about that?** 어째서 아무도 나한테 그걸 얘기 안 해줬지?

A How come you didn't come over my house the other day?

B Oh. I'm sorry. Something came up.

    A 너 어째서 지난번에 우리 집에 놀러 안 왔어?

    B 아, 미안해. 일이 좀 생겼었어.

MP3-111

내 생각엔 ~인 것 같아   The way I see it is (that)

the way I see it은 in my opinion(내 의견으로는 말이야)과 일맥상통하는 표현이에요. 실제 스피킹에서는 I would say나 I think, I believe로도 충분하지만, 이렇게 말하는 원어민이 있으니까 알아두세요. 참고로, the way I see it은 이슈에 대해 다양한 의견이 왔다 갔다 할 때 '난 이렇게 본다'며 의견을 낼 때 많이 쓰입니다.

내 생각에 넌 너무 대중을 대상으로 하는 거 같아.

The way I see it is that you focus too much on the general public.

PATTERN DRILL

The way I see it is (that)

+ **your experiences can give you an edge over other competitors.**
  내 생각에 네 경험이 다른 경쟁자들보다 네게 유리하게 작용할 것 같아.

+ **English can open so many doors for opportunities.**
  내 생각에 영어가 아주 많은 기회의 문을 열어 줄 수 있을 것 같아.

+ **what you did in the meeting was unacceptable.**
  내 생각에 네가 회의 때 한 것은 받아들여질 수 없었던 것 같아.

+ **driverless cars will change the world completely in 20 years.**
  내 생각에 무인 주행 자동차가 20년 후에 세상을 완전히 바꿀 것 같아.

A I can't wait for driverless cars to make my life easier.

B But, the way I see it is that if that really happens, so many people will be out of jobs.

A 어서 빨리 무인 주행 자동차가 내 삶 좀 더 쉽게 해주면 좋겠어.
B 하지만 내 생각에는 그게 진짜로 일어나면 너무 많은 사람들이 직업을 잃을 것 같은데.

MP3-112

상대방에게 부드럽게 내 의견을 전할 때

~하는 게 더 나아   It's better to 동사원형

상대방에게 부드럽게 충고하거나 의견을 줄 때 사용할 수 있는 표현에 You should, I think you should 등이 있지만 여기에 It's better to 패턴도 추가해 볼까요?

네가 관심이 있는 특정한 계층을 대상으로 집중하는 게 더 나아.

It's better to focus on a specific group of interest that is appealing to you.

PATTERN DRILL

It's better to + **quit now than find out you can't do it later.** 나중에 할 수 없다는 걸 아는 것보다 지금 관두는 게 더 나아.

+ **be honest about it.** 그거에 대해서는 솔직한 게 더 나아.

+ **give than to receive.** 받는 것보다 주는 게 더 나아.

+ **be safe than sorry.** 후회하느니 먼저 조심하는 게 더 나아.

+ **stay in the moment.** 지금 이 순간에 집중하는 게 더 나아.

+ **stay single than marry and live an unhappy life.**
결혼해서 불행하게 사는 것보다 싱글로 있는 게 더 나아.

A How come he talks all the time? He's never listening to others.

B I agree. Sometimes, it's better to be quiet and listen to others.

A 어째서 걔는 계속 얘기를 하지? 남이 얘기하는 건 절대 안 들어.
B 그러게 말이야. 때로는 조용히 다른 사람 말을 듣는 게 더 낫기도 한데 말이지.

MP3-113

영상의 질을 최대한 높이려고 노력했어.

영어로 어떻게 말하지?

 HOW CAN I SAY IN ENGLISH?

나 너 유튜브 채널 언제 시작했어?

너 한 1년 좀 넘은 것 같은데.

나 야, 어떻게 그렇게 짧은 시간에 만 명 넘는 구독자를 달성한 거야?

너 음, 사실 나도 첫 3개월은 정말 힘들었어. 첫 3개월 동안 구독자가 1000명도 안 되었거든.

나 그런데 어떻게 만 명까지 도달한 거야?

너 일단 일주일에 두 번씩 꾸준히 올렸어. 그리고 사람들이 답글을 달면 항상 그 사람들하고 진지하게 소통하려고 최선을 다했어. 그리고 무엇보다도 영상의 질을 최대한 높이려고 노력했어.

나 영상 한 편 만드는 데 어느 정도 걸리냐?

너 최근에는 3시간 정도면 한 편 만들 수 있는데 예전에는 거의 하루 종일 걸렸어. 시간이 지나니까 익숙해지더라고.

나 그런데 난 일 년이 넘었는데도 어째서 구독자가 안 늘지? 정말 짜증나 죽겠다.

너 내가 보니까 넌 너무 대중을 대상으로 하는 것 같아. 일단 네가 관심이 있는 특정한 계층을 대상으로 집중하는 게 더 좋아. 그게 사실 구독자를 늘리고 조회수를 높이는 데 더 도움이 되거든.

나 충고 고맙다.

SAY IT ENGLISH!

MP3-114

Me	When did you start a YouTube channel?
You	I think it's been a little over a year.
Me	Yo. How did you get over ten thousand subscribers in such a short time?
You	Well… Honestly the first 3 months were rough on me too. During the first 3 months I had less than 1000 subscribers.
Me	Then how did you reach ten thousand?
You	Well, first of all, I consistently uploaded twice a week. Then when people posted comments, I always **tried my best to** communicate with them sincerely. Most importantly, **I put my best efforts to** improve the quality of my videos.
Me	**How long does it take to** make one video?
You	These days I can make one in around 3 hours, but before it **used to** take me almost all day. **I got better at** it as time passed.
Me	Then **how come** I'm not getting more subscribers although it's been over a year? It's so frustrating.
You	**The way I see it is that** you focus too much on the general public. **It's better to** focus on a specific group of interest that is appealing to you, which is more helpful in getting more subscribers and views.
Me	I appreciate the advice.

너 유튜브 채널 언제 시작했어?

When did you start a YouTube channel?

동영상 052

▶ **발 음**　did you

did you를 빨리 말하면 [쥬]처럼 들리기도 해요. did you 발음을 실제 영상을 통해 정리해 보세요.

한 1년 좀 넘은 것 같은데.

I think it's been a little over a year.

▶ **표 현**

1. It has been 시간 표현: 시간이 지났다

it has been은 축약해서 it's been이라고 합니다. 뒤에 보통 시간이 나오게 되는데 '그 시간이 지났어' 정도의 느낌입니다.

A: How long have you been studying English? 너 영어 공부 얼마나 했어?

B: It's been 3 months. 석 달 되었어.

2. a little: 약간, 조금

'1년이 좀 넘다'에서 '조금'은 a little, a little bit이라고 원어민들이 많이 씁니다. 물론 a bit이라고 해도 좋아요.

A: Do you feel like your English is improving? 영어가 느는 느낌이 드니?

B: I feel a little bit more confident than before. 전보다 좀 더 자신감이 생긴 것 같아.

야, 어떻게 그렇게 짧은 시간에 만 명 넘는 구독자를 달성한 거야?

Yo. How did you get over ten thousand subscribers in such a short time?

▶ **표 현**

1. Yo: 어이, 야!

편한 사이에 사용하는 표현이에요. 친구를 부를 때 이름 대신 이렇게 부르기도 합니다. 하지만 모르는 사람에게 사용하면 좀 무례하게 들릴 수 있어요.

What's up, yo! 야, 잘 지내?

Yo! Let's go! 어이, 가자!

2. in such a short time: 그렇게 짧은 시간에

in a short time은 '짧은 시간에'예요. 그런데 이것을 강조하기 위해 such를 넣으면 '그렇게 짧은 시간에'의 의미가 됩니다. 이 short를 활용한 예를 제가 친구한테 받은 메시지로 보여드릴게요.

Hey Luke, how's it going? I'm coming to Seoul this week. Would be great to meet if you are free at all. Sorry for the short notice!

이번 주에 서울 오는 데 시간 있으면 만나면 좋겠다고, 너무 갑자기 알려줘서 미안하다는 얘기인데요, 이렇게 누구에게 갑자기 뭘 알려줘서 미안할 때 Sorry for the short notice라고 할 수 있답니다.

음, 사실 나도 첫 3개월은 정말 힘들었어. 첫 3개월 동안 구독자가 1000명도 안 되었거든.

Well... Honestly the first 3 months were rough on me too. During the first 3 months I had less than 1000 subscribers.

동영상 053

▶ **표 현**

1. well

맨 처음에 말을 시작할 때 원어민들은 Well이라고 정말 많이 해요. 질문에 답할 때 시간을 벌고 싶을 때도 많이 사용을 하죠. 우리도 누가 물어보면, 그게 말이야. 음… 그게 뭐더라, 이렇게 말을 하는데 그런 느낌의 표현이라고 생각하시면 돼요. 실제 영상을 보면서 정리해 보세요.

2. rough on ~: ~에게 힘든, 심한 (= tough on ~)

당사자에게 상황이 힘들 때나 다른 사람에게 심하게 대할 때 쓸 수 있어요.

Please, Dad, don't be so rough on me. I'm doing my best. (열심히 공부하는 아들한테 격려는커녕 이것밖에 못하냐고 아버지가 뭐라고 할 때) 아빠, 저한테 너무 심하게 하지 마세요. 저 최선을 다하고 있다고요.

This year has been tough on all my family.
이번 년도는 우리 가족에게 정말 힘들었어요.

3. during the first 3 months: 첫 3개월 동안

여기서 during 대신 for를 사용하면 어떤 느낌이 들까요? For the first time이라는 표현 들어보셨죠? '처음으로'라는 뜻인데 예전에는 발생하지 않았다는 걸 강조하는 표현이에요. For the first 3 months라고 하면 '최초 3개월 동안'이라는 말이고, 그 뒤에는 달라진다는 step by step의 느낌을 주지요. 반면에 during the first 3 months는 그냥 그 기간 동안이라는 것에 포커스를 준다고 생각하면 돼요.

보통 for 다음에는 기간을 나타내는 숫자가 많이 등장하고요, 죽 이어지는 느낌입니다(how long). 반면에 during은 전체를 놓고 봤을 때의 짧은 기간, 점의 개념을 말해요(when). During 다음에는 the class, the meeting, the election, the vacation처럼 주로 이벤트가 나옵니다. 더 자세한 건 QR코드를 찍어서 확인해 보세요.

I went to Vietnam for the winter.
나 겨울 동안 베트남에 갔어.
(겨울 시작부터 끝날 때까지의 느낌)

I went to Vietnam during the winter.
나 겨울 동안 베트남에 갔어.
(겨울 전체 기간 동안의 어느 시기)

I fell asleep for 5 minutes during the class.
나 수업 시간에 5분 간 잤어.

그런데 어떻게 만 명까지 도달한 거야?
Then how did you reach ten thousand?

▶ 발 음　How did you

how did는 축약해서 How'd라고 할 수 있어요. 참고로 How would를 축약해도 How'd라고 합니다. 원어민들이 How did you를 빨리 말하면 [하쥬] 정도 느낌으로 발음된다는 것, 알고 가세요.

▶ 표 현　reach: 도달하다

'도달하다'는 reach 외에 더 편안하게 get to 표현을 사용해도 좋아요.

일단 일주일에 두 번씩 꾸준히 올렸어. 그리고 사람들이 답글을 달면 항상 그 사람들하고 진지하게 소통하려고 최선을 다했어.

Well, first of all, I consistently uploaded twice a week. Then when people posted comments, I always tried my best to communicate with them sincerely.

▶ 패 턴
I tried to my best to 동사원형 ~:
~하려고 최선을 다했다

▶ 표 현

1. First of all: 일단, 무엇보다도

인터뷰나 발표에서 말할 포인트가 몇 가지 있는데 그 중 처음 걸 말할 때 쓰는 표현입니다. first 또는 first off라고도 많이 해요. 두 번째부터는 보통 second of all, third of all보다 second, third라고 하고요. 마지막을 말할 때는 Last but not least를 사용합니다. 마지막이지만 절대 덜 중요하다는 게 아니니, 마지막도 잘 들으라고 강조하는 느낌인 거죠.

2. consistently: 지속적으로

consistently는 '꾸준하게'를 강조하고요, persistently는 힘들지만 온 힘을 다해 꾸준히 노력하고 지속하는 걸 말합니다. 매일 외국어 공부를 꾸준히 하는 건 consistently이고요, 회사 업무로 야근하느라 온 몸이 녹초가 되어도 외국어 공부를 잊지 않고 필사적으로 하는 건 persistently인 거지요.

그리고 무엇보다 영상의 질을 최대한 높이려고 노력했어.

Most importantly, I put my best efforts to improve the quality of my videos.

▶ 패 턴
put one's best efforts to 동사원형
put one's best efforts into 명사:
~에 심혈을 기울이다

most importantly: 정말로 중요한 건 말이지

회화에서 참 많이 나오는 표현으로 정말 중요한 것을 강조할 때 사용할 수 있어요. The most important thing is ~라고 해도 돼요. 참고로 more importantly는 앞서 언급했던 것보다 더 중요한 사실을 언급할 때 씁니다. 정말 많이 쓰는 표현이에요.

Jake got a girlfriend. More importantly, she's smoking hot. Jake 여친 생겼다. 더 중요한 건 대박 예쁘다는 것. (smoking hot: 대박 예쁜)

영상 한 편 만드는 데 어느 정도 걸리냐?

How long does it take to make one video?

▶ 패 턴

How long does it take to 동사원형 ~?:
~하는 데 시간이 얼마나 걸려?

'~하는 데 시간이 얼마나 걸려?'와 관련된 표현은 아래 것만 마스터하면 문제없이 말할 수 있습니다.

> **How long do you think it'll take to ~?**
> ~하는 데 얼마나 걸릴 것 같아요?
>
> **It takes 시간**: 시간이 ~ 걸리다
>
> **It takes 시간+to+동사원형**: ~하는 데 시간이 ~ 걸리다
>
> **It takes 사람+시간+to+동사원형**: 사람이 ~하는 데 시간이 ~ 걸리다

How long do you think it'll take to communicate with native English speakers?
원어민과 소통하는 데 시간이 얼마나 걸릴 것 같아요?

It takes three and a half years to graduate.
졸업하는 데 3년 반 정도 걸려요.

It takes me around 2 hours to get that done. 제가 그거 끝내는 데 2시간 정도 걸려요.

A: You need to wait a little bit.
좀 기다리셔야 해요.

B: How long do you think I should wait?
얼마나 기다려야 할까요?

최근에는 3시간 정도면 한 편 만들 수 있는데 예전에는 거의 하루 종일 걸렸어.

These days I can make one in around 3 hours, but before it used to take me almost all day.

▶ 패 턴

used to 동사원형: ~하고는 했다

▶ 표 현

1. in around 3 hours: 세 시간 정도 후쯤에

around, about, approximately는 '대략'의 의미고요, around 3 hours 앞의 in은 at end of the ~ 정도의 의미예요. 보통 in이라고 하면 '~ 내에'로 생각하기 쉬운데 그렇지 않아요. 그럴 때는 within을 써야 해요.

See you in a week. 일주일 후에 보자.

See you within a week. 일주일 안으로 보자.

We have 168 hours in a week.
일주일은 168시간이야. (여기서 in a week는 '일주일 지나서'가 아니라 '일주일에(= 일주일 전체에)의 뜻입니다.)

2. before: 전에는

before 뒤에 항상 '주어+동사'나 명사가 온다고 생각하는데 늘 그렇지는 않아요. '전에는'의 뜻으로 캐주얼하게 before를 쓸 수 있어요.

시간이 지나니까 익숙해지더라고.

I got better at it as time passed.

▶ 패 턴

get good/better at ~: ~을 잘하게 되다

get 대신 be동사를 쓸 수도 있어요. get을 쓰면 못하다가 잘하게 되는 걸 뜻하고 be동사를 쓰면 원래 잘하는 걸 표현하지요. 참고로 at 말고 with가 나오는 경우도 있는데 이때는 뭔가를 잘 다룬다는 의미예요. 뒤에 잘 다루는 구체적인 물건이나 사람이 나와요.

I'm good with numbers. 나 숫자 잘 다뤄.

참고로, I'm good with that.은 상대방이 뭔가 제안했을 때, "그러면 돼"의 의미로 쓰이기도 합니다. 그냥 I'm good.이라고만 하면 상대방 제안에 정중하게 거절할 때 사용 가능해요.

A: How many do you want to have?
몇 개나 가질래요?

B: I'm good with just one. 하나면 돼요.

A: Hey, you want to go see a movie?
야, 영화 보러 갈래?

B: No, I'm good. 아니, 괜찮아, 됐어.

▶ 표 현　as time passed: 시간이 지나면서

'시간이 지나면서'의 뜻으로 가장 많이 쓰이는 건 'over+시간'인 것 같습니다. as time goes by 표현도 있기는 하지만 실제 빈도는 'over+시간'이 훨씬 더 높아요. as time passes도 자주 쓰이기는 합니다. over를 사용한 표현으로 자주 쓰이는 게 over time (= over the course of time: 시간이 지나면서)가 있고요, 또 지나간 시간을 구체적으로 언급할 때도 over+시간 표현을 쓸 수 있습니다. 깔끔하게 정리해 드립니다.

---

over the years: 수년 간
over the weekends: 주말에
over the holidays: 연휴에
over the dinner: 저녁 먹으면서
over the course of the past 2 weeks:
지난 2주 동안 (이때 over는 during의 의미)
My English has improved over the years.
지난 몇 년 동안 제 영어가 늘었어요.

그런데 난 일 년이 넘었는데도 어째서 구독자가 안 늘지? 정말 짜증나 죽겠다.

Then how come I'm not getting more subscribers although it's been over a year? It's so frustrating.

▶ 패 턴
How come 주어+동사 ~?: 어째서 ~이지?

▶ 표 현
1. over a year: 1년 넘게
이때 over는 more than의 의미예요. during의 over가 아닙니다.

2. frustrating: 짜증나는, 답답한

취준생이 서류전형에서 계속 떨어져요. 좋아하는 여자애한테 데이트 신청했는데 거절당해요. 숙제하라고 그렇게 얘기하는데 애가 계속 안 해요. 그렇게 영어 공부할 때 포기하지 말라고 학생들에게 말하는데도 금방 포기해요. 이러면 짜증나고 속상하잖아요. 그때 쓰는 게 frustrating이에요.

내가 보니까 넌 너무 대중을 대상으로 하는 것 같아.

The way I see it is that you focus too much on the general public.

▶ 패 턴
The way I see it is (that) 주어+동사:
내 의견으로는 ~인 것 같아

▶ 표 현　the general public: 보통 사람들

더 쉽게는 average people, ordinary people이라고 하면 됩니다.

일단 네가 관심이 있는 특정한 계층을 대상으로 집중하는 게 더 좋아. 그게 사실 구독자를 늘리고 조회수를 높이는 데 더 도움이 되거든.

동영상 054

It's better to focus on a specific group of interest that is appealing to you, which is more helpful in getting more subscribers and views.

▶ 패 턴
It's better to 동사원형: ~하는 게 더 낫다

▶ 발 음　specific

이 단어는 [스피씨픽]에서 [씨]를 강하게 힘주어 발음해야 해요. 영상으로 들어보세요. 강하게 팍 힘주면서 발음하는 게 들릴 거예요.

충고 고맙다.
I appreciate the advice.

▶ **표 현** I appreciate it. 고맙다.

Thanks!의 formal하고 정중한 표현이에요. I appreciate it. 외에 I appreciate you. 라고도 해요. 고마워하는 포커스가 상대방이 한 구체적인 일이면 it을 쓰고요, 상대방 또는 상대방이 나에게 해준 많은 것들에 포커스를 주면 you라고 하면 되는 거예요.

UNIT **19** 볼수록 야무지게 쓰는
회화 패턴

RETIREMENT

~가 있어야 해

그게 ~하는 데 도움이 된다

～가 있어야 해, ～가 필요해   There needs to be

'～가 필요하다', '～가 있어야 한다'고 말할 때 그냥 need만 쓸 수도 있지만, 원어민들은 There needs to be 같은 패턴도 자주 사용합니다. 참고로 뒤에 단수형 명사가 오면 There needs를, 복수형 명사가 오면 There need를 씁니다.

미래를 위해서 적당한 대비도 필요해.
There also needs to be some kind of a plan for the future.

PATTERN DRILL

There needs to be	+	**some kind of training.** 적당한 훈련이 필요해.
	+	**a strict policy to control guns.** 엄격한 총기 규제 정책이 필요해.
	+	**a smart strategy to accomplish our goals.** 우리 목표를 달성하려면 스마트한 전략이 필요해.
	+	**a better effort from you.** 네가 더 많은 노력을 들여야 해.
	+	**a way to bring more people to Korea.** 한국으로 사람들을 더 많이 불러오는 방법이 필요해.
	+	**a change in the way you run your business.** 사업체를 운영하는 방식의 변화가 필요해.

A I think there needs to be a way to get more people involved in this campaign.

B Why don't we give them incentives such as prizes or recognition?

MP3-115

A 이 캠페인에 더 많은 사람이 참여하도록 하는 방법이 필요할 것 같은데.
B 사람들한테 상이나 표창 같은 인센티브를 주는 건 어때?

그게 ~하는 데 도움이 된다   It helps (목적어)+동사원형

원래 영어는 동사가 연달아 쓰이지 못하는데요, 특이하게 이 help는 바로 뒤에 동사가(엄격하게 말하자면 동사원형)이 올 수 있어요. 뒤에 오는 동사의 행위를 하도록 혹은 하는 데 도움이 되다의 뜻입니다. 동사원형 앞에 행위를 하는 대상을 나타내 주기도 하지요.

그게 스트레스를 해소하는 데 진짜 도움이 돼.

It really helps relieve my stress.

PATTERN DRILL

It helps	+	**stop a cold.** 그게 감기를 멈추게 하는 데 도움을 줘.
	+	**get a good sleep.** 그게 꿀잠을 자게 하는 데 도움을 줘.
	+	**keep us safe.** 그게 우리를 안전하게 하는 데 도움을 줘.
	+	**you gain energy faster.** 그게 네가 기력을 더 빨리 얻게 하는 데 도움을 줘.
	+	**boost your confidence and competence.** 그게 자신감과 능숙함을 신장시키는 데 도움을 줘.
	+	**me connect with the people all around the world.** 그게 내가 세상 사람들과 서로 연결할 수 있게 도움을 줘.

A I'm getting fat. I can't even believe I've gained this much weight.

B Hey! Try this. It will help you lose weight within a short period of time.

A 나 점점 뚱뚱해지네. 내가 이렇게 살이 많이 쪘다니 믿기지가 않아.
B 야, 이거 한 번 해 봐. 단시간 내에 살 빼는 데 도움이 될 거야.

MP3-116

요즘 애들은 인생을 정말 즐기는 것 같아.

영어로 어떻게 말하지?

 HOW CAN I SAY IN ENGLISH?

나　요즘 애들은 인생을 정말 즐기는 것 같아. 돈도 거의 안 모으고 그냥 연애하고 여행 가고 자기 삶을 즐기더라고.

너　사실, 나도 처음에는 부러웠는데 우리가 언제까지 젊지는 않잖아. 언젠간 나이가 들고, 은퇴도 해야 하는 상황이 올 텐데. 걱정이야.

나　그러고 보니, 우리 아버지는 젊을 때 일을 열심히 해서 저축을 해 놓고, 연금도 들어 놓아서 지금 은퇴 후에는 그래도 돈 걱정 안 하고 편안하게 살고 계셔.

너　난 어느 정도 균형 있게 하는 게 중요한 것 같아. 현재를 즐기는 것도 중요하지만 미래를 위해서 적당한 대비도 필요하지.

나　돌아보니, 30대에는 정말 일만 죽어라 한 것 같아. 이제 40대인데 가족하고 제대로 된 여행 한 번을 못 해봤네. 나중에 나이 들어서 돈 있어도 몸 아파서 여행 못 갈 바에 이제부터 가족과 여행도 하고 취미 생활도 시작해야겠어.

너　잘 생각했어. 사실 나도 몇 달 전에 드럼 클래스 등록했는데 정말 스트레스 해소도 되고, 또 좋은 사람들도 만나서 지금 잘 지내고 있거든.

나　시간 빨리 간다. 할아버지, 할머니 되기 전에 우리 인생도 즐기면서 그리고 동시에 미래도 잘 대비하자고.

너　그래야지. 너도 한번 내가 가는 드럼 클래스에 와 봐. 정말 좋은 사람들도 만나고 스트레스 해소도 될 거야.

나　그래. 같이 한번 가 보자.

! SAY IT ENGLISH!

MP3-117

Me Young people these days really seem to enjoy their lives. They rarely save up, just date, go on a vacation and live to the fullest.

You Honestly, I envied them at first but we really aren't young forever. They will grow old someday and will face retirement… I am worried.

Me Come to think of it, my father worked hard and saved up when he was young, got his pension plan and now; after retirement he has a comfortable life without worrying financially.

You I think it's important to have a balance. It's important to enjoy the present, but **there** also **needs to be** some kind of a plan for the future.

Me When I look back, I think I worked my butt off in my 30's. Now I hit my 40's and I haven't had one real vacation with my family. I should start now with family vacations and hobbies rather than getting old with enough savings, but too sick to go on vacation.

You Good thinking. I actually signed up for drum lessons a few months ago and **it** really **helps** relieve my stress. Also, I met a lot of new great folks and I'm doing really well.

Me Time sure flies. Before we become grandparents, we should enjoy our lives more and plan well for the future.

You Definitely. You should come to the drum lessons I go to. You will meet great folks and relieve stress.

Me Sure. Let's go together.

요즘 애들은 인생을 정말 즐기는 것 같아. 돈도 거의 안 모으고 그냥 연애하고 여행 가고 자신의 삶을 즐기더라고.

Young people these days really seem to enjoy their lives. They rarely save up, just date, go on a vacation and live to the fullest.

▶ 표현

1. seem

동사 seem은 '~인 것 같다'의 의미로 다양한 형태로 변화해 많이 쓰입니다. 변화가 많은 건 예문을 따라 읽으면서 입에 익힐 수밖에 없어요.

You seem happy. (= You look happy.)
너 행복해 보인다.

I seem to be the only one who doesn't understand it.
나만 유일하게 그것을 잘 이해 못 하는 것 같아.

It seems that people don't like me anymore. 사람들이 더 이상 날 좋아하는 것 같지 않네.
(= It seems like that people don't like me anymore.)

2. rarely: 거의 ~ 않다

영어에 '거의 ~ 않다'를 나타내는 표현이 꽤 돼요. 정리해 드립니다. 암기가 중요한 게 아니에요. 예문을 보면서 내 것으로 하는 게 중요합니다.

> **rarely = not often, almost never**: 빈도나 횟수에 포커스를 맞춤
>
> **scarcely, seldom**: 대화에서는 잘 쓰이지 않음
>
> **barely, hardly**: 빈도보다 행위의 정도, 상태에 포커스. know와 꽤 자주 쓰임. hardly가 빈도로 사용될 때는 보통 hardly ever라고 표현

I rarely work past 5 PM on a weekday.
나 평일엔 5시 넘어서까지 거의 일 안 해.

I hardly ever study. 나 공부 거의 안 해.

You're barely making minimum wage.
너 최저임금만 겨우 벌고 있구나. (barely는 '간신히'의 의미로도 종종 쓰입니다.)

You're barely 19 years old.
너 겨우 19살이잖아. (19살을 갓 넘긴 느낌이 강해요.)

3. save up

save up은 조금씩 돈을 모아서 그 돈이 쌓이는(up) 느낌을 보여준다고 생각하면 돼요. 그냥 '저축하다'일 때는 save라고만 해도 됩니다. up이 들어가면 캐주얼한 느낌이 든다고 하는 원어민도 있어요.

I'm working at a convenience store to save up money for school.
나 학교 등록금 낼 돈 모으려고 편의점에서 일해.

4. date: 데이트하다, 연애하다

date가 동사로 쓰이면 뒤에 with가 오지 않습니다. 꼭 주의하세요. 하지만 I'm on a date with Luke. (나 Luke랑 데이트해.), I don't want to go on a date with a rude guy.(난 무례한 사람이랑은 데이트하고 싶지 않아.)처럼 명사로 쓰일 때는 다르죠. be on a date with ~ (~하고 데이트하다), go on a date with ~ (~하고 데이트하러 가다)를 꼭 기억하세요! 참고로 데이트 신청하다는 ask @ out (on a date)입니다.

5. on vacation: 휴가 중인
go on vacation: 휴가 가다

영국에서는 vacation 대신 holiday를 많이 쓴다고 해요. 휴가보다 짧게 몸이 안 좋아서 쉬거나, 무슨 일이 있어 짧게 쉴 때는 off를 사용하면 돼요. I'm off tomorrow.(저 내일 쉬어요.) 이런 식으로요.

6. live to the fullest: 최고로 만족하게 살다

full은 '꽉 찬'의 의미니까 fullest라고 하면 '최고로 충족되는' 걸 의미해요. 그래서 "Live your life to the fullest!"는 '최고로 만족하는 인생을 살아라!' 라는 말이에요. I want to live the fullest life. (최고로 만족하는 인생을 살고 싶어.)라고도 많이 말하죠.

사실 나도 처음에는 부러웠는데 우리가 언제까지 젊지는 않잖아. 언젠간 나이가 들고, 은퇴도 해야 하는 상황이 올 텐데. 걱정이야.

Honestly, I envied them at first but we really aren't young forever. They will grow old someday and will face retirement… I am worried.

▶ 표 현

1. envy: ~을 부러워하다

요즘 들어 많은 원어민들이 I'm jealous of ~ 표현을 훨씬 많이 씁니다. 그래서 여기서는 I was jealous of them at first라고 해도 좋습니다.

2. at first: 처음에는

대체로 at first가 쓰인 문장 뒤에는 반전의 내용이 나옵니다.

At first, I wasn't interested in English at all.
처음에는 나 영어에 관심 전혀 없었어. (하지만 관심을 가지게 되었다는 의미를 나타내죠.)

3. grow old: 나이가 들다

grow 대신 get을 써도 좋아요. 보통 getting old라고 많이 써요.

I must be getting old.
(자꾸 깜박하는 자신을 보며) 나 나이 들고 있는 게 확실해.

그러고 보니, 우리 아버지는 젊을 때 일을 열심히 해서 저축을 해 놓고, 연금도 들어 놓아서 지금 은퇴 후에는 그래도 돈 걱정 안하고 여유 있게 살고 계셔.

Come to think of it, my father worked hard and saved up when he was young, got his pension plan and now; after retirement he has a comfortable life without worrying financially.

▶ 표 현

1. Come to think of it: 그러고 보니

어떤 상황에서 갑자기 뭔가가 생각났을 때 '잠깐만!' 정도의 느낌으로 많이 사용되는 표현입니다. (Unit 11에서 정리했어요^^)

A: Can you speak Chinese? 너 중국어 할 수 있어?

B: No. Wait. Come to think of it, I do a little bit. 아니. 잠깐. 생각해 보니 조금은 한다.

2. pension plan: 연금제도

pension plan, retirement plan에서 plan은 '계획'이 아닙니다. 여기서는 '제도'의 의미가 있어서 우리가 알고 있는 은퇴 연금 정도로 생각하시면 돼요.

3. comfortable: 편안한

몸이 편안한 것 외에 경제적으로 여유가 있는 삶을 나타낼 때도 사용이 가능해요. comfortable life, comfortable retirement처럼요.

난 어느 정도 균형 있게 하는 게 중요한 것 같아. 현재를 즐기는 것도 중요하지만 미래를 위해서 적당한 대비도 필요하지.

I think it's important to have a balance. It's important to enjoy the present, but there also needs to be some kind of a plan for the future.

▶ 패 턴

There needs to be ~: ~가 있어야 해

▶ 표 현   some kind of ~

그냥 얼버무려 말하거나, 콕 집어서 말하기 힘들 때 some kind of ~ 를 사용하는데요, 이건 설명보다 예문을 보는 게 더 좋을 것 같아요.

(사람들이 웅성웅성 모여 있어 무슨 일인지 물어보는 상황)

A: What's going on? 무슨 일이에요?

B: I don't know. That guy over there is some kind of actor. 잘 모르겠어요. 저기 저 사람이 뭐 영화배우라고 하는 것 같은데.

A: I heard that you watched a movie yesterday? What was it about?
너 어제 영화 봤다며. 무슨 내용이야?

B: Uh… Well, it's about some kind of artificial intelligence.
어, 그게 뭐 인공지능과 관련된 내용이었어.

돌아보니, 30대에는 정말 일만 죽어라고 한 거 같아.

When I look back, I think I worked my butt off in my 30's.

▶ 표현
1. look back: 돌아보다

Never look back. If Cinderella had looked back and picked up the shoe, she would have never found her prince.
절대 돌아보지 마세요. 신데렐라가 돌아보고 신발을 주웠다면, 결코 왕자님을 만나지 못했을 거예요.

2. work one's butt off: 열나게 일하다
(= work one's ass off)

'열나게 일하다'는 work really hard라고 할 수도 있지만, 보통 편안한 상대와의 캐주얼한 대화에서는 위의 표현을 많이 써요. 참고로 '열심히 일하다'는 work 24/7, work day and night라고도 종종 씁니다.

3. in one's 30's: 30대에

'20대에'는 in my 20's, '40대에'는 in my 40's로 쭉쭉 응용하면 됩니다. 10대는 보통 in my teens라고 하지요. 초반, 중반, 후반은 숫자 앞에 각각 early, mid, late를 넣으면 됩니다.

> **in my early 30's**: 30대 초반에
> **in my mid 30's**: 30대 중반에
> **in my late 30's**: 30대 후반에

이제 40대인데 가족하고 제대로 된 여행 한번도 못 해 봤네.

Now I hit my 40's and I haven't had one real vacation with my family.

▶ 표현 hit

일단 이 hit은 arrive, get처럼 '~에 도달하다'의 뜻이 있어요. 그래서 Let's hit the road! 라고 하면 "가자!" 라는 말이고, hit the town이라 하면 'town에 가서 즐겁게 놀다' 라는 뜻이 되죠. 여기처럼 hit 다음에 나이가 나오면 turn의 의미예요. 그 나이가 되다는 말이죠. 또 hit 다음에 view 수가 나오면 요즘 유튜버들이 많이 말하는 조회수 00에 '도달하다'로 쓰입니다.

My channel just hit one million subscribers. 내 채널이 100만 구독자를 찍었어.

나중에 나이 들어서 돈 있어도 몸 아파서 여행 못 갈 바에 이제부터 가족과 여행도 하고 취미 생활도 시작해야겠어.

I should start now with family vacations and hobbies rather than getting old with enough savings, but too sick to go on vacation.

▶ 표현

1. rather than

rather than은 instead of와 같다고 보면 됩니다. 보통 두 가지를 비교, 대조할 때 사용하지요. than 없이 쓰이기도 하고, than 뒤에 비교 대상을 두어 사용하기도 합니다.

Rather than studying Chinese, I decided to study English.
중국어 공부하는 것보다 난 영어 공부하기로 결정했어.

A: I'd rather spend money on travel than clothes. 난 옷보다 차라리 여행에 돈을 쓸래.

B: That's smart. 역시 똑똑해.

2. savings: 저축한 돈

savings가 들어간 표현을 알아두세요.

> **savings account**: 저축 계좌
> **retirement savings**: 퇴직 적금

3. too ~ to …: 너무 ~해서 … 할 수 없다
…하기엔 너무 ~하다

학교에서 무지 많이 배웠지만 잘 못 쓰죠? 실제로 적용을 안 해서 그래요. 예문을 크게 따라 읽어 보고 그 상황을 생각해 봐야 실제로 말하고 들을 수 있겠죠. too ~ to…는 so ~ that … can't로 바꿔 말할 수 있어요.

I'm too stiff to do some stretching. (= I'm so stiff that I can't do some stretching.)
몸이 너무 뻣뻣해서 스트레칭을 할 수가 없어.

I'm too old to start to learn a new language. (= I'm so old that I can't learn a new language.)
새로운 언어를 배우기엔 난 너무 나이가 많아.

I'm too busy to go see a movie. (= I'm so busy that I can't go see a movie.)
나 너무 바빠서 영화 보러 갈 시간이 없어.

잘 생각했어. 사실 나도 몇 달 전 드럼 클래스 등록했는데 정말 스트레스 해소도 되고, 또 좋은 사람들도 만나서 지금 잘 지내고 있거든.

Good thinking. I actually signed up for drum lessons a few months ago and it really helps relieve my stress. Also, I met a lot of new great folks and I'm doing really well.

▶ 패턴

It helps (목적어)+동사원형 ~:
그게 ~하는 데 도움이 되다

▶ 표현

1. Good thinking. 잘 생각했어. (그래야지.)

Good thinking이라고 말할 수 있는 상황을 이해하는 게 더 중요해요.

(맛집에 줄이 길게 서 있는 상황)

A: Oh my. How long should I wait?
이런, 얼마나 기다려야 하는 거야?

B: I knew this would happen. That's why I booked this place in advance.
그럴 줄 알고 미리 예약했지.

A: Good thinking! 오! 잘 생각했어. (잘했어.)

2. sign up for ~: ~을 등록하다

register, enroll도 비슷한 뜻이나, 솔직히 캐주얼한 대화에서는 sign up for ~를 사용하면 됩니다.

I'm gonna sign up[register] for this class. (= I'm going to enroll in this class.)
나 이 클래스 등록할 거예요.

3. relieve stress: 스트레스를 해소하다

relieve는 어떤 것을 줄여준다는 의미인데요. 보통 같이 사용하는 표현이 있어요. 입에 밸 정도로 반복, 암기하는 걸 강추합니다.

> **relieve pain**: 고통을 경감시키다
> **relieve pressure**: 부담을 완화하다
> **relieve tension**: 긴장을 완화시키다
> **relieve anxiety**: 근심을 덜다
> **relieve the symptoms**: 증상을 완화시키다

4. folks: 사람들 (= guys)

실제로는 guys라고 많이 해요. folks는 약간 formal한 느낌이 들어 있어서 자기보다 나이 많고, 잘 모르는 사람들에게 쓰는 편이랍니다. 보통 발표할 때 많이 들을 수 있어요. 참고로 guys는 남녀 구별 없이 사용하는데 단수로 말하면 남자를 말해요.

시간 빨리 간다. 할아버지, 할머니 되기 전에 우리 인생도 더 즐기면서 그리고 동시에 미래도 잘 대비하자고.

Time sure flies. Before we become grandparents, we should enjoy our lives more and plan well for the future.

▶ **표 현**   Time flies: 시간이 빨리 간다

시간이 빨리 가면 우리에게 남은 인생도 별로 없잖아요. 그래서 시간이 별로 없어서 뭔가를 빨리 해야 한다고 말할 때는 The clock is ticking.을 사용해요.

You should hurry. The clock is ticking.
(늦게 결혼한 친구에게 아이 얘기를 하면서) 서둘러라. 시간 얼마 안 남았어.

I gotta stay up all night. The time is ticking. (프로젝트를 하는데 시간이 별로 남지 않았을 때) 밤새워야겠어. 시간이 얼마 안 남았어.

20 자라는 회화, 잘 아는 패턴

ASSIGNMENT

~겠다

~하니 기분이 좋다

PATTERN 099 자신의 생각, 추측을 나타낼 때

~겠다   That would be

That would be는 상대방이 뭐라고 했을 때 '~겠다'라며 생각이나 추측의 의미를 담아 쓸 수 있어요. 예를 들어 상대방이 너 음료수 먹을래? 라고 할 때 "그럼 좋겠다"면 That would be great.라고 할 수 있는 거죠. 조건(condition) 이 숨어 있고요, That would be는 if this happens, it will be that way로 풀어 쓸 수 있습니다.

내 꿈이 이뤄진 거겠는데.

That would be my dream come true.

PATTERN DRILL

That would be	+ **great.** 멋지겠다.
	+ **incredible.** 완전 짱이겠다.
	+ **strange.** 이상하겠다.
	+ **enough.** 충분하겠다.
	+ **the best path to success.** 성공으로 가는 최고의 경로겠다.
	+ **the greatest thing that can happen to us.** 우리에게 생길 수 있는 최고의 것이겠는걸.

A I'm looking for my wallet. I think I lost it around here.

B Do you want me to help you to find it?

A That would be so nice.

A 지갑을 찾고 있어. 여기 근처에서 잃어버린 것 같은데.
B 지갑 찾는 것 도와줄까?
A 그럼 아주 좋겠지.

MP3-118

~하니 기분이 좋다 **It feels good** 동명사/to부정사

It feels good 뒤에 나오는 표현이 기분이 좋은 이유를 나타내게 됩니다. to부정사가 올 수도 있고 동명사가 올 수도 있지만 보통 to부정사가 많이 나옵니다.

생각만 해도 기분이 좋네.

It feels good just thinking about it.

PATTERN DRILL

It feels good

+ **to be part of this project.**
이 프로젝트의 일부분이 된다니 기분이 좋아.

+ **to be back to my hometown.**
고향으로 다시 와서 기분이 좋다.

+ **to finally talk to you in person.**
드디어 당신과 직접 얘기하게 되어서 기분이 좋네요.

+ **to know that I've been a big help to you.**
제가 당신께 큰 도움이 된 걸 알게 돼서 기분이 좋습니다.

+ **to be the best speaker in my entire school.**
우리 학교 전체에서 최고의 연설가가 되어서 기분이 좋아.

A It feels good to help others. I'm sure you will feel the same way once you start helping people.

B You're right. The first thing I'll do tomorrow is volunteer at a nursing home.

A 다른 사람을 돕게 돼서 기분이 좋다. 너도 일단 남을 돕기 시작하면 똑같이 느끼게 될 거야.

B 맞아. 내일 내가 제일 먼저 할 일이 양로원에서 자원봉사하는 거야.

MP3-119

271

그래도 너 도전한 게 멋지다.

영어로 어떻게 말하지?

 HOW CAN I SAY IN ENGLISH?

너 야, 너 정말 피곤해 보여. 다크서클이
   많이 내려왔는데?

나 티가 나? 요즘 정말 피곤해.

너 무슨 일 있어?

나 어제도 밤새웠어. 요즘 며칠째 계속
   밤샘 작업이야.

너 왜? 할 일이 많아서?

나 금요일까지 새로운 앱 개발해야 하거든.
   그래서 잠을 많이 못 자네.

너 앱 개발? 너 앱도 개발할 수 있어?
   컴퓨터 공학 전공 아니잖아.

나 나 이번에 컴공으로 전과했거든.
   강의 따라가려니까 너무 힘들어.

너 왜 전공을 바꾼 거야? 언제?

나 내가 이제까지 계속 디자인만 했는데, 컴공을
   하면 직접 앱도 만들 수 있고 일석이조잖아.
   내가 만들고 싶은 앱이 많거든.
   재미있긴 한데, 너무 어려워. 운 좋게도
   같이 수업 듣는 친구들 중에 잘하는
   애들이 좀 있어 도움 많이 받고 있어.

너 그래도 너 도전한 게 멋지다.
   포기하지 말고 끝까지 해 봐. IT회사에서
   미술 잘하는 프로그래머로 다들 데려가고
   싶어 난리칠 거다.

나 그런 날이 올 수만 있다면 꿈만 같을 거야.
   생각만 해도 기분이 좋네.

SAY IT ENGLISH!

MP3-120

You	Hey, you look so tired. Your dark circles are getting bigger.	Me	I only did designs up to now, but if I study Computer Science, I can create my own apps so it's a win-win. There are many apps I want to create. It's fun but so hard. Luckily, I have a few friends in the class who are really good at this, so I get a lot of help from them.
Me	Can you tell? I'm really tired these days.		
You	What's up?		
Me	I pulled an all-nighter yesterday, and I've been working every night for a few days straight.		
You	Why? Do you have a lot of things to do?	You	It's cool you challenged yourself. Do not give up and keep up the good work. All of the IT companies will fight for a programmer with fine art skills.
Me	I need to develop a new app for a project that's due on Friday. So, I haven't had much sleep.		
You	App development? You can develop an app? You're not a Computer Science major.	Me	**That would be** my dream come true. **It feels good** just thinking about it.
Me	I transferred to Computer Science. It's so hard to catch up with the lectures.		
You	Why did you change your major? When?		

야, 너 정말 피곤해 보여.

Hey, you look so tired.

▶ 표 현　'피곤하다'의 여러 가지 표현

'피곤한'은 tired예요. 이보다 좀 심각하게 피곤한 건 exhausted라고 하죠. 이 외에도 burned out, worn out, pooped 등 많지만 말할 때는 tired로 만 해도 돼요. 알아들어야 하니까 여러 표현을 제시 하는 거랍니다.

다크서클이 많이 내려왔는데?

Your dark circles are getting bigger.

▶ 표 현

1. dark circles: 다크서클

양 눈 아래에 다크서클이 있으니 복수형으로 쓴다 고 기억해 주세요. 이 외에 eye bags, bags (under one's eyes)라고도 표현해요. 그리고 우리는 내려왔 다고 하지만 원어민들은 판다처럼 다크서클이 커진 다고 해서 get bigger라고 표현합니다.

You got bags under your eyes.
너 눈에 다크서클 있네.

**2. be동사+getting+형용사: ~해지고 있다
　　　　　　　　　　　　　　점점 ~하다**

'get+형용사'는 '어떤 상태가 되다'예요. 여기서처럼 'get+비교급'이 되면 '점점 ~해지다'는 의미가 되죠. 진행형으로 쓸 때 좀 더 생동감 있는 느낌이 듭니다.

It looks like I'm getting fat.
나 점점 뚱뚱해지는 것 같아.

My English is getting worse.
나 영어 실력이 점점 떨어지네.

티가 나?

Can you tell?

▶ 표 현　Can you tell? 티나? 알아보겠어?

여기서 tell은 '말하다'가 아니라 notice(알아보다, 분간하다)의 뜻이에요.

A: You have lost weight. 너 살 빼구나.
B: Can you tell? 티나?

무슨 일 있어?

What's up?

▶ 표 현　What's up? 뭔 일 있어?

원어민이랑 소통해 좀 봤거나 영어로 된 영상을 자 주 본 분들은 인사할 때 "What's up!" 이라고 하는 걸 들어봤을 거예요, 그렇죠? 하지만 What's up? 은 그거 말고도 "무슨 일이야?" "뭔데?" 라는 의미 로도 종종 쓰입니다. 비슷한 표현으로 What's the matter? What's wrong? What's happening? What's going on? 정도가 있죠.

Hey! You didn't show up today. What's up?
(중요한 미팅에 안 나온 친구에게) 야! 너 오늘 안 나왔더라. 무슨 일 있어?

Yeah. What's up? (누가 내게 질문했을 때) 네, 뭐죠?

어제도 밤새웠어. 요즘 며칠째 계속 밤샘 작업이야.

I pulled an all-nighter yesterday, and I've been working every night for a few days straight.

▶ 표 현　pull an all-nighter: 밤샘하다

'밤샘하다'는 표현으로 매우 많이 사용합니다. pull an all-nighter는 주로 시험을 준비하거나 중요한 프로젝트가 있어서 밤샐 때 많이 사용해요. stay up all night으로 표현해도 좋습니다.

▶ 문 법
I have been 동사ing: ~해 오고 있다

영어에는 12시제가 있는데, 실제 회화에서 유용하게 사용할 수 있는 건 현재-과거-미래 / 과거진행-현재진행 / 현재완료 / 현재완료진행 등 7개 정도인 것 같아요. 여기서 볼 건 완료시제와 진행시제를 합친 현재완료진행 have been 동사ing예요. 이것은 과거부터 현재까지 쭉 진행이 되고, 현재도 일어나고 있다는 걸 나타내는 표현이라고 생각하시면 됩니다. I have는 회화에서 I've로 축약돼 많이 쓰이며, I've been은 [아이빈] 정도로 발음됩니다. have는 무너져서 거의 들리지 않아요.

I've been studying for the test for the past two weeks. 지난 2주 동안 시험 대비해 공부하고 있어.

I've been going out with my girlfriend for 2 years. 여자친구랑 2년 째 사귀고 있어.

▶ 표 현   **a few days straight: 며칠 연속**

'3일 연속으로' 하면 3 days in a row, 3 consecutive days가 떠오르죠? 좋아요. 이렇게 써도 돼요. 제가 소개할 건 3 days straight인데요, straight를 시간 뒤에 붙이면 그 시간 동안 내내 정도의 의미가 됩니다.

Erin has been here like 24 hours straight. Erin이 거의 24시간 여기 계속 있어. (여기서 like는 정확하게 24시간인지 확실하지 않아서 대략의 의미로 쓰였어요.)

금요일까지 새로운 앱 개발해야 하거든.
I need to develop a new app for a project that's due on Friday.

▶ 표 현
1. develop: 개발하다

보통 앱을 개발할 때는 develop을 사용해요. 그래서 요즘 IT쪽에서 app developer, software developer라는 표현을 많이 들을 수 있어요.

2. due (on) Friday: 금요일까지 마감인

due (on)은 '~까지 마감인'의 뜻입니다. 보통 프로젝트나 과제 제출하라고 할 때, 혹은 청구서에 언제까지 돈 내라고 할 때 사용됩니다.

The application for a scholarship is due (on) Friday. 장학금 지원 신청은 금요일까지예요.

그래서 잠을 못 자네.
So, I haven't had much sleep.

▶ 문 법   **have+p.p. (현재완료)**

여기서는 과거 어느 시점부터 지금까지 계속 pull an all-nighter(밤샘하다)하고 있어서 잠을 충분히 자지 못하기 때문에 현재완료시제를 사용했어요.

앱 개발? 너 앱도 개발할 수 있어? 컴퓨터 공학 전공 아니잖아?
App development? You can develop an app? You're not a Computer Science major.

▶ 표 현
1. You can develop an app?

Can you develop an app? 이렇게 물어봐야 정석이지만, 실제 말할 때는 평서문으로 말하고 인토네이션을 올려 의문문으로 만들기도 합니다.

2. major: 전공, 전공자

major는 의외로 다양하게 쓸 수 있습니다. 형용사로 쓰일 때는 '주요한, 중대한'의 뜻이고요, 명사로 쓰일 때는 '(군대 계급) 소령', '전공', '전공자'의 뜻입니다. 여기서는 '전공자'의 의미로 쓰였습니다.

나 이번에 컴공으로 전과했거든.
I transferred to Computer Science.

▶ 표 현   **transfer to 전공 이름: 전과하다**

'전과하다'는 전공(major)을 바꾸는 것이니 change를 써서 I changed to Computer Science. 라고 할 수 있어요. transfer 역시 전과하거나 편입할 때 사용할 수 있습니다.

I transferred to UCLA. 난 UCLA로 편입했어.

강의 따라가려니까 너무 힘들어.

It's so hard to catch up with the lectures.

▶ 표현

1. hard: 어려운

'어려운'을 표현하는 가장 무난한 표현이 바로 hard, difficult예요. 물론 '힘들어 하다'는 뜻의 동사 struggle도 유용하게 사용할 수 있습니다.

It's so hard.
= It's so tough.
= It's so difficult.
= I'm struggling.

2. catch up with ~: (사람, 소식을) 따라잡다

이 표현은 I'll catch up with you later. '나중에 봐!'에서 가장 많이 쓰입니다. 친구랑 만나고 나서 나중에 또 보고 이야기하자(그때 또 못했던 이야기하재)는 느낌으로 말하는 인사라고 생각하시면 돼요. 간단히 Catch you later!라고도 많이 하죠. 또 남들이 저만큼 앞서 가고 있는 걸 따라잡거나 해야 할 일을 제 시간에 해내기 위해서 열심히 할 때도 이 catch up with를 쓸 수 있어요.

I have to catch up with my work.
(아파서 직장에 며칠 못 나갔더니 일이 너무 많을 때) 나 미뤄둔 일 해야 해.

내가 이제까지 계속 디자인만 했는데, 컴공을 하면 직접 앱도 만들 수 있고 일석이조잖아.

I only did designs up to now, but if I study Computer Science, I can create my own apps so it's a win-win.

▶ 표현

1. up to now: 지금까지

until now, so far, up to this point로 대체 가능합니다.

2. win-win: 일석이조

'일석이조'는 간단하게 win-win이라고 할 수도 있고, 말 그대로 '돌 하나로 두 마리의 새를 잡다'라는 killing two birds with one stone도 쓸 수 있어요.

그래도 너 도전한 게 멋지다.

It's cool you challenged yourself.

동영상 055

▶ 표현

1. cool: 짱 멋진

이 cool이라는 표현을 원어민들이 참 좋아해요. 한국 사람들이 "쟤 쿨하다"라고 할 때와 비슷한 느낌이에요. 전공을 바꾸면 힘들 텐데 그 위험과 힘든 것을 이기고 한 거잖아요. 쿨한 거죠. 이 외에도 '짱이야, 쩔어, 대박이야' 이런 표현, 영어로 어떻게 할까요? 영상으로 확인하세요.

2. challenge: 도전하다

쉽지 않고 힘들지만 굴하지 않고 도전할 때 사용합니다.

포기하지 말고 끝까지 해 봐.

Do not give up and keep up the good work.

▶ 표현

1. give up: 포기하다

'포기하지 마'는 Don't give up.이죠? 이것과 비슷한 표현 중, 한곳에 머물지 말고 계속 전진하라는 표현으로 Don't settle.도 매우 많이 씁니다.

2. keep up the good work: 계속 잘하다

이건 Keep it up!이라고 간단하게 말할 수도 있어요. 잘하고 있는 친구한테 잘하고 있으니까 "힘내", "계속 잘해", "파이팅" 정도의 느낌입니다.

IT회사에서 미술 잘하는 프로그래머로 다들 데려가고 싶어 난리칠 거다.

All of the IT companies will fight for a programmer with fine art skills.

▶ 표현   fight for ~: ~을 위해 싸우다

여기서는 미술까지 잘하는 뛰어난 인재이니 많은 IT 회사들이 채용하려고 경쟁한다는 의미죠.

We fight for people's lives.
(의사가) 우리는 사람들의 생명을 구하기 위해 싸워요.

I'm willing to fight for the country. (새로 당
선된 대통령이) 국가를 위해 기꺼이 싸우겠습니다.

그런 날이 올 수만 있다면 꿈만 같을 거야. 생각만 해
도 기분이 좋네.

That would be my dream come true. It feels good just thinking about it.

▶ 패 턴
That would be ~: ~겠다

that would be는 상대방이 뭐라고 했을 때 '~겠
다'의 의미로 쓸 수 있어요. 예를 들어 상대방이 너
음료수 먹을래? 라고 할 때 "그럼 좋겠다"면 That
would be great.라고 할 수 있는 거죠.

▶ 패 턴
It feels good ~: ~해서 기분이 좋다

▶ 표 현   a dream come true

A dream come true는 그냥 명사로 '실현된 꿈' '꿈
의 실현' 정도로 보면 된답니다. 제 책이 많은 사람
들이 읽는 최고의 영어책이 된다면 정말 좋겠다는
말을 If my book could become a bestseller, it
would be a dream come true for me. 라고 할
수 있어요. 이루어지겠죠?

HOW보다는 WHY!
그리고 4P를 가지고 행동을!

많은 분들이 효율적인 영어 공부 방법을 찾는 데 많은 시간을 보냅니다. 유튜브 채널에서 인기 있는 영상은 뭐니 뭐니 해도 공부 방법에 관한 것입니다. 약간의 방법 차이는 있을지언정, 결국 결론은 기본적인 뼈대 (문법) 공부, 원어민의 소리를 최대한 비슷하게 따라 하는 섀도잉, 원어민이 많이 사용하는 패턴 문장 중 자신이 평소 많이 쓰는 것을 사용해 계속 자신의 문장으로 만들어 보고 피드백 받아서 교정해 나가기 정도일 거예요. 방법을 알았으면 그것을 열정을 가지고 지속적으로 해야 하는데, 많은 분들이 정말 얼마 하지 않고, 효과가 가시적으로 보이지 않으니 이것은 아닌가 하고, 다른 방법론을 찾아보고 하는 경우를 많이 봅니다. 아니에요! 정말 십중팔구는 HOW가 아니라 WHY(왜 하는가?) 그리고 HOW MUCH(얼마나 많은 양, 시간)입니다. 무엇을 가지고 얼마나 많은 시간을 효율적으로 투자했느냐, 이게 바로 중요한 것입니다. 전에도 언급했지만 절대적인 양이 부족하면 실력 향상이 쉽지 않습니다. 세계적으로 유명한 "아웃라이어"의 저자 말콤 글래드웰은 어떤 분야에서 전문가의 위치에 올라가고 싶다면 10,000 시간은 투자해야 한다고 말합니다. 10,000 시간은 하루에 1시간을 365일 매일 투자한다고 하면 27년 정도 걸리는 시간입니다. 하루에 세 시간을 쉬는 날 없이 매일 투자한다고 해도 9년 넘게 걸리는 시간입니다. 또, 그것도 그냥 열정 없이 의무감에서 하는 게 아니라 열정과 효율적으로 했을 때라는 것입니다. 어찌 보면 제 얘기가 여러분들의 동기를 더 꺾는 건 아닐까 걱정되긴 하지만, 주변에 단기간에 영어 실력이 향상되었다, 스피킹이 유창하게 되었다라고 말하는 그런 영상이나 학원, 책에 현혹되지 않았으면 합니다. 돈을 벌기 위해서든 조회수를 늘리기 위해서든 자극적인 문구를 사용하지 않으면 쉽게 눈에 들어오지가 않죠. 특히 현대를 사는 우리들에게는 속성으로 원하는 목표를 달성하는 게 중요하니

더더욱 그런 광고에 현혹되는 것이라고 생각해요. 하지만, 언어는 정직한 것 같습니다. 제대로 된 방법으로 영어를 공부한다는 조건이 같다면 결국은 그만큼 많은 시간을 투자해야 한다는 것이에요. 중간에 포기하는 분들을 보면 제 친구는요…, 인터넷에서 보니까…, 누가 무슨 수업을 들었다는데… 하면서 영어를 잘하게 된 경우를 드는데요, 그건 그 사람들 얘기인 거예요. 물론 어떤 교재, 어떤 수업, 중요하긴 하겠지만 그것보다 훨씬 더 중요한 것은 바로 열정+지속성+꾸준함입니다. 그리고 자신을 채찍질하는 것도 필요하죠. 그래서 전 이것은 4P라고 정의합니다. Passion(열정) +Persistence(지속성) + Patience(인내심) + Push(현실에 안주하지 않고 채찍질) 이 4가지를 지킨다면 그 어떤 일에도 전문가가 될 수 있다고 생각합니다. 바쁠수록 돌아가라는 말이 있잖아요. 그러니 너무 급하게 생각하지 마세요. 그리고 위의 4P 이전에 스스로에게 WHY? 왜? 나는 영어를 공부하고, 영어를 유창하게 하고 싶고, 원어민 발음을 갖고 싶고, 영어를 자유롭게 듣고 싶은지 질문해 보세요. 이 질문의 대답이 확실하지 않다면 우선 Why?에 대해 자신의 생각을 정리할 필요가 있습니다. 그리고 그 Why에 대한 대답은 자기 내부에서 나와야 합니다. 승진을 위해서, 남들에게 돋보이기 위해서, 좋은 직장을 잡기 위해서 같은 이유도 여러분께 동기를 줄 수 있지만, 이런 동기는 쉽게 사그라질 수 있습니다. Why에 대한 대답이 좀 더 내적이고 마음에서 우러나오는 것이라면 정말 더 열정과 지속적인 인내심을 가지고 푸시할 수 있게 되겠죠. 제가 영어를 공부하고, 가르치는 이유는 제 스스로가 영어를 통해서 긍정적인 사람으로 변화했고, 남 눈치를 보기보다 스스로의 가치관을 가지고 판단하게 되었으며, 또 영어를 통해서 세상의 많은 콘텐츠를 자유롭게 습득하게 되었고, 그것 때문에 많은 기회도 얻게 되고 자연스럽게 돈도 벌게 되었기 때문입니다. 그리고 그런 기회를 내가 아닌 다른 분들께도 나누고 싶고, 그들에게도 나와 같은 긍정적인 인생의 변화가 와서, 주어진 단 한 번의 인생을 즐겁고 행복하게 살 수 있는 힘을 주고자 하는 게 바로 제가 영어를 공부하고 가르치고, 이 책을 쓰는 이유입니다. 그리고 앞으로의 일도 제가 생각하는 이 WHY에 바탕을 두고 설계가 될 거라는 것입니다. 사실 주변에 영어 공부를 정말 열심히 해서 자신감을 얻고, 인생이 변화된 친구를 종종 보게 됩니다. 제가 영어 교육 쪽 일을 해서 그러는지, 그런 사람들의 삶에 관심이 많아서 그러는 건지는 모르겠지만 언어를 배우는 것은 참으로 다양한 기쁨을 줍니다. 특히 영어를 잘하게 되었을 때 오는 즐거움은 인생을 훨씬 더 긍정적이고 발전적으로 살게 도와주는 게 확실합니다. 전 여러분들이 WHY?와 4P를 꼭 생각하면서 인생을 살면 좋겠습니다. 그게 영어 공부든 다른 것이든 말이죠.

INDEX

인 덱 스

D

E

F

M

N

O

T